Allein schafft ein Mann das nie

Daphne Rose Kingma

Allein schafft ein Mann das nie

Frauen bringen Männer an ihre Gefühle

Aus dem Amerikanischen übertragen
und mit einem Vorwort versehen
von
Manfred Miethe

INTEGRAL
VOLKAR-MAGNUM

Die deutsche Bibliothek – CIP-Einheitsaufnahme

Kingma, Daphne Rose:
Allein schafft ein Mann das nie : Frauen bringen Männer an ihre Gefühle /
Daphne Rose Kingma. Aus dem Amerikan. übertr. von Manfred Miethe. –
Wessobrunn : Integral, Volkar-Magnum., 1995
(Lebensreiseführer)
Einheitssacht.: The men we never knew <dt.>
ISBN 3-89304-206-7 brosch.

– 1. 2. 3. 4. 5. 6. Auflage 1998 1997 1996 1995 –
(Die äußeren Ziffern zeigen Auflage und Auslieferungsjahr an)

Deutsche Erstausgabe – veröffentlicht als ***Lebens*Reiseführer**

Published by arrangement with Conari Press, Berkeley, California
Titel der Originalausgabe:
The Men We Never Knew. Women's Role in the Evolution of a Gender

Lektorat: Vidya Anja Schmidt, München
Umschlaggestaltung: Zembsch' Werkstatt, München,
unter Verwendung eines Bildes von John Martin / Image Bank
Satz: Vollnhals Fotosatz, Mühlhausen
Druck und Binden: Jos. C. Huber, Dießen
Herstellung: Rainer Höchst, Dießen
Printed in Germany
... auf chlorfrei gebleichtem Papier

ISBN 3-89304-**206**-7 brosch.

William Edward Glennon jr. gewidmet
– Bruder, Beschützer, Spiegel, Komplize –,
der sich auf die erstaunliche Reise begab

Mein besonderer Dank gilt

F. X. Feeney,
der immer an mich glaubte

Les,
dem Opferlamm,
der mir zeigte, wie nötig es ist

W.,
dem liebsten Mann auf der ganzen Welt,
der mir zeigte, daß es möglich ist

Sunta und Michael,
die ihren Schmerz gelebt
und mir davon erzählt haben

Victor,
dem Licht in der Dunkelheit

Yvan,
dessen unerschütterliche Liebe
mir immer wieder Mut gemacht hat

Meinen tiefempfundenen Dank auch an

Mary Jane Ryan,
meine geniale Lektorin,
für ihre Klarheit, Stärke und Geduld –
und den Mut, das zu leben, was sie lektoriert

Inhalt

Zweiter Teil

Lieben statt dienen: die neue Rolle der Frauen

Vorwort

von Manfred Miethe

Meine Vorurteile überschlagen sich: Ein von einer Frau geschriebenes Buch über Männer ist ungefähr so absurd wie ein Karpfen, der Bratsche spielt. Bis jetzt hat mich jedenfalls noch keine verstanden. Wie denn auch, ich verstehe mich ja selbst nicht.

Dann mache ich mich ans Übersetzen ... und kann nicht aufhören zu staunen. Ungläubig schaue ich auf den Umschlag, ob im Untertitel irgendwo mein Name vorkommt, denn ich finde mich auf jeder Seite wieder, werde mit einer liebevollen Selbstverständlichkeit beschrieben, die mir das Herz bis in den Hals schlagen läßt. Daphne Rose Kingma versteht mich – und damit wohl auch die Mehrzahl der Männer – auf eine Weise, die mir bei Frauen neu ist: Sie ist weder wütend auf mich oder weist mir Schuld zu, noch lächelt sie gönnerhaft auf mich armen Idioten, dem das Grundübel der Menschheit zwischen den Beinen hängt, herab; sie vergleicht mich auch nicht mit einem Fahrrad, auf dem kein Fisch fahren will; sie will mich weder abschaffen noch sich mir unterwerfen.

Und sie beschreibt mich auf eine Weise, die ich aus der Männerliteratur nicht kenne: Sie ergeht sich nicht in Mythen und Märchen aus alter Zeit, sondern bleibt auf dem Boden der heutigen Tatsachen, sie gibt den männlichen Neurosen nicht trotzig neue Nahrung, sondern sagt klipp und klar – und völlig ohne Häme –, wie es um die Männer bestellt ist. Und sie sagt dies mit einem solchen Selbstvertrauen und so selbstverständlich, daß ich es ohne Wenn und Aber annehmen kann.

Das Übersetzen des Buches fällt mir schwer, obwohl – oder vielleicht gerade weil – ich auf jeder Seite erfahre, daß das, was ich für mein persönliches Problem hielt, auf die eine Hälfte der Menschheit zutrifft. Es ist erstaunlich, daß ich immer gerade die Bücher übersetzen darf, die ich in meinem Leben am dringendsten brauche. So sitze ich oft heulend da, kann nicht mehr weiter, ringe mit jeder Zeile, schaue aus tränenblinden Augen auf den Bildschirm. Die Worte, die dort erscheinen, tun so weh, weil sie so wahr sind. Gut, daß es Frauen gibt, die ich liebe und verehre, mit denen ich ohne Angst über meine Gefühle sprechen kann; Frauen, die sich geehrt fühlen, wenn ich weine, deren Liebe zu mir stärker wird, je offener – und das heißt auch, je verletzlicher – ich mich ihnen zeige.

Diese Begegnungen sind schon deshalb so wichtig, weil sich die Fronten zwischen den Geschlechtern heute so sehr verhärtet haben, daß ich oft genug jede Hoffnung auf die Heimkehr ins Paradies – das heißt in die Arme einer vorbehaltlos liebenden Frau – aufgegeben hatte. Denn Männer und Frauen werden von einer Mauer getrennt, die quer durch unsere Herzen verläuft und Vereinigung unmöglich zu machen scheint.

Wer aber genauer hinsieht, erkennt, daß das, was die Geschlechter scheinbar voneinander trennt, sie in Wirklichkeit untrennbar miteinander verbindet. Beide sehnen sich nach Nähe, wollen ihr Getrenntsein aufheben, möchten lieben und geliebt werden – und beide haben Angst vor Nähe, denn sie sind hundertmal enttäuscht und verletzt worden.

Wie sagte doch ein Freund von mir mit zusammengebissenen Zähnen: „Eher wird Albanien Fußballweltmeister, als daß mich eine Frau versteht." Und eine Freundin vertraute mir unter Tränen an: „Bevor mich ein Mann versteht, geht Madonna ins Kloster." Männer und Frauen sehnen sich nach Liebe und Geborgenheit, und beide bekommen sie nicht.

Daphne Rose Kingma verbreitet eine außergewöhnliche Botschaft, die vielen Frauen, die es sich in ihrer Wut auf die Männer gemütlich gemacht haben, nicht passen wird: Wenn Frauen befriedigende Beziehungen zu Männern haben wollen, dann müssen sie ihnen helfen, ihre Gefühle zu erkennen und ihre Sprachlosigkeit zu überwinden.

Wir Männer brauchen tatsächlich die Hilfe der Frauen, um unseren Weg aus der Eiseskälte des Mannseins in die Wärme des Menschseins zu finden. Alleine schaffen wir Kerle es gewiß nicht. Denn die Frauen haben Zugang zu etwas, das uns seit Jahrtausenden systematisch abtrainiert wurde. Und dieses Etwas, das nicht nur für erfüllte Beziehungen, sondern für das Überleben der Menschheit und des Planeten Erde lebensnotwendig geworden ist, ist die Fähigkeit zu fühlen und diese Gefühle zu artikulieren.

Wir Männer waren einmal die uneingeschränkten Herrscher der äußeren Welt; nun ist es an der Zeit, unsere Erfahrung und unsere Macht mit euch Frauen zu teilen. Ihr Frauen wart bisher die uneingeschränkten Herrscherinnen der inneren Welt; nun ist die Zeit gekommen, eure Erfahrung und eure Macht mit uns Männern zu teilen. Zusammen können wir eine Welt gestalten, in der das Geschlecht eines Menschen nicht wichtiger sein wird als seine Augenfarbe. In dieser Welt werden sich

Männer und Frauen frei begegnen können, und um unsere Gemeinsamkeit wissend, können wir unsere Unterschiede in vollen Zügen genießen und einander die Liebe und Nähe schenken, die uns jetzt allen fehlt.

Ich habe erfahren, daß diese Begegnung möglich ist. Ich weiß, daß keine leichte Aufgabe vor uns liegt – aber es gibt keine lohnendere.

Einführung

Dies ist ein Buch für Frauen über Männer, ein Buch über jene Geschöpfe, die wir lieben und von denen wir geliebt werden, die uns zum Wahnsinn treiben und die von uns in den Wahnsinn getrieben werden. Es soll eine Art Landkarte der männlichen Seele sein. Ich beschreibe darin, was die Männer in überholten Mustern festhält und warum wir Frauen ihnen bei ihrer Transformation helfen müssen. Dieses Buch versteht sich als Bitte an uns Frauen, die Männer zu unterstützen, damit wir am Ende alle von ihrer Transformation profitieren können, und es zeigt Wege auf, wie dies möglich ist. Ich möchte den Frauen die Augen über die Männer öffnen, damit diese dann ihre Augen den Frauen öffnen können. Ich möchte aber auch den Männern das Reich des Weiblichen näherbringen, dem wir uns heute dringend zuwenden müssen.

Ich gehe in diesem Buch von bestimmten psychologischen Grundannahmen aus, zum Beispiel, daß Männer häufig von ihren Gefühlen abgeschnitten sind, während Frauen zu den ihren einen leichteren Zugang haben. Zwar gibt es Tausende von Ausnahmen und Variationen dieser Verallgemeinerung, aber es geht mir hier um das Ausmaß, in dem sie auf die Gesellschaft als Ganzes zutrifft. Wir müssen die Existenz der durch diese Situation verursachten Probleme anerkennen, wenn wir auf unserem Weg voranschreiten wollen.

Von allen Kriegen, die zur Zeit geführt werden – dem sozialen und ökonomischen Krieg im eigenen Land, den Kriegen, die geführt werden, um zu verhindern, daß

Staaten auseinanderbrechen, dem ökologischen Krieg, der den ganzen Planeten bedroht –, ist der heimtückischste und uns allen vertrauteste der Krieg zwischen den Geschlechtern. In ihm offenbart sich, daß wir nicht einmal in Küche, Keller und Schlafzimmer in Frieden leben, daß wir selbst in unseren Herzen keinen Frieden mit dem Menschen schließen können, den wir angeblich lieben.

Obwohl wir intuitiv wissen, daß nur Liebe unsere verletzten Seelen heilen kann, haben nur die wenigsten von uns gelernt, wie man die Medizin der Liebe verabreicht. Darüber hinaus machen sich Frauen aufgrund bestimmter gesellschaftlicher Gegebenheiten ein sehr unvollständiges Bild von den Männern. Die Männer ihrerseits haben so gut wie keine Möglichkeit, ihr inneres fühlendes Selbst zu verstehen, was dazu führt, daß sie Frauen nicht begreifen können.

In gewisser Weise schickt unsere Kultur die Geschlechter immer wieder als Gegner in den Ring – so als ob es unabänderlich wäre, daß Männer und Frauen sich endlos in den Haaren liegen, daß das in uns, was den anderen nähren, erheben oder heilen könnte, ignoriert wird und daß wir statt dessen immer wieder unsere Unterschiede und Probleme hervorheben. Wir gehen davon aus, daß „Jungens nun mal Jungens und Mädchen nun mal Mädchen" sind und daß wir einander nie verstehen werden. Wir machen gute, schlechte und ausgesprochen geschmacklose Witze über die Eigenschaften und Einstellungen des anderen Geschlechts – und sind selbst Opfer solcher Witze. Und wir akzeptieren – wie schon immer –, daß „es nun einmal so ist, wie es ist".

Dieses Drama der Geschlechter ereignet sich hauptsächlich in intimen Beziehungen, und dabei spielt jeder seine Rolle in der Tragödie, die wir für unvermeidlich halten. Wir verbringen unser Leben mit endlosen Streitereien und lassen zu, daß unsere Ehen oder Liebesbeziehungen das private Schlachtfeld sind, auf dem diese frustrierenden und angeblich unvermeidlichen Kämpfe immer und immer wieder ausgetragen werden.

Die wahre Tragödie ist aber nicht nur, daß wir uns so sehr in dieses Drama zwischen den Geschlechtern verstrickt haben, sondern, was noch schlimmer ist, daß intime Beziehungen die globale Lage widerspiegeln und somit ein entmutigendes Symbol dafür geworden sind, daß jede wie auch immer geartete Harmonie zwischen zwei ungleichartigen Gruppen nur sehr schwer – falls überhaupt – zu erreichen ist.

Glücklicherweise gibt es einen Ausweg: Wenn wir dem Schmerz, den die Frauen gegenüber den Männern empfinden, und dem tiefen und häufig nicht zu bestimmenden Schmerz, den die Männer gegenüber den Frauen fühlen, ins Auge sehen, können wir die Mythen aufgeben, die Männer und Frauen bisher voneinander getrennt haben, und einen neuen Anfang machen.

Diesen neuen Anfang zu machen bedeutet nicht, eines der Geschlechter maßlos emporzuheben, damit es ungestraft auf das andere herabschauen kann, sondern beinhaltet vielmehr die Einladung, über die mögliche Zukunft der Beziehungen zwischen den Geschlechtern zu meditieren. Dabei geht es weder darum, ausnahmslos alle Wunden zu heilen, noch geht es darum, eine Entschädigung für das erlittene Leiden einzuklagen. Statt dessen möchte ich in diesem Buch ganz behutsam und ruhig über die Schwierigkeiten der Männer sprechen, damit wir wahres Mitgefühl entdecken. Auf dieser Grundlage wird Heilung möglich, und zwischen Männern und Frauen kann Verständnis und damit Gemeinschaft entstehen.

Dieses Buch wird Ihnen helfen, Männer anders wahrzunehmen. Beim Lesen werden sich Ihre Gefühle verändern, wodurch Sie Ihre Beziehungen zu Männern so sehr vertiefen können, wie Sie es möchten.

Der erste Teil des Buches beschreibt sehr differenziert den Zustand der Männer. Manches von dem, über das ich Sie nachzudenken bitte, wird Sie frustrieren oder wütend machen, einige Enthüllungen mögen für Sie selbstverständlich sein, andere werden Sie überraschen und Ihnen neue Pforten der Wahrnehmung öffnen. Es geht darum, das, was Sie bereits über Männer wissen, mit dem zu vereinen, was Sie in diesem Buch erfahren, damit Sie lernen, Männer durch die Augen des Mitgefühls zu betrachten. Dann werden Sie erkennen, daß Männer durchaus die Fähigkeit besitzen, die Art von Beziehungen einzugehen, die wir uns schon immer gewünscht haben.

Der zweite Teil dieses Buches ist eine Anleitung zur Heilung, ein Handbuch für die emotionale Wiedergeburt der Männer und ein Leitfaden für die Rolle, die die Frauen dabei spielen können. In ihm beschreibe ich die Kunst der emotionalen Initiation, zeige, wie eine Frau einem Mann helfen kann, die Sprache der Gefühle und die Fähigkeit zu emotionaler Nähe zu erlernen.

Dies ist ein Buch über Männer, geschrieben von einer Frau. Es basiert auf bestimmten Erfahrungen, die ich zuerst als Mädchen machte, als ich zwei von ihnen beobachtete: Mein Vater war einfühlsam, ausdrucksvoll, kommunikativ und mutig; er hatte die Gabe, Beziehungen einzugehen, die ihm, seiner Familie und seinen Freunden ein Leben lang Freude bereiteten. Mein Bruder war gutaussehend, schoß über jedes Ziel hinaus, konnte Bäume ausreißen, spielte jeden erdenklichen Streich; er meldete sich zu den *Marines*, bevor er als Führungskraft in die Wirtschaft ging. Ich betrachte die Distanz zwischen diesen beiden Männern als Symbol für die Distanz, die jeder Mann zu sich selbst hat, denn sie lebten nie in Frieden miteinander und konnten sich deshalb das nicht geben, was sie zum Ausgleich ihrer eigenen Persönlichkeit vom anderen gebraucht hätten.

Ich beobachtete meinen Vater, der sich ausdrücken, aber nicht handeln konnte, und meinen Bruder, der handeln, sich aber nicht ausdrücken konnte. Zusammen hätten sie einen großartigen Mann ergeben, der in der Lage gewesen wäre, beides in sich zu vereinen, aber jeder von ihnen lebte nur die überentwickelten Aspekte seiner Persönlichkeit aus, ohne jemals in sich selbst ausgeglichen zu sein. Diese beiden Männer, die Eckpfeiler der kleinen Gemeinschaft, die meine Familie bildete, zeigten mir als erste, was für einen Mann möglich ist und was die meisten Männer nie erreichen.

Nachdem ich die Schule meiner Familie verlassen hatte, arbeitete ich über zwanzig Jahre lang mit Männern in dem heiligen Ritual der psychotherapeutischen Begegnung. Wenn sie ihren Arbeitsplatz verloren oder ihre Frauen und Geliebten sie verlassen hatten, wenn sie in den Krieg zogen oder sich quälten, weil sie nicht in den Krieg zogen, wenn ihre Eltern oder ihre Kinder starben, offenbarten sie sich allmählich nicht nur mir, sondern – was wichtiger ist – sich selbst. Ihre Entdeckungen machten sie glücklich, wütend oder traurig, sie wurden davon überwältigt oder vor Freude ekstatisch. Sie kamen, um „ein Problem zu lösen", und wenn sie gingen, hatten sie von sich selbst Besitz ergriffen. Sie kamen in der Hoffnung, daß es „nicht zu lange dauern würde", und wenn sie mich verließen, waren sie glücklich über jeden Augenblick, den sie bei mir verbracht hatten.

Diese Männer öffneten sich. Sie begaben sich in das verworrene, machtvolle Reich der Gefühle, das im Nebel des Kindergartens, des Fußballvereins und des Großraumbüros verschwunden war. Sie lehrten mich viele Dinge, zum Beispiel, daß Männer fühlen wollen, daß sie bereit sind, durch ihre Ängste, die Beschränkungen und Anforderungen ihrer Rolle hindurchzugehen und Kritik und Beurteilung von innen und außen zu ertragen, um zu fühlen.

Dieses Buch ist in gewisser Weise ein Geschenk, das ich erhalten habe und hiermit an Sie weitergebe. Was ich auf diesen Seiten mit Ihnen teile, wurde mir von den vielen suchenden Männern geschenkt, die mir die entlegensten Winkel ihres Bewußtseins offenbarten. Dieses Buch ist der Versuch, diesen Männern zu danken und sie dafür anzuerkennen, daß sie mir ihr innerstes Selbst anvertraut haben. Ich möchte bezeugen, wie groß der Wunsch der Männer nach Gefühlen ist. Ihre individuellen Aussagen sind Beispiele für die Schönheit, Vielschichtigkeit und Sensibilität, deren Männer fähig sind, und sollten als Bitte aller Männer aufgefaßt werden, stärker eingeladen zu werden, am Leben teilzunehmen.

Wir alle wissen viel über die unbewußten, gefühllosen Rohlinge (Männer, die nicht lieben können, die nicht erwachsen werden, die sich nicht einlassen können, die Frauen hassen), und obwohl das, was über solche Männer gesagt wird, keine Erfindung ist, sondern eine traurige Erinnerung daran, was aus einem Mann werden kann, sollten wir nicht vergessen, daß es auf der Welt auch andere Männer gibt. Es gibt alle Arten von Männern: von herzlosen Scheusalen bis hin zu sensiblen, großherzigen Männern, die darauf brennen, Frauen zu nähren, damit sie Erfüllung finden, und die danach hungern, ihre eigene Sensibilität in vollem Ausmaß zu leben.

Es gibt viele gute, fühlende Männer; Männer, die wir feiern und ehren und an denen wir uns erfreuen können; Männer, die mit sich selbst, mit den Frauen und der Welt, die sie durch ihre Kraft und ihr Können erschaffen, in Harmonie leben möchten. Diesen Männern sollten wir unseren Beifall spenden, und wenn es sie in unserer Mitte nicht gibt, sollten wir die, die uns nahe sind, einladen, so zu werden. Das ist der nächste Schritt für uns alle. Im Prozeß unserer inneren Entwicklung ist dies die Aufgabe, die wir nun kollektiv bewältigen müssen.

Erster Teil

Handeln statt fühlen: das alte Dilemma der Männer

1
So kann es nicht weitergehen: Die große Krise

Die eigenartige und möglicherweise tödliche Ursache für die [heutige] Gewalt ist die Weigerung, miteinander in Verbindung zu treten.

John Edgar Wideman

Zu sagen, die Beziehung der Geschlechter befinde sich in einer Krise, ist eine entsetzliche Verharmlosung. Niemals zuvor waren Männer und Frauen emotional weiter voneinander entfernt. Heute, an der Schwelle zum 21. Jahrhundert, sieht es so aus, als ob die Beziehungen zwischen Mann und Frau niemals schlechter waren. Da die persönlichen Beziehungen ein Spiegel der Gesellschaft sind, sind die Frustration, die Verbitterung und die Unzufriedenheit, die die gegenwärtigen Beziehungen zwischen einzelnen Männern und Frauen prägen, ein Anzeichen für die gewaltige Spannung, die zwischen den Geschlechtern insgesamt herrscht. Männer und Frauen sind nicht länger Gefährten, die sich gegenseitig helfen und unterstützen. Statt dessen sind unsere Beziehungen bestenfalls von Verwirrung und Enttäuschung und schlimmstenfalls von Feindschaft, Gewalt und Haß gekennzeichnet.

Frauen drücken ihre Unzufriedenheit am lautesten aus – ein Buch nach dem anderen kommt heraus, in dem sie berichten, wie schrecklich Männer sind, welche Narren wir Frauen sind, weil wir sie trotzdem lieben, und wie sinnlos und enttäuschend unsere Beziehungen sein werden, bis wir lernen, uns mit dem Verhalten der Männer abzufinden. Daß viele Frauen so empfinden, wird durch die Auflagenhöhen dieser Bücher und durch die Mythen, die durch sie entstanden sind, bestätigt.

In der Vergangenheit waren es die Männer, die sich über die Frauen beklagten: über ihre Launen und Ansichten, ihre emotionale Unbeständigkeit, Labilität und Unersättlichkeit, kurzum über ihre langweiligen Spielchen. Aber das Blatt hat sich gewendet. Frauen, die die Unterdrückung und die vielen Ungerechtigkeiten und Benachteiligungen, denen sie ausgesetzt sind, nicht mehr hinnehmen, haben nun die entgegengesetzte und ebenso unrealistische Position bezogen, derzufolge Männer überhaupt nicht leiden, während sie selbst sich auf dem Weg ins Paradies, das die Männer seit Menschengedenken bewohnen, mühsam vorankämpfen müssen.

Waren die Männer in der Vergangenheit unvernünftig und unrealistisch, so sind es nun die Frauen. Denn heute, da wir uns bemühen, das Mysterium unseres langen Leidensweges zu entschlüsseln, sind wir dem Leiden der Männer gegenüber fast blind geworden. Es scheint, daß wir das Gefühl für die Feinheiten und die Vielschichtigkeit eines jeden Mannes vor dem Hintergrund seiner besonderen Umstände und persönlichen Geschichte verloren oder nie entwickelt haben. Statt dessen betrachten wir ihn häufig eher als eine Art anonymes Mitglied einer verachtenswerten und im Grunde minderwertigen Gattung.

Ebenso wie Männer früher Frauen als anonyme und minderwertige Wesen betrachtet haben, neigen wir heute dazu (ohne uns dessen bewußt zu sein), Männer als emotional versteinerte und gefühllose Wesen zu betrachten, die niemals fähig sein werden, mit uns zu sprechen oder zu fühlen, uns zu nähren oder zu trösten. Obwohl wir es nicht unbedingt öffentlich hinausposaunen, haben wir die Männer doch im Grunde aufgegeben.

Nach der Emanzipation der Frau: verwirrte Männer

In der Vergangenheit haben wir Frauen beschützt und Männer beherrscht. Nun hat sich das Bild vom Krieger als überholt herausgestellt, aber wir haben noch kein neues Bild, das es ersetzen kann.

Leitender Angestellter, 48

Der gegenwärtige kalte Krieg zwischen Männern und Frauen ist in weit größerem Ausmaß, als wir uns vorstellen können oder möchten, eine Folge der Frauenbewegung. Im Zuge des gesellschaftlichen Entwicklungsprozesses, den wir als Emanzipation der Frau bezeichnen, kämpften die Frauen darum, sich einen Platz in „der Männerwelt" zu erobern, und in den letzten dreißig Jahren hat das lange, mühsame Streben nach Gleichberechtigung dazu geführt, daß sich die Frauen gewisse Aspekte dessen, was man „männliche Eigenschaften und Verhaltensweisen" nennen könnte, angeeignet haben.

Es ist zwar wahr, daß Frauen in den höchsten gesellschaftlichen Positionen, zum Beispiel in den Vorstandsetagen der Konzerne, nicht gleich stark vertreten sind wie Männer, aber es ist auch wahr, daß sich die generelle Haltung der Gesellschaft gegenüber Frauen entscheidend gewandelt hat. Die Ansicht, daß Frauen gleichberechtigt sein sollten, hat sich durchgesetzt, auch wenn die Gesellschaft noch nicht immer bereit ist, ihnen diese Gleichberechtigung auch zu gewähren. Frauen haben die traditionelle Dominanz der Männer auf allen Ebenen gebrochen (vom Bundesgerichtshof bis zur Baustelle) und im Laufe dieses Prozesses viel von der männlichen Identität in ihre Persönlichkeit integriert.

Aber soweit es die Frauen betrifft, ist das Ziel noch keineswegs erreicht, denn viele der Rechte und die Chancengleichheit, für die wir gekämpft haben, sind noch nicht in vollem Umfang verwirklicht worden.

Unglücklicherweise haben in diesem Prozeß weder die Männer noch die Frauen die Aufgabe angepackt, herauszufinden, wie die Männer sich auf diese grundlegend neue Situation einstellen können. Die Männer bemühen sich verzweifelt, sich in der Welt, die durch die Emanzipation der Frau entstanden ist, zurechtzufinden, und versuchen zögernd und ungeschickt, sich im Hinblick auf die drastisch veränderten Umstände der neunziger Jahre neu zu definieren. Was bedeutet es für ihn, eine Frau als Chef zu haben? Was passiert, wenn die Ehefrau mehr Geld verdient als er? Was heißt es, ein „sensibler" Mann zu sein?

Die heutigen Umstände sind zum Teil deshalb für die Männer so schwierig, weil die Frauen sich in ihrer Entwicklung nicht damit zufriedengeben, einfach das Männliche in ihre Persönlichkeitsstruktur zu integrieren. Sie hoffen und erwarten auch – oft ohne sich dessen bewußt zu sein –, daß die Männer ihre Entwicklung widerspiegeln und ihrerseits das Weibliche integrieren. Dann wäre das Leben natürlich wunderbar!

Die Frauen wissen nicht genau, wie dieser Prozeß aussehen soll, aber irgendwie ahnen sie, daß sie ihn so haben wollen. Wir sagen uns zwar nicht gerade: „Jetzt, wo ich die Brötchen verdiene, wird er lernen zu weinen", aber zumindest erwarten wir unterschwellig, daß sich die Männer schon deshalb ändern, weil wir uns verändern.

Aber Frauen sind nur die Hälfte des Ganzen, und die Veränderungen, die sie initiieren, verändern nicht automatisch das Ganze – und sie werden dies auch in Zukunft nicht tun. Es ist sogar das Gegenteil der Fall: Statt sich instinktiv für die Möglichkeit des Wandels, der durch die Transformation der Frauen ausgelöst wurde, zu öffnen, haben die Männer Angst bekommen und außerdem ein schreckliches Gefühl der Unsicherheit in bezug auf die veränderten sozialen Strukturen und ihre männliche Identität.

Tatsächlich sind die Männer in der Gesellschaftsstruktur, die durch die Emanzipation der Frau entstanden ist, auf verlorenem Posten. Unbeholfen versuchen sie im Wirbelsturm des durch die Frauen ausgelösten Wandels im Gleichgewicht zu bleiben. Die Frauen haben so viel erreicht, daß die Männer nicht länger die Kontrolle haben. Heute reagieren sie lediglich auf die von den Frauen initiierten Veränderungen und versuchen krampfhaft mit den sich scheinbar ständig ändernden Regeln und Anforderungen sowie dem unaufhörlichen Auf und Ab der Suche der Frauen nach sich selbst Schritt zu halten, statt daß sie die Strukturen erschaffen, in denen sie funktionieren, wie es ihre traditionelle Rolle war. Hinter diesem Bemühen, mit den Frauen mitzukommen, verbirgt sich ein explosives Gemisch aus Verwirrung, Panik und Wut, denn Männer sind von all dem getrennt worden, durch das sie sich in der Vergangenheit, als sie noch unbekümmert Mann sein durften, bestimmt haben.

Früher hatten Männer eine Identität, die sowohl sie als auch die Frauen anerkannten und schätzten. Aber selbst diese Sicherheit ist gründlich erschüttert worden. Da es immer schwieriger wird, die männliche Rolle überhaupt zu definieren, kann sie auch kaum noch aufrechterhalten werden. Da die Frauen die Veränderungen initiiert haben und nicht wissen, welche Implikationen diese für Männer haben, können sie sich auch nicht vorstellen, welch tiefgreifenden Identitätsverlust die Männer durchgemacht haben.

Unabhängig davon, ob es sich um einen älteren Mann handelt, der in einer von Männern dominierten Wirklichkeit aufgewachsen ist und nun spürt, daß sich die Regeln geändert haben, oder um einen jüngeren Mann, der während der Blütezeit der Frauenbewegung erwachsen wurde, leiden Männer unter den Folgen dieses bedeutenden sozialen Umbruchs. Oberflächlich betrachtet scheinen wir uns alle diesen Veränderungen anzupassen, aber auf einer tieferliegenden Ebene haben wir noch kaum mit dem Prozeß der geistigen Integration begonnen, der die unabdingliche und einzige Bedingung ist, unter der Männer und Frauen wieder eine harmonische Beziehung herstellen können.

Daher versuchen die Männer heute entweder sich mit dem geringsten Aufwand über Wasser zu halten, oder sie versinken im Treibsand der vielfältigen Veränderungen, die die Frauen eingeleitet haben. Einerseits ist es für die Männer nicht mehr akzeptabel, die Art von „echten Männern" zu sein, die sie einmal waren, andererseits haben sie noch nicht die Möglichkeit gehabt, sich in eine neue Art des Mannseins einzufühlen. Und ob die Frauen dies nun anerkennen oder nicht: eine so starke Identitätslosigkeit bringt eine äußerst intensive Verwirrung mit sich, die zu völliger Lähmung führen kann. Ein Mann sagte es kurz und knapp: „Ich bin ein Mann, aber ich weiß nicht mehr, wie man ein Mann ist."

Sehnsucht nach Wandel

Es gibt nichts, was ich mehr möchte, als einer Frau meine Gefühle zu zeigen. Aber ehrlich gesagt ist es mir nicht gelungen, eine solche Frau zu finden.

Publizist, 42

Statt zu erkennen, daß die Transformation der Männer ein langwieriger Prozeß sein wird, verlangen Frauen – wenn auch größtenteils unterschwellig – immer stärker, daß sie sich sofort verändern sollen. Wir wollen, daß Männer emotional offener werden, daß sie fühlen, mit uns reden und uns zuhören, daß sie uns trösten und daß sie dieselbe Art von Beziehungen wollen, die wir selbst anstreben. Wir wollen, daß sie werden wie wir, und das auf der Stelle – einfach deshalb, weil wir es wollen und weil wir sie darum gebeten haben.

Aber wie wir sehen werden, haben Männer ihre Gründe, weshalb sie nicht willens oder unfähig sind, sich zu verändern, und als Folge davon sind wir wütend auf sie. Trotz unseres heftigen Verlangens, gute Beziehungen mit Männern zu haben, sind wir mit den Männern, die wir haben, ständig unzufrieden. Wir sind wütend auf sie, weil sie noch immer ihre Strümpfe herumliegen lassen; wir sind wütend auf sie, weil sie keine emotionalen Bindungen eingehen wollen; wir sind wütend, weil sie nicht über ihre Gefühle reden möchten. Kurz gesagt sind wir wütend darüber, daß sich die Männer nicht in dem Maße und auf die Weise verändert haben, wie wir es gerne hätten. Wir haben uns neu erschaffen, und jetzt sind wir empört, daß ihnen das nicht auch gelungen ist, und wir haben Angst, daß sie es nicht können oder wollen.

Es ist die reinste Ironie des Schicksals, daß die fordernde Art, auf die Frauen Männer bitten, sensibler und intuitiver zu werden, es den Männern geradezu unmöglich macht, auf diese Bitten einzugehen. Nur zu oft beinhalten die Wünsche der Frauen versteckte oder offene Angriffe auf die männliche „Unzulänglichkeit", was die Männer so sehr verletzt, daß es ihnen unmöglich ist, in einer Weise zu reagieren, die die Frauen befriedigen könnte. Die Kritik und die Ungeduld der Frauen verhindern mehr als alles andere die Transformation der Männer, die wir so dringend brauchen. Es ist fast so, als ob wir ihnen die Pistole auf die kollektive Brust gesetzt haben und proklamieren: „Sei auf der Stelle sensibel, oder ich pump' dich voll Blei!" Das ist wohl kaum eine förderliche Atmosphäre für die sanfte, gefühlvolle Antwort, die wir uns so sehr wünschen.

Als die Frauen anfingen, für ihre Rechte und Privilegien zu kämpfen, und die starren Fronten zwischen den Geschlechtern aufzubrechen versuchten, mußten sie sich dabei laut bemerkbar machen, sich kämpferisch verhalten und ihre Wut – als Katalysator für den Fortschritt – auf die Männer richten. Um überhaupt handeln zu können, mußten wir uns auf die Unzulänglichkeiten, den Verrat und das Versagen der Männer konzentrieren, um die Flamme des Wandels zum Lodern zu bringen. Wut führt zu Taten, und dadurch, daß wir uns über die Männer aufregten, gelang es uns, uns selbst mehr wertzuschätzen – genug, um uns in den Prozeß des Wandels hineinzukatapultieren, der zu einer dramatischen Erweiterung unserer weiblichen Identität führte. So gesehen war die Wut auf die Männer genau das Gefühl, das notwendig war, um die Emanzipation der Frau voranzutreiben.

Unglücklicherweise ist die Wut der Frauen zu einer Gewohnheit geworden, zu einer Art emotionalem Überbleibsel, das schon lange seine Schuldigkeit getan hat. Wir haben uns nun so lange und so sehr auf die Unfähigkeit und die Insensibilität der Männer konzentriert, daß dies die Aussöhnung der Geschlechter ernsthaft gefährdet.

Außerdem haben wir in unserer Wut bequemerweise übersehen, daß die Veränderungen, die wir herbeigeführt haben, von den Männern weder initiiert noch verlangt noch – sehr zu unserem Kummer – unterstützt oder ermutigt wurden. Wir führten diese Veränderungen herbei, weil wir unzufrieden waren, weil wir unsere eigenen Interessen durchsetzen wollten. Dabei taten wir den Männern nicht unbedingt einen Gefallen. Wir wollten Frauen sein, aber außerdem wollten wir alle Vorteile des Mannseins genießen. Wir wollten den Mann in uns befreien und haben es getan. Wir haben uns erhoben und gemeinsam gelitten, wir kämpften für unsere Ziele, ohne zu erkennen, daß die Folgen für die Männer – und für Männer und Frauen in ihren Beziehungen zueinander – vielfältig und vielschichtig sein würden.

Damit will ich nicht andeuten, daß es falsch war, nach der Macht zu greifen, oder daß unsere Forderungen an sich falsch waren. Die Entwicklung war notwendig und stellt heute eine Einladung an die Männer dar, weitere Veränderungen zu initiieren. Aber welche gewaltigen Konsequenzen die Frauenbewegung für uns alle gehabt hat, ist bisher vor allem von den Frauen noch nicht ausreichend gewürdigt worden. Wir haben den Obstkarren umgeworfen und ignorieren nun, daß die Äpfel die Straße hinunterrollen. Wir haben erwartet, daß die Männer schon aufholen und die Entwicklung weiterführen würden, ohne daß es auch bei ihnen drunter und drüber gehen würde. Wir haben so getan, als ob jahrhundertealte Geschlechterrollen über Nacht ohne negative Folgen verändert werden könnten, und uns vorgestellt, daß wir sofort das Zauberreich der Beziehungen betreten könnten, in dem sich alle unsere Träume erfüllen würden.

Leider geht keine Transformation so einfach vor sich. Jede Epoche des Wandels birgt sowohl positive als auch negative Aspekte, jede Neubestimmung unserer psychosexuellen Identität trifft uns in unserem innersten Kern, und jede psychosoziale Umwälzung von der Größenordnung dessen, was wir die Emanzipation der Frau nennen, beinhaltet unzählige tiefgehende und subtile emotionale Konsequenzen sowohl für Männer als auch für Frauen. Dazu gehört auch die Neubestimmung dessen, was es heißt, männlich oder weiblich zu sein – und dazu ist wirklich eine gewaltige Korrektur des Bisherigen notwendig.

Die weitreichenden Auswirkungen, die diese Neubestimmung mit sich bringen wird, können wir in ihrem ganzen Ausmaß noch gar nicht absehen.

Es ist in diesem Zusammenhang furchtbar wichtig, daran zu denken, daß sich die innere Entwicklung in jeder größeren Welle sozialen Wandels sehr viel langsamer vollzieht als die äußere. Wenn wir uns die sozialen Auswirkungen dieses Wandlungsprozesses anschauen – neue Arbeitsplätze, veränderte Arbeitszeiten, Mutterschaftsurlaub, die Neuverteilung der häuslichen Aufgaben –, könnten wir meinen, der Wandel sei bereits vollzogen. Ich kann aber nicht nachdrücklich genug darauf hinweisen, daß das, was sichtbar ist, nur der allerkleinste Teil dessen ist, was geschieht. Äußerlich mag alles anders aussehen, aber innerlich bemühen wir uns immer noch, alles unter Kontrolle zu behalten und die Gefühle so sein zu lassen, wie sie einstmals waren, obwohl sie sich doch in jedem Augenblick verändern. Nach außen hin verhalten wir uns alle irgendwie anders, aber innerlich sehnen wir uns in gewisser Weise danach, so zu fühlen, wie wir es taten, bevor sich alles veränderte. Unsere Psyche hinkt den legalen und ökonomischen Veränderungen um Jahrzehnte hinterher, emotional orientieren wir uns immer noch an der Vergangenheit.

Obwohl die Frauen nun zumindest theoretisch gleichberechtigt sind und die gleichen Chancen haben wie Männer, wollen sie doch in ihrem Herzen all das, was sie schon immer von den Männern wollten. Intellektuell sind wir zufrieden oder sogar überglücklich mit dem, was wir erreicht haben, aber emotional funktionieren wir in bezug auf Männer noch aufgrund überholter Ideen und Gefühle. Wir haben unser Verhalten bis zu einem gewissen Grad geändert, aber wie Kinder ein Feuerwehrauto an einer Schnur, so ziehen wir unsere alten Gefühle noch hinter uns her. Wir wollen, daß die Männer so sind, wie wir sie jetzt wollen, *und* wir wollen sie auch so, wie sie damals waren.

Diese Situation ist für die Männer sogar noch schlimmer, denn sie haben überwiegend noch nicht einmal erkannt, welche Veränderungen notwendig sind. Emotional stehen sie mit einem Bein in der Vergangenheit und mit dem anderen auf einer Bananenschale. Sie können nicht mehr sein, wer sie einst waren, sie wissen nicht genau, wer sie werden sollen. Aber selbst wenn sie das wüßten, hätten sie immer noch nicht die leiseste Ahnung, wie sie die scheinbar unausweichliche Transformation angehen sollen.

Deshalb ist es eine der wichtigsten Aufgaben der neunziger Jahre, den Dialog über die emotionalen Konsequenzen dieses sozialen Wandels zu vertiefen. Genauer gesagt ist es an der Zeit, daß die Frauen sich ehrlich ansehen, wie sehr sich ihr Prozeß auf die Männer ausgewirkt hat, daß sie Männer aus der Sicht der Männer selbst sehen. Dabei müssen wir uns auch anschauen, welche Rolle wir dabei spielen, daß uns die Männer enttäuschen.

Nicht ganz neu

Es ist tragisch, daß Männer und Frauen ihre Psyche noch immer getrennt voneinander heilen.

Erfinder, 46

Obwohl die Frauen nach wie vor von den Männern enttäuscht sind, gibt es doch eine Reihe von Anzeichen dafür, daß die Männer mit ihrer eigenen Entwicklung begonnen haben. Endlich beklagen auch Männer ihre eigene unhaltbare Situation. In den Chor der weiblichen Frustration mischen sich die leisen verzweifelten Stimmen von Männern, die den Schmerz über ihre Lage zum Ausdruck bringen. Sie leiden, weil sie die Frauen, die sie lieben, nicht glücklich machen können, weil sie ihre Identität verloren und ihre Gesundheit ihrem Beruf geopfert haben, weil sie von ihren Kindern getrennt wurden und weil sie sich von ihrem wahren Selbst abgeschnitten fühlen.

Einige Männer an dieser Front, die man heute durchaus als Männerbewegung bezeichnen kann, sind sich ihres Schmerzes bewußt geworden und haben begonnen, ihre Wunden zu offenbaren – manchmal leise und manchmal weniger leise. Eine wachsende Zahl von Männern trifft sich zu Gesprächsrunden und gemeinsamen Ritualen und zeigt ihre Gefühle im privaten Kreis und in der Öffentlichkeit auf eine Weise, die bis vor kurzem nicht nur suspekt, sondern unmöglich gewesen wäre. In Gruppen, die von Männern wie Robert Bly, Sam Keen oder John Lee geleitet werden, stellen sie die Verbindung zum wilden Mann in sich wieder her, heilen die Trennung von ihrem Vater, nehmen ihre Stammes- und Ritualgeschichte an und akzeptieren ihre Männlichkeit, die lange verneint, verdrängt oder pauschal abgelehnt wurde. Obwohl sie noch eine kleine Minderheit bilden, zeigt ihr Tun doch, daß Männer begonnen haben, sich die verlorengegangenen Aspekte ihrer Männlichkeit zurückzuerobern.

Zwar geben sich die Männer auf diese Weise selbst die Erlaubnis, mit ihrer Männlichkeit in Kontakt zu kommen und sie wieder in ihre Persönlichkeit zu integrieren; zwar akzeptieren sie die Männlichkeit in ihrer reinsten Form, aber diese Männergruppen haben nicht das Ziel, die Beziehungen zwischen Männern und Frauen zu harmonisieren. Es ist toll, daß Männer trommeln und sich im Wald miteinander verbünden, daß sie zusammenkommen, um ihr Verständnis der männlichen Identität neu zu bestimmen, aber um ganz zu sein, um zu lieben und geliebt zu werden, um Beziehungen mit Frauen zu haben, müssen Männer auch ihre weibliche

Identität integrieren, und das kann nicht geschehen, wenn sie sich von den Frauen isolieren. Trommeln und sich mit anderen Männern verbünden definiert den Mann als Mann in bezug auf seine Kraft, seinen Stamm, seinen Vater und seine Vaterwunde, aber erst wenn er den weiblichen Teil in sich integriert, erhält er Zugang zur Gemeinschaft, dann findet sein Herz eine Heimat. Und heimkehren zum Weiblichen ist das, was wir heute alle tun müssen.

Dieser Prozeß erfordert vom Mann eine große Bereitschaft zur Veränderung, denn ein Mann zu sein bedeutet der alten Definition nach immer noch, von seinen Gefühlen getrennt zu sein. Mann zu sein bedeutet in gewisser Hinsicht, Beziehungen als hoffnungslos aufgegeben zu haben, sie lediglich als Struktur zu betrachten, in der man – sobald man seine Gefühle beiseite geschoben hat – dienen muß. Über diesen Zustand, in dem Männer isoliert existierende, gefühllose Maschinenwesen sind, beklagen sich sowohl Männer als auch Frauen, auch wenn es im allgemeinen die Frauen sind, die sich am lautesten beschweren, da die Männer gelernt haben, ausgerechnet die Gefühle zu unterdrücken, die ihnen deutlich machen würden, wie schmerzhaft ihre Isolierung ist und wie sehr sie eigentlich schreien müßten.

Wenn dieses Buch überhaupt eine Prämisse hat, so ist es diese: Die Männer wissen nicht, was ihnen fehlt, und die Frauen müssen es ihnen zeigen. Männer wurden bisher dadurch zu Männern, daß sie nicht wußten, was ihnen fehlt. In unserer Kultur ein Mann zu sein bedeutet, daß von einem verlangt wird, nicht zu fühlen; und in diesem Zustand der Gefühllosigkeit ist es natürlich völlig unmöglich, den Verlust der Fähigkeit des Fühlens zu fühlen. Wenn Frauen erwarten, daß die Männer sich das, was ihnen fehlt, ohne ihre Hilfe aneignen können, werden wir alle endlos lange ohne jede Hoffnung in der Hölle schmoren. Denn die Männer können den Frauen nur geben, was sie brauchen, wenn die Frauen den Männern zeigen, was ihnen fehlt. Um den Teil in den Männern freizulegen, der fühlt, müssen die Frauen den Männern zur Seite stehen und das Boot wie Charon, der Fährmann, in die emotionale Unterwelt steuern, wo in den schwarzen, wirbelnden Wassern das Weibliche wohnt.

Als Beziehungsberaterin und als Therapeutin einer Unzahl von Männern und Frauen bin ich zu der Überzeugung gelangt, daß die meisten Männer noch immer von ihren Gefühlen abgeschnitten sind und daß sie dieses Getrenntsein als unerträgliche Leere empfinden. Die Frauen müssen ihre Aufmerksamkeit endlich auf den verborgenen Schmerz richten, den die Männer gegenüber dieser Leere empfinden, und zwar nicht kritisch oder voller Wut, sondern mit Güte und Verständnis.

Diese Idee steht in direktem Gegensatz zu der kritischen Haltung, die wir eingenommen haben, und das soll sie auch. Denn wenn Frauen Männer weiterhin verunglimpfen und aus der Gemeinschaft der emotional Bewußten ausschließen, werden wir alle gefühlsmäßig verhungern.

Diese Herausforderung anzunehmen bringt für uns Frauen viele verschiedene Aufgaben mit sich. Zum Beispiel müssen wir das Verhalten, das wir uns von den Männern wünschen, verkörpern und es ihnen vorleben. Und wir müssen sie grundsätzlich unterstützen. Das heißt, daß wir aufhören zu kritisieren, zu jammern und zu verurteilen. Vielmehr müssen wir den Männern helfen, Geduld mit ihnen haben und Mitgefühl. In gewisser Weise ist das natürlich furchtbar, denn es bedeutet mehr

Arbeit für die Frauen und erschreckende, unbequeme Ausflüge in die Welt der Gefühle für die Männer.

Ist es das wert? Wenn wir wirklich emotional befriedigende Beziehungen haben wollen, ja! Denn wir begeben uns in Beziehungen, um uns widerzuspiegeln, um auf der Reise, die das Leben ist, begleitet zu werden, um unsere eigene Entwicklung voranzubringen und um unsere spirituelle Bestimmung zu erfüllen. Ob es uns nun bewußt ist oder nicht, gehen wir Beziehungen mit der Absicht ein, unsere individuelle Entwicklung zu vollenden.

Beziehungen, die auf der höchsten Ebene geführt werden, sind Begegnungen zweier freier Wesen, die einander widerspiegeln und sich austauschen, die erkennen, wer sie sind, und das werden, was sie sein sollen. In diesem Licht betrachtet, ist eine Beziehung ein spirituelles Unterfangen, eine großartige Gelegenheit, sich selbst kennenzulernen und zu entwickeln und gleichzeitig die Einzigartigkeit, die Anmut und die Vollkommenheit des anderen zu fördern.

Eine solche Verbindung von Freiheit in Einheit, die das höchste Potential einer intimen Beziehung zwischen Mann und Frau repräsentiert, ist jedoch äußerst selten. Statt dessen sehen wir halbtote Beziehungen, über die sich Frauen so häufig beklagen, stagnierende Verbindungen, in denen weder die emotionalen und spirituellen Bedürfnisse der Frau noch die des Mannes befriedigt werden.

Gerade weil eine Beziehung vor allem eine emotionale Verbindung ist und weil den Männern der Zugang zu ihrem emotionalen Kern verwehrt ist, sind die Frauen enttäuscht, die Männer mißtrauisch und die Beziehungen zwischen ihnen in einem traurigen Zustand. Das liegt daran, daß Männer in gewisser Hinsicht einfach dadurch, daß sie Männer sind, beziehungsunfähig sind. Damit will ich sagen, daß Männer ihre Gefühle nicht zeigen können, daß sie keine Sprache haben, mit der sie ihre Seele offenbaren können, und daß sie daher nur begrenzt fähig sind, sich auf Frauen einzulassen.

Deshalb haben Männer und Frauen ihre Beziehungen insgesamt noch nicht so weit verbessern können, daß sie sich aus vollem Herzen und voller Optimismus in sie hineinbegeben können – und dies ungeachtet aller Bücher, in denen uns geraten wird, wie wir unsere Beziehungen verbessern oder die Fallen vermeiden können, die jede Beziehung bereithält. Durch diese Bücher wurden Frauen über Männer aufgeklärt, uns wurde gesagt, warum sie so sind, wie sie sind, wie wir mit ihnen umgehen können, wenn sie Schwierigkeiten machen; wir wurden vor den Männern gewarnt, denen wir um jeden Preis aus dem Weg gehen sollten, und man hat uns geraten, sie nicht zu sehr zu lieben, damit wir uns nicht verlieren – aber nie wurde etwas über die Möglichkeit der Veränderung gesagt.

Im Grunde stand in diesen Büchern, daß Frauen mit den Männern so zurechtkommen müssen, wie sie sind, daß sie es ihnen wie bisher recht machen müssen, daß sie sich freuen sollten, wenigstens mit Frauen befriedigende emotionale Begegnungen haben zu können, und daß sie dankbar sein sollten, daß Männer wenigstens Holz hacken und den Abfluß reparieren, die Stromrechnung bezahlen, Sex mit ihnen haben und finanziell für die Kinder sorgen.

Aber das reicht nicht länger aus. Wir müssen uns vorstellen, daß die Männer tatsächlich erwachen können, und herausfinden, wie wir ihnen helfen können, beziehungsfähig zu werden. Die Männer so zu akzeptieren, wie sie heute sind, ist zwar ein wichtiger Schritt in der Übergangsphase unserer gemeinsamen psychospirituellen Entwicklung, aber weder für Männer noch für Frauen ist das allein wirklich befriedigend. Wir sehnen uns nicht nur nach einer Intimität voller Mitgefühl, die uns über den eleganten Pas de deux unserer Liebesbeziehungen hinaus in allen Lebensbereichen verbindet – wir können ohne sie nicht mehr auskommen.

Ich glaube – ich weiß –, daß die Männer zu dieser Transformation bereit sind. Sie haben es uns gezeigt, als sie in den Wald gegangen sind, wo ihnen im Dämmerlicht die verlorengegangenen Bilder ihrer Männlichkeit zugewinkt haben. Aber die Dimension, in der sie fühlen, Verbindungen eingehen, Gefühle mitteilen, ihre Seele offenbaren, Trost spenden und annehmen, ist noch nicht geboren worden, und weder Frauen noch Männer haben von den köstlichen Früchten gekostet, die die Emanzipation der Männer hervorbringen wird.

Dieses gewaltige Vorhaben ist der nächste Schritt in der psychospirituellen Entwicklung der Menschheit. Es erfordert nicht nur eine Revision unserer Sichtweisen – wie wir denken und was wir glauben –, sondern auch tiefgehende Veränderungen in unserem Verhalten.

Die Männer sind dazu bereit. Aber sie können diese Verwandlung nicht ohne die Frauen beginnen und schon gar nicht vollenden, denn nur die Frauen kennen den Weg zu dem Ort, den die Männer betreten müssen.

2
Er ist, was er tut: Männliche Identitätsfindung durch Arbeit

Heu für die Pferde

Er war die halbe Nacht gefahren
vom weit entfernten San Joaquin
durch Mariposa, die
gefährlichen Hangstraßen hinauf,
und kam morgens um acht
mit seiner Ladung Heu
hinter der Scheune an.
Mit Winde und Seil und Haken
stapelten wir die Ballen
vor den rohen Rotholzbalken auf,
hoch oben im Dunkel wirbelte Alfalfastaub
durchs Licht, das durch die Schindeldächer fiel;
Heu juckte im
verschwitzten Hemd und Schuh.
Mittags unter der Eiche,
draußen in der Hitze des Pferchs
– die alte Stute beschnuppert unser Essen,
Grashüpfer knistern im Unkraut –,
sagte er: „Ich bin achtundsechzig,
hab' Heu eingebracht, seit ich siebzehn bin.
Ich dachte, als ich anfing,
ich würd' es hassen, dies mein Leben lang zu tun.
Und verdammt, das ist genau,
was ich getan hab'.

Gary Snyder

Um fähig zu sein, den Männern den Weg zum Land der Gefühle zu weisen, müssen Frauen Männer erst mit neuen Augen betrachten und akzeptieren, daß sie unser Mitgefühl verdienen – für das, was sie in der traditionellen Männerrolle durchgemacht haben. Statt sie einfach als das emotional zurückgebliebene Geschlecht abzustempeln und sie auf den Abfallhaufen der menschlichen Gefühlswelt zu werfen, müssen wir verstehen, was es heißt, ein Mann zu sein, und den Männern unser Mitgefühl schenken. Denn Mitgefühl ist die Voraussetzung für Veränderung.

Mitgefühl, die Fähigkeit, das Leiden eines anderen Menschen zu fühlen, entsteht zunächst aus Bewußtheit, dann aus verständnisvoller Anteilnahme. Es setzt voraus, daß man selbst schon einmal Schmerz und Frustration gespürt hat, daß man fähig ist, das Leiden eines anderen zu erkennen, und daß man ihn als des eigenen Mitgefühls für würdig erachtet.

Damit wir Frauen Mitgefühl mit Männern haben können, ist es nicht nur notwendig, daß wir uns weiterhin bewußt sind, was sie uns angetan haben, sondern auch, daß wir uns über ihr Leiden informieren. Wenn wir dies tun, gehen wir den ersten entscheidenden Schritt auf die Männer zu. Nur wenn wir Frauen wirklich verstehen, was es bedeutet, ein Mann zu sein, können wir aus Liebe handeln, der einzigen Voraussetzung für Transformation.

Dieser Schritt ist allerdings schwierig, denn die Männer wissen noch nicht, wie sie zugeben können, daß sie unser Mitgefühl brauchen. Außerdem sind wir uns noch nicht bewußt, wie sehr sie es brauchen – und darüber hinaus haben wir die Männer oft so satt, daß wir ihrem Leiden gegenüber blind sind. Wir haben uns so sehr auf unsere eigene Misere konzentriert, daß wir übersehen haben, daß die Männer in der männlichen Rolle ebenso unterdrückt sind wie wir in der weiblichen. Männer sind nicht so, wie sie sind, nur um uns zu frustrieren oder zu ärgern. Auch sie verhalten sich entsprechend den Erwartungen der Gesellschaft, die seit Menschengedenken die sozialen Aufgaben aufgrund der Geschlechtszugehörigkeit und den unerbittlichen Anforderungen der menschlichen Zivilisation verteilt hat.

Wie die Frauen müssen auch die Männer so sein, wie sie sind. Niemand hat je die Männer gefragt, ob ihnen ihre gegenwärtige Situation gefällt, aber es war wohl oder übel ihr Los, die Brötchen zu verdienen, die Rechnungen zu bezahlen, die Stufen der Karriereleiter zu erklimmen, die Wölfe vom Haus fernzuhalten, die sexuelle Initiative zu ergreifen, auf ihren Platz im Rettungsboot zu verzichten und bereitwillig im Krieg zu sterben.

Statt für die Last, die die Männer tragen mußten, Mitgefühl zu haben, neigen Frauen dazu zu glauben, daß Männer ein zauberhaftes Leben führen, daß ihre Arbeit sie erfüllt und ihrem Leben einen Sinn gibt, daß es für sie einfach ist, sich zu verlieben, daß sie nicht wie Frauen Gefühlsschwankungen unterliegen – kurzum, daß sie auf Rosen gebettet sind. Selbst dann, wenn Frauen irgendwie ahnen, daß das Leben auch bei den Männern ein paar häßliche Wunden hinterlassen haben könnte, glauben sie letzten Endes doch meistens, daß die Macht und das Identitätsgefühl, die Männer durch ihre Arbeit erlangen, das, was sie erleiden oder vermissen, mehr als ausgleicht.

Über Generationen haben Frauen gesehen, wie die Männer in der männlichen Rolle funktionieren, und sind davon ausgegangen, daß sie sich dabei wohl wie ein

Fisch im Wasser fühlen. Wir glauben, daß das Leben der Männer das Gelbe vom Ei ist, daß sie alle Macht besitzen und alle Freiheiten genießen, daß sie es lieben, Helden zu sein und Beschützer, Ernährer, mächtige Weltverbesserer, Garanten unserer Sicherheit und edle Retter in der Not, wenn der Abfluß verstopft ist, die Kinder außer Rand und Band sind, uns die Schwiegermutter zuviel wird oder finanzielle Katastrophen drohen. Natürlich stimmt es, daß Männer heute wie damals ganz offensichtlich Macht ausüben und daß sie das daraus entstehende Identitätsgefühl genießen; aber weil die Frauen der männlichen Rolle einen so großen Stellenwert und einen solch hohen Befriedigungsquotienten beimessen, haben sie bis heute nicht wirklich begriffen, daß das Mannsein auch eindeutige Nachteile mit sich bringt.

Männer sind nicht auf Rosen gebettet

Ich will dir was sagen, und wahrscheinlich wirst du es nicht glauben: Es ist schwer, ein Mann zu sein.

Gärtner, 36

In Wirklichkeit erfahren sich Männer ebenso wie Frauen am intensivsten durch Arbeit wie auch in ihren Liebesbeziehungen und in den liebevollen Beziehungen zu ihren Kindern und Freunden; hier spüren sie am stärksten, wer sie sind, und bekommen ein Gefühl dafür, welchen Sinn ihr Leben hat. Deshalb haben die Frauen mit einer solchen Leidenschaftlichkeit dafür gekämpft, sich durch Arbeit verwirklichen zu können. Deshalb investieren wir ein solches Übermaß an Gefühlen in unsere Liebesbeziehungen, und deshalb entscheiden sich die meisten von uns dafür, Kinder zu bekommen. Und in genau diesen drei Bereichen – Arbeit, Liebe und Elternschaft – leiden die Männer aufgrund der einengenden Anforderungen der männlichen Rolle, die sie daran hindern, ein emotional erfülltes Leben zu führen.

Männer leiden unter der gegenwärtigen Situation, weil sie es unbewußt zugelassen haben, fast ausschließlich durch ihre Arbeit definiert zu werden. Und Männer leiden in den Beziehungen zu ihren Frauen und Kindern, weil sie dadurch, daß sie so sehr über ihre Arbeit definiert werden, ihre Fähigkeit zur Intimität nicht vertiefen konnten. Mehr als sie es jemals artikulieren könnten, spüren Männer, wie sie sich selbst verraten und vergewaltigen, indem sie einen so großen Teil ihres Lebens mit Arbeit zubringen. Obwohl es den meisten von ihnen schleierhaft bleibt, worum es im Leben sonst noch gehen könnte, spüren sie doch auf eine gewissermaßen primitive Weise, daß sie ihr Geburtsrecht für einen Apfel und ein Ei verkauft haben.

Männer und Arbeit: Er ist, was er tut

Wer hat Zeit für Gefühle? Ich muß die Miete ranschaffen.

Kraftfahrer, 34

Seit Menschengedenken haben sich die Männer in ihrer Arbeit, durch ihre Arbeit und in der Terminologie ihrer Arbeit definiert. Während das bei Frauen selten der Fall ist, sagt man über einen Mann weitaus häufiger, er *sei* ein Zimmermann oder ein Gärtner, ein Rechtsanwalt oder ein Rockstar. Ein Mann *ist* tatsächlich das, was er tut. Er gewinnt seine gesamte Identität durch die Geschäfte, die er tätigt, durch die Firma, die ihn anstellt oder entläßt, durch die Karriere, die er sich aufbaut, durch den Stempel, den er der Welt durch seine Arbeit aufdrückt.

Mehr als es viele Frauen wahrhaben wollen, *ist* ein Mann seine Arbeit. Ein 64jähriger erkannte dies, als er überlegte, seinen Beruf aufzugeben: „Ich habe furchtbare Angst vor der Pensionierung. Das Problem ist einfach: Wenn ich nicht arbeite, wer bin ich dann? Es wird sein, als ob ich aufhöre zu existieren."

Diese Bestimmung durch die Arbeit ist für die Männer aber auch eine Art Segen gewesen. Sie läßt den Mann und alle anderen ohne große Erklärungen wissen, wie er seine Zeit verbringt, welche Interessen er hat, was ihm wichtig ist – kurz, wer er ist und was man von ihm erwarten kann. Es hat viele Vorteile, eine durch die Arbeit definierte Identität zu besitzen. Es ist geradezu erleichternd, wenn eindeutig vorgegeben ist, was man über sich selbst sagen kann.

„Wer sind Sie?" „Ich bin Vizepräsident einer großen Gesellschaft." „Was tun Sie?" „Ich biete Versicherungen an."

Die Nennung des Berufes gibt anderen Menschen sofort eine Vorstellung davon, wer man ist. So wird es ihnen ermöglicht, sich auf eine Person als identifizierbare Größe einzustellen. Gleichzeitig gewährt es dieser Person einen gewissen Schutz vor Verletzungen ihrer Gefühle. Durch den Beruf kann man eine Identität ohne emotionale Risiken definieren, und wie sowohl Männer als auch Frauen wissen, hat es durchaus Vorteile, die eigenen Gefühle zu schützen.

Dennoch hat es auch eindeutige Nachteile, den Beruf als einzigen Gradmesser der männlichen Identität anzusehen. Wenn man so sehr mit seiner Arbeit identifiziert wird, bedeutet das, daß sie zum einzigen Sinngeber wird, daß Männer miteinander konkurrieren müssen, um ihre Identität zu erlangen und zu behalten, und daß Arbeit zum Ersatz für authentischen Selbstausdruck wird.

Männer auf der Suche nach Sinn

Was ich mir wünsche? Den Mut, auf mein Herz zu hören.

Arzt, 42

In unserer heutigen Gesellschaft ist die Arbeitswelt der einzige Bereich, in dem ein Mann seinen Wert, seine Macht und seine Einzigartigkeit erkennen kann. Daher muß die Arbeit eines Mannes ihn (und seine Familie) nicht nur von einem Tag zum anderen ernähren, sie muß auch seinem ganzen Leben einen Sinn geben. Der Wert des Lebens eines Mannes ist gleichbedeutend mit dem, was er beruflich getan hat. Wenn seine Leistungen nach seinem Tod als wichtig anerkannt werden, war er ein erfolgreicher Mann, aber wenn das, was er getan hat, schlecht war oder unbedeutend oder wenn es auf dem See der Menschheit keine Wellen geschlagen hat, dann wird er nicht nur als Mann bewertet, der in seinem Beruf versagt hat, sondern als Mann, der in seinem ganzen Leben versagt hat. Aufgrund dieser existentiellen Bedeutung des Berufes wird ein Mann zum Arbeiten getrieben, denn er glaubt, daß sich seine wahre Größe letztendlich nur durch seine Leistungen und Errungenschaften offenbaren wird. Ein 49jähriger Geschäftsmann sagte (und es war mehr als nur ein Scherz): „Wenn ich jetzt keinen Erfolg habe, werde ich nach meinem Tode ein Niemand sein."

Diese Haltung setzt die Männer enorm unter Druck. Um ein Gefühl für seinen Wert zu bekommen, muß sich ein Mann ständig fragen: „Habe ich Erfolg? Tue ich genug, um etwas zu hinterlassen?“ Dieses aufreibende und längst verinnerlichte Bedürfnis nach Erfolg, der ihrem Leben einen Sinn gibt, zwingt die Männer dazu, zuviel von ihrer Arbeit zu erwarten und sich im Beruf aufzuopfern. Deshalb tappen so viele Männer in die Überstundenfalle. In dem nie enden wollenden, hoffnungslosen Bemühen, sich selbst davon zu überzeugen, daß sie genug erreicht und ihrem Leben einen Sinn gegeben haben, nehmen die Männer willig an dieser Hetzjagd teil und opfern ihr Leben ungewollt der Arbeit.

Die männliche Konzentration auf Leistung und Erfolg hat tiefe psychospirituelle Wurzeln, denn der Glaube an den Sinn des Lebens ist Bestandteil der menschlichen Natur. Wie Ernest Hemingway sagte, müssen wir daran glauben, daß unser Leben nicht nur „ein schlechter Scherz“ ist. Alle Menschen tragen diese tiefe Sehnsucht nach Sinn in sich, aber Männer und Frauen haben sie bisher immer auf verschiedene Weise ausgedrückt. Männer erlangten ihre Erfüllung durch die Arbeit und Frauen durch das Gebären und Aufziehen der Kinder.

Obwohl die meisten Frauen heute auch berufstätig sind, wird Arbeit für sie nie die vorrangige Quelle der Identitätsfindung sein, weil Frauen die emotionale Fähigkeit besitzen, sinnvolle Beziehungen mit Kindern und Freunden einzugehen. Damit sage ich nicht, daß die Arbeit einer Frau nicht wichtig oder bedeutsam ist, aber unabhängig davon, wie bemerkenswert die Arbeit einer Frau auch sein mag, wird sie immer noch einen entscheidenden Teil ihrer Identität durch ihre Fähigkeit erlangen, emotionale Verbindungen einzugehen.

Das aber trifft auf Männer nicht zu. Natürlich sind auch sie stolz auf ihre Kinder und haben Spaß an der Gesellschaft ihrer Freunde, aber Kinder aufzuziehen und tiefe Freundschaften einzugehen war und ist für Männer nie die Hauptquelle der Identitätsfindung.

Da die Arbeit der offensichtlichste und wichtigste Bereich ist, durch den sich ein Mann definiert, und das Medium, durch das ein Mann der Welt seinen Stempel aufdrückt, ist es unvermeidlich, daß das Drama der männlichen Konkurrenz in diesem Bereich stattfindet. Denn ein Mann muß nicht nur sein, was er tut, er muß in dem, was er tut, auch noch besser sein als alle anderen, um sich selbst als wertvoll und einzigartig empfinden zu können. Es wird von einem Mann erwartet, daß er erfolgreich ist und durch den Vergleich mit anderen Männern herausfindet, wer er ist. Wenn er größer, besser, stärker oder weiser ist als vergleichbare Männer, spürt er in gewissem Maße, wer er ist. Ein achtbarer Mann läßt sich – so meint unsere Gesellschaft – an der Größe seines Erfolges im Vergleich mit anderen Männern messen. Der erfolgreiche Mann fährt ein teures Auto, hat eine schöne Frau und ein sechsstelliges Jahreseinkommen. Dann ist er angeblich am Ziel seiner Träume, dann weiß er, wer er ist.

Die Hetzjagd ist vorbei, die Meute hat gewonnen

Entspannen? Wie soll ich mich entspannen? Immer gibt es einen Kerl, der auf meinen Posten scharf ist. Wenn ich den verliere, bin ich ein Niemand. Du kannst nicht ein Mann sein und rückwärts gehen. Oder zur Seite. Immer muß es aufwärts, aufwärts, aufwärts gehen. Wie soll man sonst mit sich leben können?

Abteilungsleiter, 48

Paradoxerweise verleiht nicht einmal der Erfolg den Männern ein wahres Identitätsgefühl, denn statt sich zu entspannen und sich im Glanz des Erreichten zu sonnen, stürzen sie sich in eine mörderische Hetzjagd, um sich noch weiter zu profilieren. Wenn sie ganz oben sind, wollen sie dort bleiben; wenn sie noch dabei sind, sich die Karriereleiter hinaufzukämpfen, versuchen sie die nächste Sprosse zu erklimmen.

In diesem ständigen Konkurrenzkampf, diesem Bemühen, ihre Identität durch den Beruf zu bestimmen, werden die Männer häufig durch die Angst vor möglichem Versagen angetrieben und nicht durch Liebe zur Arbeit. Obwohl es Männer gibt, die ihre Arbeit wirklich lieben, bietet sie meistens nicht den Trost einer gefestigten Identität, sondern fordert statt dessen zahllose Anstrengungen, die die Gefühle unterdrücken und den Geist verkümmern lassen. Daher wird das Leben vieler Männer durch die Arbeit ruiniert statt bereichert. Jede Hoffnung, daß ihm sein Beruf Freude machen könnte oder daß es ihm gelingen möge, sich durch seine Arbeit auszudrücken, wird durch die nackte Notwendigkeit zunichte gemacht, mit der Arbeit Geld verdienen und die männliche Identität stärken zu müssen. Aus dem Mann, der davon träumte, daß er seine Arbeit lieben oder sich selbst dadurch besser kennenlernen werde, wird ein Mann, den seine Arbeit umbringt; aus dem Mann, der glaubte, Erfolg wäre der krönende Abschluß seiner Anstrengungen, wird ein Mann, der ängstlich über die Schulter schaut, um zu sehen, wer aufholt oder wen er auf der langen Straße zum Erfolg überholen muß.

Diese Hetzjagd führt bei vielen Männern zu einem frühen Tod. Da Männer im Grunde außer ihrer Arbeit keine Identität besitzen, müssen sie erfolgreich sein – und erfolgreicher als andere –, oder sie bekommen das Gefühl, sie hätten aufgehört zu existieren. Es ist diese nie enden wollende Jagd nach Erfolg – und nach der Identität, die ihm innezuwohnen scheint –, die Männer so arbeitswütig macht und die sie unbewußt dazu führt, sich selbst zu zerstören – entweder direkt durch die Anforderungen, die die Arbeit an sie stellt (der Fünfzehnstundentag), oder indirekt (Kaffee und Zigaretten als Mittagessen).

Die Wunden von Vater und Sohn

Mein Vater war professioneller Tennisspieler. Als ich ein Kind war, gewann er immer beim Tennis. Als ich zum ersten Mal gewann, hörte er auf, mit mir zu spielen.

Bauhandwerker, 26

Das männliche Konkurrenzdenken, das in der Arbeitswelt in endlosen Variationen zum Ausdruck kommt, hat seinen psychischen Ursprung meist in der Vater-Sohn-Beziehung. Um seine eigene männliche Identität zu etablieren, beobachtet der Sohn seinen Vater und versucht herauszufinden, was es heißt, ein Mann zu sein. Da die Söhne ihre Väter in einer Welt beobachten, in der Wettbewerb das Mittel zum Erfolg darstellt, übernehmen junge Männer fast zwangsläufig diese Haltung. Die Väter bringen den Söhnen mit Worten, aber noch mehr durch ihr Verhalten bei, daß wir in einer Welt leben, in der jeder gegen jeden kämpft, daß der Beste gewinnt, daß dem Gewinner alles in den Schoß fällt und daß man keine Zeit damit verschwendet, zu jammern, sondern daß man sich bemüht, die anderen zu übertreffen. Der Junge lernt, daß es in der Arbeitswelt so etwas wie Kameradschaft oder ein entspanntes Verhältnis zu anderen Männern nicht gibt. Im Gegenteil, das Berufsleben ist ein andauernder Versuch der Männer, sich gegeneinander abzugrenzen.

Die Jungen müssen nicht nur dem Vorbild ihres Vaters folgen, sie müssen sich auch gegen das nie offen ausgesprochene, aber dennoch vorhandene starke Konkurrenzverhalten ihrer Väter verteidigen. Ohne sich dessen bewußt zu sein und ohne jemals die Verantwortung dafür zu übernehmen, fordern viele Männer ihre Söhne zu einem heimlichen lebenslangen Wettkampf heraus. Versteckt oder offen fordern sie, daß ihre Söhne größer, besser und stärker werden als sie, aber wenn es so aussieht, als ob ihre Söhne sie tatsächlich übertreffen werden, nehmen sie ihnen das häufig übel. Da sie sich selbst nicht klar darüber sind, ob sie als Männer erfolgreich waren oder nicht, geben sie ihren Söhnen die zweideutige Botschaft, von ihnen übertroffen werden zu wollen, tun aber gleichzeitig alles, um nicht übertroffen zu werden – denn das würde sie als Väter in Mißkredit bringen.

Ein Universitätsprofessor zum Beispiel war überglücklich, daß sein erstes Kind ein Sohn war, und las ihm, noch bevor der Junge sprechen konnte, griechische Tragödien vor. Dieser frühe Kontakt mit klassischer Literatur beschleunigte die akademische Karriere seines Sohnes, so daß dieser bereits mit sechzehn Jahren an einer der führenden Universitäten aufgenommen wurde. Plötzlich hatte der Vater eine „finanzielle Krise", die es ihm unmöglich machte, die Ausbildung seines Sohnes weiterhin zu finanzieren. Auf Drängen des Vaters mußte der Junge arbeiten, bis er achtzehn war und sein Vater „sich finanziell erholt hatte". Dann durfte er sich gemeinsam mit seinen früheren Klassenkameraden an der örtlichen Universität einschreiben. Der Vater, der die intellektuelle Frühreife seines Sohnes unterstützt hatte, konnte nicht ertragen, daß dessen akademische Erfolge möglicherweise seine eigenen übertreffen würden, und sorgte unbewußt dafür, daß dies nicht geschehen würde.

Weitaus zerstörerischer ist aber die verbale Brutalität, mit der viele Väter absichtlich oder unabsichtlich ihre Söhne fertigmachen, um ihr eigenes Ego zu stärken: „Du wirst nie ein Mann sein." „Du wirst nie größer werden als ich." „Du wirst nie soviel Geld verdienen wie ich." „Du wirst nie ein so guter Sportler sein wie ich." „Du hast weniger Gehirn im Kopf als ich im kleinen Finger."

Der väterliche Mißbrauch kann auch indirekt sein, indem der Vater zum Beispiel verhindert, daß sich der Sohn artikuliert – indem er ihn unterbricht, das Thema wechselt oder plötzlich nicht mehr zuhört. Ein 30jähriger Bauunternehmer sagte: „Mein Vater ist so lange bereit, ein Gespräch zu führen, wie es um ihn geht, aber wenn ich ihm etwas erzählen möchte, hat er plötzlich einen dringenden Termin und geht."

Söhne brauchen den Segen ihrer Väter, um das Gefühl zu haben, als Männer akzeptiert zu sein oder zumindest eines Tages akzeptiert zu werden. Deshalb überschreiten sie in dem hoffnungslosen, herzzerreißenden Versuch, von ihren Vätern anerkannt zu werden, häufig ihre eigenen Grenzen. Eines Tages beobachtete ich eine typische Begegnung: „Ich will doch nur, daß du stolz auf mich bist, Vati", weinte der Sohn eines schwerreichen Großgrundbesitzers, ein erfolgreicher 35jähriger Drehbuchautor. „Das wäre ich auch gewesen", sagte sein Vater, „wenn du nur Grundstücksmakler geworden wärst."

Solche Geschichten höre ich oft. Zu einem erfolgreichen jungen Börsenmakler, der versuchte, seinen Vater zu beeindrucken, indem er ihn und seine Mutter zum Abendessen in das eleganteste und teuerste Hotel der Stadt einlud, sagte sein Vater: „Seit deiner Kindheit sage ich dir, daß du dein Geld nicht verschwenden sollst. Wieso lädst du uns hierher ein?"

Ein anderer Vater, von Beruf Lektor, für den die Noten seines Sohnes, wie er sagte, „eine Beleidigung waren", bestand darauf, daß sein Sohn keinen Sport mehr machte, obwohl er im Jahr zuvor die Schulmeisterschaft gewonnen hatte. Der Junge war so verzweifelt, daß man ihm das einzige, worin er gut war, weggenommen hatte, daß er von der Schule abging und später Selbstmord verübte.

Das Ausmaß dieses tragischen Konkurrenzkampfes zwischen Vätern und Söhnen wird in unserer Gesellschaft weitgehend ignoriert – besonders von Frauen, deren Sicht der Männer es ihnen nur selten ermöglicht, diesen Kampf wahrzunehmen oder zu begreifen. Es ist eine traumatische Erfahrung für einen Mann, wenn er feststellt, daß das Vertrauensverhältnis zwischen ihm und seinem Vater zerstört ist, und er erstaunt und erschreckt entdeckt, daß sein Vater kein Verbündeter oder

Held ist, der ihn unterstützt, sondern häufig wie Darth Vader in *Krieg der Sterne* ein ihm nahestehender und deshalb besonders heimtückischer Feind.

Der Schmerz der Männer über die Wunden, die sie in diesem Konkurrenzkampf davongetragen haben, ist der geheime männliche Gram, der sich in der Psychotherapie immer und immer wieder offenbart. Ein wuchtiger, robust aussehender Bauarbeiter erzählte mir: „Als ich klein war, hat mir mein Vater, der fast 120 Kilo wiegt, immer gesagt, daß ich nie so stark werden würde wie er. Dann, als ich größer wurde und anfing, für ihn zu arbeiten, konnte er nie zugeben, daß ich stärker geworden war als er und daß er im Grunde davon abhängig war, daß ich all die schwere Arbeit machte. Ich war zwar sein Sohn, aber er behandelte mich als seinen Angestellten immer schlechter als alle anderen. Eigentlich hat er in all den Jahren, die ich für ihn gearbeitet habe, nie ein gutes Wort für mich gehabt, und als ich mich endlich selbständig machte, meinte er, ich würde nie Erfolg haben. Was ich auch mache, er meckert daran herum. Er hat es fertiggebracht, daß ich mich immer unzulänglich fühle."

Dieser Mann spricht für die ungeheure Anzahl der Männer, die aufgrund des Konkurrenzkampfes mit ihren Vätern am Wert ihrer eigenen Leistungen zweifeln. Dazu kommt das Heer der Männer, die nicht einmal die Hälfte von dem erreichen konnten, was ihre Väter geleistet haben. Diese Männer begannen gar nicht erst damit zu konkurrieren, weil man ihnen eingetrichtert hatte, daß sie schon für den Versuch bestraft werden würden, oder weil es das offensichtliche Mißverhältnis zwischen ihrer Macht und der ihrer Väter unmöglich erscheinen ließ, jemals an deren Leistungen heranzukommen.

„Mein Vater hat Millionen Dollar mit dem Verkauf von Grundstücken verdient, und ich versuche mit 34 immer noch herauszufinden, was ich tun möchte, wenn ich einmal erwachsen bin", erzählte ein Mann. „Jeden Monat schickt er mir Geld – Taschengeld –, als ob ich ein Kind wäre. Ganz gleich, was ich tun möchte, ich könnte nie soviel verdienen, wie er mir so ganz nebenbei schickt. Ich bin schon geschlagen, bevor ich überhaupt angefangen habe. Außerdem gibt es außer dem Geld, das er mir schickt, nichts, worüber wir reden könnten."

Diese Unzahl von tiefen Narben, die der Konkurrenzkampf mit dem Vater hinterlassen hat, nimmt jeder Mann jeden Tag mit zur Arbeit – ob er sich dessen nun bewußt ist oder nicht. Ganz gleich, welchen Beruf oder sozialen Status er hat, begegnet er unvermeidlich anderen Männern, die die Probleme mit seinem Vater zum Vorschein bringen. In den Beziehungen zu diesen Männern wird er entweder wie sein eigener Vater handeln und mit ihnen konkurrieren, oder er wird weiterhin an der Rolle des Sohnes festhalten und verzweifelt versuchen, ihre Anerkennung zu bekommen – dann wird er sich besiegt und entmutigt fühlen und nicht fähig sein, sich selbst als ganzen Mann zu akzeptieren. In der Arbeitswelt, in der es unzählige Möglichkeiten gibt, den dramatischen Konkurrenzkampf zwischen Vater und Sohn auszuagieren, sind Männer kaum jemals in der Lage, die Rolle des unterstützenden Bruders oder Kollegen einzunehmen, sondern werden statt dessen von dem Schreckgespenst ihrer Vergangenheit heimgesucht. Daher ist der Arbeitsalltag für Männer häufig eine endlose Wiederholung der schmerzhaften Beziehungen aus ihrer Kindheit, die die meisten Männer niemals geklärt haben.

Geplatzte Träume

Ob ich meinen Job mag? Ich kann es mir nicht leisten, darüber nachzudenken. Es ist Arbeit. Ich mache sie. Punkt. Aus!"

Buchhändler, 54

Die Bestimmung durch seinen Beruf ist so sehr Bestandteil der Identität des Mannes, daß wir alle unterschwellig davon ausgehen, daß Arbeit einem Mann ein Gefühl von Ganzheit gibt und seine kreativen Bedürfnisse erfüllt. Selbstverständlich befriedigt es einen Mann, Versicherungen abzuschließen, unter Tage Kohle abzubauen oder einen Konzern zu leiten. Selbstverständlich blüht ein Mann auf, wenn er arbeitet, denn Männer arbeiten nun einmal.

Frauen sind sich meistens nicht bewußt, daß die Karrieren der Männer nicht unbedingt das sind, was diese sich erträumt haben. Weil wir von der Banalität und den erniedrigenden Aspekten dessen, was traditionell als Frauenarbeit bezeichnet wird, frustriert sind, glauben wir häufig, daß die berufliche Laufbahn der Männer die Krönung all ihrer Wünsche sei. Aber in Wirklichkeit werden viele Männer in ihrem Berufsleben nicht nur immer wieder in ihren Hoffnungen enttäuscht, sondern auch seelisch vergewaltigt.

Wir sind davon ausgegangen, daß diese Form von Verneinung der Identität – die Verneinung von Talenten und das Beiseiteschieben von Träumen – ausschließlich für uns Frauen gilt, daß nur *unsere* Talente sich nie entwickeln durften. Es stimmt, daß Frauen seit Äonen in einem Zustand der gewaltsamen Unterdrückung all dessen leben, was aus ihnen heraus möchte, aber dies gilt auch für die Männer.

Die unzähligen unerfüllten Träume der Männer sind der Stoff, aus dem die klassischen Tragödien der westlichen Zivilisation gemacht sind – von Willy Loman in Arthur Millers *Tod eines Handlungsreisenden* bis zu dem Taxifahrer in Cleveland, Ohio, der mir erzählte, er sei auf dem Gymnasium Meister im Eiskunstlauf gewesen und hatte den Sport aufgeben müssen, als seine Freundin schwanger wurde. Er heiratete sie kurz vor seinem Schulabschluß und wurde dann Vater von Zwillingen. Um seine Familie zu versorgen, wurde er Taxifahrer – und das war er immer noch, als er mich zwanzig Jahre später am Flughafen abholte.

Dann muß ich an den Gebrauchtwagenhändler denken, der seine Baseball-Karriere aufgab, weil sein zweites Kind mit einem angeborenen Herzfehler zur Welt kam, dessen Behandlung astronomische Summen an Operationskosten verschlang, und an den Hotelier, der sein Medizinstudium abbrach, weil er vier Töchter bekam. „Wir bekamen jedes Jahr ein Kind, jeweils eines durch jede der bekanntesten Verhütungsmethoden", scherzte er. Und ich denke an jenen redegewandten Rechtsanwalt, der eigentlich Romane schreiben möchte. Seine hohe Sprachbegabung ermöglichte es ihm, Jura zu studieren, und nun hält er sie verborgen, bis er eines Tages die Geschichten schreiben kann, die seine Leidenschaft entfachen. Aber er hat Angst, daß dieser Tag niemals kommen wird. „Ich kann es mir unmöglich leisten, Schriftsteller zu werden", sagt er. „Ich habe Frau und Kinder zu versorgen. Für mich ist es zu spät, ein kreatives Leben zu führen." Diese Geschichten geplatzter Träume sind typisch für viele Männer, die dadurch, daß sie Familien zu ernähren hatten, die Möglichkeit verloren, ihre Talente zu erforschen.

Obwohl wir es nicht wahrhaben wollen und weil die Erfolge der Männer ihr Leiden verdecken, haben die Belastungen des Familienlebens ihre Träume ebenso zerstört wie unsere. Heerscharen von Männern tun nicht, was sie sich als junge Männer erhofft oder vorgestellt haben, wovon sie träumten und was sie erwarteten. Ich habe nur selten mit einem Mann über Fünfzig gesprochen, der nicht auf irgendeine Weise seine Enttäuschung hinsichtlich seiner Arbeit ausdrückte: „Eigentlich wollte ich ... werden." „Ich hätte mir so gewünscht ..." „Aber ich habe geheiratet, die Kinder kamen ... und irgendwie ist alles anders gelaufen."

Ob es nun der Universitätsangestellte ist, der gerne Karikaturist geworden wäre, oder der Manager einer Elektronikfirma, dessen Traum es war, Physiker zu werden, oder der Stadtplaner, der Musiker werden wollte – es gibt Scharen von Männern, die nicht die Möglichkeit hatten, den Beruf ihrer Träume zu ergreifen und die statt dessen eine Arbeit machen, die „nun einmal gemacht werden muß".

Selbst ein Mann, der eine scheinbar beneidenswerte Karriere gemacht hat, kann um die Nichterfüllung seiner leidenschaftlichen Wünsche trauern. Ein Filmproduzent erzählte mir kürzlich, daß er schon immer Chirurg werden wollte, und jedesmal, wenn er einen Film über einen Arzt produziert, weint er hinter den Kulissen. „Ich kann nicht glauben, daß die Hälfte meines Lebens schon vorbei und es zu spät ist, Arzt zu werden. Ich habe einfach nicht die Möglichkeit gehabt." Für sehr viele Männer sind ihre unerfüllten Träume eine ständige Quelle des Schmerzes, den sie mit ihrem Gehalt nach Hause bringen.

Ein Mann sieht sich im Verhältnis zu seiner Familie vorrangig als Versorger. Das ist aber nicht nur seine Definition von sich selbst, sondern auch die Erwartung, die die Familie an ihn stellt. Ob er dabei nun finanziell unterstützt wird (und heute tut dies die Frau häufig) oder nicht – im Innern, auf der Ebene des Unbewußten, sieht er sich als Gefangener dieser Rolle.

Als Versorger ist ein Mann eine Brieftasche auf Beinen; er wird er mit dem Geld, das er als Lohn für seine Arbeit nach Hause bringt, identifiziert. Viele Männer finden ihre Erfüllung in der Rolle des Versorgers, viele andere aber nicht. In jedem Fall wird vom Mann erwartet, daß er sein Leben auf die Anforderungen ausrichtet, die durch seine Rolle als Versorger entstehen. Sollte er sich dafür entscheiden, ein freieres Leben zu führen, riskiert er nicht nur finanzielle Unsicherheit, sondern auch den Verlust jenes Teils der männlichen Identität, der durch seine Rolle in der Familie definiert wird.

Nicht die ganze Wahrheit

Arbeit ist das, was du für andere tust, Liebchen. Kunst ist das, was du für dich selbst tust.

Stephen Sondheim, *Sunday in the Park with George*

Ungeachtet dessen, daß das Berufsleben der Männer durch all diese Probleme belastet wird, ist es für die Identitätsfindung, die psychologisch gesehen für jeden Menschen unabdingbar ist, ohnehin nur zum Teil von Nutzen. Wir vergessen manchmal, daß Arbeit Arbeit ist und daß unsere Identität – diese empfindliche Ansammlung von Wahrnehmungen, die jedem von uns bestätigt, wer wir sind – aus weitaus mehr besteht als dem, was wir tun. Wir alle brauchen eine Bestimmung unseres Selbst, die zwar unsere Arbeit oder unseren Beruf einschließen mag, aber letztlich weit darüber hinausgeht.

Aber viele Männer sind so darin gefangen, ihre Identität durch den Beruf zu finden, daß sie unmöglich ein echtes Ichgefühl entwickeln können. Allgemein gesagt ist die Identität des Mannes mittlerweile so sehr mit äußeren Dingen – wie Einkommen, Erfolg und Besitz – verbunden, daß sie unmöglich die Essenz seines Wesens widerspiegeln kann. Der Beruf eines Mannes kann ihm nicht nur eine Identität verschaffen, sie kann ihn auch in demselben Maß der Möglichkeit berauben, seine wahre, komplexe und strahlende Identität zu entdecken.

Denn in Wirklichkeit ist ein Mann nicht nur seine Arbeit – und weder sie noch das Geld, das er dafür bekommt, noch das Gefühl der Macht, das er durch sie gewinnt, kann ihm ein Bild seiner wahren Identität geben. Nur eine tiefergehende Beziehung zu sich selbst kann ihm zeigen, wer er in Wirklichkeit ist – mit all seinen Fragen und Antworten, seiner Freude und Neugierde, seinen Neigungen, seinen Sehnsüchten und seinem Gram, seinen Ängsten, seinen Vorstellungen und seiner Spiritualität. All dies entspringt dem tiefsten Innern eines jeden Mannes, unabhängig davon, ob er ein Feld pflügt, Hauswände anstreicht, bei McDonald's Hamburger brät oder Kanzler werden will. Arbeit kann einem Mann nie seine volle Identität geben, und je mehr sich Männer in die Idee verrennen, daß sie es könnte, desto mehr berauben sie sich der Möglichkeit, ihren ganzen inneren Reichtum zu entdecken.

Es ist bemerkenswert – aber erst dadurch, daß Frauen ihre eigene berufliche Identität annehmen, einen Teil der ökonomischen Last tragen und Männer zu Hause auf Frauen warten, die mit Kunden zu Abend essen, sich auf die Prüfung vor der Anwaltskammer vorbereiten oder Nachtschicht schieben, haben die Männer endlich die Möglichkeit, ihr farbloses und embryonales Selbst, das so lange hinter ihrer berufsbedingten Identität verborgen war, zu erforschen. In der häuslichen Isolierung vertieft sich die eigene Wahrnehmung, und in dem Raum, der durch die häufiger werdende Abwesenheit der Frauen entsteht, beziehen Männer in ihrer Selbstwahrnehmung auch die Außenbezirke dessen ein, was sie sein könnten. Wie die gefangenen Hausfrauen der Vergangenheit sind auch sie endlich in der Lage, über ihr wahres Sein nachzudenken.

Dabei wird ihnen bewußt, daß es hinter dem Mann, der Leistungen vollbringt, ein Selbst gibt, das nie die Gelegenheit hatte zu erblühen. Viele Frauen sind schockiert und wütend, wenn sie die Nachteile des Berufslebens entdecken, und viele Männer sind wütend, wenn sie sich ihrer verlorengegangenen Identität bewußt werden. Zwar bergen diese Entdeckungen glücklicherweise die Möglichkeit der Veränderung in sich, aber zur Zeit tappen die meisten Männer noch völlig im dunkeln, und ihre Seele wird noch immer durch die einengende Bestimmung ihres Selbst durch die Arbeit am Erblühen gehindert.

3
Auf der Suche nach Liebe: Männer in intimen Beziehungen

Männer können nun einmal nicht so tiefe Verbindungen eingehen wie Frauen, und irgendwie macht es uns traurig, daß wir es nicht können.

Dreifacher Vater, 28

Wir alle wissen, daß es Männern schwerfällt, ihre Gefühle auszudrücken, daß dadurch die Beziehungen zwischen Männern und Frauen überwiegend funktionalen Charakter haben und daß daher den meisten Frauen ihre Beziehungen wie emotionale Wüsten erscheinen. Was wir aber bisher nicht erkannt haben, ist, daß auch Männer emotional unbefriedigt sind und daß auch sie unter der in ihren Beziehungen herrschenden emotionalen Kälte leiden.

Da ein Mann nicht primär durch seine persönlichen Beziehungen definiert wird, übersehen wir oft, wie komplex seine Gefühlswelt ist, welches Katastrophenpotential in seinen Beziehungen zu Frauen und Kindern steckt und wie verletzlich seine Gefühle eigentlich sind. Da nur wenige Frauen erkennen, wie weit das Spektrum der emotionalen Hilflosigkeit der Männer reicht (es drückt sich eher in Handlungen aus als in Worten), können sie die Männer nicht so sehen, wie sie wirklich sind. Die Männer begreifen sich selbst nicht, und die Frauen, die die rudimentären Kommunikationsversuche der Männer nicht verstehen, übersehen meistens das ganze Ausmaß des Schmerzes, den die Männer erleiden.

Wenn wir die Männer mit den ungetrübten Augen der Wahrheit betrachten und nicht durch die dunkle Brille unserer Vorurteile, werden wir entdecken, daß auch sie in Beziehungen leiden. Der Mann auf dem weißen Roß, der wie ein Held aussieht und unglaublich glücklich, vollkommen fit, unverletzlich und unbesiegbar zu sein scheint, bemüht sich in Wahrheit, die Wunden zu verbergen, die ihm die Suche nach Liebe unausweichlich zugefügt hat. Gewissenhaft spielt er seine Rolle als Mann und verblutet, ohne überhaupt zu wissen, daß er verletzt ist. Wir mißdeuten sein Schweigen häufig als Zufriedenheit, aber die Anzeichen seines Leidens sind eigentlich nicht zu übersehen.

Auch Männer sehnen sich nach Beziehungen, die ihnen ein emotionaler Zufluchtsort sind und in denen sie Frieden, Zerstreuung und Trost finden. Männer wollen ebenso wie Frauen genährt und geschätzt werden und sich sicher und aufgehoben fühlen, damit sie in der Welt funktionieren können. Auch Männer brauchen die emotionale Verbindung, die die Isolierung, in der sich jeder Mensch befindet, erträglicher macht. Wie Frauen wollen auch Männer lieben und sich als liebenswert empfinden, wollen fähig sein, aus ihrer Güte, Stärke und Kreativität heraus zu geben, wodurch die Intimität entsteht, an der sie so sehr teilhaben wollen.

Manchmal fällt es den Frauen schwer, das zu glauben. Wir denken eher, daß Männer auf dem Marktplatz der Liebe die unbegrenzte Auswahl haben. Immerhin gibt es ein riesiges Übergewicht an alleinstehenden, „verfügbaren“ Frauen, und da alle Frauen darauf versessen zu sein scheinen, Beziehungen einzugehen, neigen wir zu der Annahme, Männer hätten kein Problem damit, die perfekte Beziehung zu finden, sie bräuchten sich nur umzudrehen, und ihre Traumfrau stünde vor ihnen. Aber man findet nicht automatisch den richtigen Partner, nur weil gerade ein Mitglied des anderen Geschlechts verfügbar ist. Daß es mehr alleinstehende Frauen als Männer gibt, heißt nicht, daß unter der Vielzahl der Frauen die richtige für einen bestimmten Mann dabeisein muß. Man kann die perfekte Beziehung nicht aus statistischen Wahrscheinlichkeiten errechnen, denn eine echte Beziehung geht weit über die banalen Aussagen einer Statistik hinaus. Sie ist ein Geschenk, ein unerwartetes Wunder gegenseitiger Anziehung und einer tiefen, verborgenen Bestimmung, und sie ist für Männer ebenso schwer zu finden wie für Frauen.

Tatsächlich höre ich immer wieder, daß Männer am häufigsten traurig darüber sind, daß sie keine Frau finden, die sie wirklich berührt und verzaubert. Mehr Männer, als wir uns vorstellen können, sind ebenso einsam wie alleinstehende Frauen. Der Unterschied liegt darin, daß sie meistens still vor sich hin leiden, so daß wir es nicht mitbekommen. Aber wenn sie sich öffnen und zu reden beginnen, bricht ihr Schmerz einem das Herz.

„Ich habe ständig diese Sehnsucht, mein Leben mit einer Frau zu teilen", klagte einer meiner Freunde. „Ich möchte, daß eine Frau mich so annimmt, wie ich wirklich bin, aber selbst nach jahrelanger Suche habe ich keine finden können, die das könnte."

„Die Frauen, denen ich begegnet bin, wollten um jeden Preis heiraten", sagte ein sensibler junger Mann. „Sie wollten Sicherheit, jemanden, der die Stromrechnung bezahlt. Aber sie interessierten sich nicht für mich als Menschen."

Ein angehender Zahnarzt sagte: „Ich hätte nie geglaubt, wie schwer es ist, wieder mit Frauen auszugehen.

Die Bar-Szene, die Single-Szene, Aids: Da draußen geht es zu wie im Dschungel. Frauen haben ja keine Ahnung. Sie glauben, ein Mann hat es leicht. Manchmal habe ich das Gefühl, daß ich meine Chance zu heiraten schon verpaßt habe. Es bringt mich um, so zu denken."

Ein gutaussehender Mann Mitte Fünfzig, nach dem Ende einer zweijährigen Romanze am Boden zerstört, sagte: „Alle glauben, es gehe mir prima. Eine meiner besten Freundinnen, eine Witwe, hat doch tatsächlich zu mir gesagt: ‚Wieso hast *du* Probleme? Du siehst gut aus, hast Geld, bist verfügbar – du bist ein guter Fang. Worüber könntest *du* dich beklagen?' Es versteht einfach niemand. Ich bin doch ebensowenig wie eine Frau eine Ware. Es hört sich zwar lächerlich an, aber ich suche nach einer Frau, die ich wirklich lieben kann, und das kann doch nicht jede x-beliebige sein. Ich konnte es meinen Freunden natürlich nicht sagen, aber ich habe die letzten vier Wochenenden allein verbracht und im wahrsten Sinne des Wortes die Wand angestarrt."

Männer – wie Frauen – entdecken nur allzuoft, daß ihnen die wahre Liebe immer wieder entgeht. Frauen wissen, wie furchtbar es ist, wenn einem die emotionale Nähe, die Magie, die zwischen zwei Menschen entstehen kann, genommen wird, die Magie, von der wir glauben, daß sie uns – wenn wir sie nur festhalten könnten – auf ewig entzücken und unserem Leben einen wunderbaren Sinn geben würde, denn sie beklagen sich oft genug darüber. Die Wahrheit ist, daß auch Männer dies fühlen, obwohl sie es nur selten wahrnehmen oder artikulieren können.

Die männliche Rolle, die das Fühlen erschwert, macht es den Männern unmöglich, tiefe Verbindungen einzugehen und zu spüren, daß sie deswegen leiden. Statt dessen sind sie weiterhin tapfer, tun so, als ob alles in Ordnung wäre, ignorieren die kleinen nagenden Gefühle, die ihnen sagen wollen, daß sie verletzt oder entmutigt sind, daß irgend etwas nicht stimmt, daß sie nach Liebe hungern. Ihre Enttäuschung über etwas Bestimmtes erleben sie als allgemeine, vage Unzufriedenheit; oft haben sie das unbestimmte Gefühl, daß ihnen ihre Beziehungen eigentlich mehr Freude machen sollten.

Männer können – anders als Frauen – nur selten genau sagen, warum sie mit ihren Liebesbeziehungen unzufrieden sind. Ihr Mißmut drückt sich darin aus, daß sie nicht mehr an die Liebe glauben, sich ausschließlich auf ihre Arbeit konzentrieren, sie Angst haben, sich zu binden, und in Liebesbeziehungen emotionale Nähe vermeiden.

„Warum ich sie geheiratet habe?" vertraute mir ein geschiedener Anwalt an. „Ich glaubte nicht mehr daran, daß ich mich je verlieben würde. Sie wollte Kinder und ich auch, also habe ich sie geheiratet. Es hätte genausogut jemand anderes sein können."

Die häufige Unwilligkeit der Männer, eine Ehe einzugehen, ist nicht nur ein Trick, mit dem sie uns Frauen eins auswischen wollen (wie wir manchmal vermuten). Sie entstammt dem unterschwelligen Wissen der Männer, daß eine Beziehung, wenn sie sie erst einmal eingegangen sind, nicht unbedingt ihre emotionalen Bedürfnisse erfüllen wird. Statt geliebt zu werden, sollen sie Sicherheit bieten. Statt emotional unterstützt zu werden, müssen sie zusehen, wie ihre Frauen die Kinder mit ihrer Liebe erdrücken. Aus Angst, ihre Bedürfnisse könnten nicht erfüllt werden, drücken sich viele Männer instinktiv vor einer Ehe.

Diese Angst haben sie nicht deshalb, weil Frauen tatsächlich unfähig sind, ihre Bedürfnisse zu erfüllen oder sie zu lieben, sondern weil die männliche Rolle die Männer so lange von ihren Gefühlen abgeschnitten hat, daß sie – sobald sie in einer Beziehung sind – sehr schnell an die Grenzen ihrer Beziehungsfähigkeit stoßen. Sie wollen Liebe, entdecken aber – ob sie sich dessen nun bewußt sind oder nicht (und die meisten sind es nicht) –, daß ihnen nicht nur die Fähigkeit fehlt, die Gefühlsregungen, die sie von Frauen brauchen, hervorzurufen, sondern auch die Fähigkeit, den Frauen die Gefühle zu zeigen, die diese brauchen.

Diese bittere Wahrheit erinnert mich an die tragische Geschichte *Das Geschenk der Weisen* von O. Henry, in der die fehlende Kommunikation in der Ehe zu einem herzzerreißenden Mißverständnis führt. Die Geschichte spielt in der Weihnachtszeit, und die beiden Hauptfiguren, Mann und Frau, die finanziell am Ende sind, einander aber ein wunderschönes Geschenk machen wollen, beschließen, ohne miteinander darüber zu sprechen, etwas ihnen besonders Wertvolles zu versetzen, um dem geliebten Partner das perfekte Weihnachtsgeschenk kaufen zu können. Die Frau schneidet ihr langes Haar ab und verkauft es an einen Perückenmacher, um mit dem Geld eine Kette für die goldene Uhr ihres Mannes zu kaufen. Ihr Mann bringt seine goldene Uhr ins Pfandhaus, um ihr einen Kamm für ihr herrliches langes Haar zu kaufen. Als sie sich am Schluß der Geschichte die Geschenke überreichen, entdecken sie, daß keiner von ihnen noch im Besitz dessen ist, was des anderen Geschenk zu der wunderbaren Gabe machen sollte, als die sie gedacht war.

Wie diese rührende Geschichte zeigt, reichen Liebe und guter Wille allein nicht aus, um in einer Beziehung Erfüllung zu finden. Niemand kann die Bedürfnisse eines anderen befriedigen, wenn diese nicht identifiziert und offenbart werden, und der Schmerz der Männer in Liebesbeziehungen wird so lange fortbestehen, wie es die männliche Rolle den Männern geradezu unmöglich macht, ihre wahren Gefühle zu entdecken, und es ihnen nicht gelingt, die Gefühlsregungen auszulösen, die sie von den Frauen brauchen und wollen.

Haben und nicht haben

Jungen leiden, weinen und fühlen sich leer, wenn es mit jemandem, den sie mochten, vorbei ist – genau wie Mädchen. Aber wir verstecken unseren Schmerz hinter verschlossenen Türen, weil wir – anders als die Mädchen – so erzogen wurden, daß wir unsere Gefühle nicht in der Öffentlichkeit zeigen.

Oberschüler, 16

Männer leiden aber nicht nur, wenn sie in einer Beziehung sind, sondern auch, wenn ihre Beziehung auseinanderbricht. Heute wird fast die Hälfte aller Ehen geschieden, und als Reaktion auf diese schockierende Statistik befassen wir uns hauptsächlich mit dem, was der Frau zustößt, wenn eine Beziehung in die Brüche geht. Wir identifizieren uns sofort mit der Frau, die ihre Kinder nun allein großziehen muß, die für all die Jahre als Hausfrau nicht ausreichend entschädigt wird, die Angst hat, zu alt zu sein, um sich wieder zu verlieben, die den Wiedereinstieg ins Berufsleben schaffen oder sich einen eigenen Job kreieren muß.

Aber wiederum übersehen wir aufgrund des Mythos vom Mann, der dies alles ohne Gefühle durchsteht, daß auch die Männer leiden, wenn eine Beziehung scheitert.

Die schrecklichen Folgen sind auch für den Mann überwältigend: Er muß sich finanziell umstellen, er muß umziehen, er leidet unter Problemen mit den Kindern und emotionalen Traumata und muß eine Reihe von häuslichen Aufgaben übernehmen, auf die er meistens überhaupt nicht vorbereitet ist. Auch die Männer kämpfen bei einer Scheidung mit der Notwendigkeit, ihr Leben völlig neu zu ordnen: Sie müssen auf die Hälfte ihres Einkommens verzichten, ein Zuhause verlassen, das sie mit aufgebaut haben, und Gefühle durchleben, die sie bis in ihren normalerweise gut gepanzerten Kern hinein erschüttern.

Ich will damit nicht die furchtbaren emotionalen und wirtschaftlichen Probleme leugnen oder verharmlosen, die den Frauen durch eine Scheidung entstehen. Es ist richtig, daß die Frauen aufgrund der immer noch vorhandenen ökonomischen Ungleichheit in unserer Gesellschaft finanziell stärker unter einer Scheidung leiden. Aber unsere berechtigte Wut über diese Ungerechtigkeit hindert uns oft daran zu sehen, daß auch die Männer finanziell leiden und daß bei einer Scheidung auch sie in eine riesige emotionale Krise gestürzt werden.

Der Schmerz, den ich bei Männern beobachtet habe, deren Beziehungen in die Brüche gingen, ist so gewaltig, daß er sie völlig aus der Bahn werfen kann. Sie müssen plötzlich einen Quantensprung machen und geraten in einen Gefühlszustand, auf den sie völlig unvorbereitet sind. Zwar sind diese Gefühle für Frauen nicht weniger intensiv, aber im allgemeinen bewegen sie sich dabei auf einem Gebiet, das ihnen vertraut ist, und nicht auf einem absolut fremden.

Männer hingegen irren in einem Sumpf von Gefühlen umher, in dem ihre üblichen Methoden – planen, logisch denken, Probleme lösen, analysieren, kurzum die Initiative ergreifen und etwas tun – völlig unnütz sind. Da Gefühle den Männern im allgemeinen so fremd sind wie die Rückseite des Mondes, sind Emotionen von den gewaltigen Ausmaßen, wie sie das Ende einer Beziehung begleiten, einfach überwältigend. Der Mann sieht sein Können in allen Bereichen des Lebens in Frage gestellt; es kommt ihm vor, als ob er plötzlich überhaupt nichts mehr kann. Unter dem Ansturm solcher Gefühle planen Männer weitaus häufiger als Frauen Selbstmord – und führen ihn oft auch aus. Ein Mann vertraute mir an: „Als sie weg war, mußte ich mich mit aller Kraft davon abhalten, gegen einen Baum zu fahren. Wir Männer sind doch angeblich so stark. Wem machen wir eigentlich etwas vor?"

Wenn eine Ehe oder lange Beziehung auseinanderbricht, ist das auch deshalb für Männer so schwer, weil ihnen nur die emotionale Beziehung zu der Frau möglich ist, mit der sie verheiratet sind oder zusammenleben. Männer können sich im allgemeinen nicht miteinander über ihre Probleme unterhalten; wenn sie also die Frau verlieren, die sie lieben, sind sie plötzlich jeder emotionalen Beziehung beraubt. Im Gegensatz dazu haben Frauen, denen in allen Phasen ihres Lebens eine Vielzahl emotionaler Bindungen gestattet ist, ein gut entwickeltes emotionales Sicherheitsnetz, Freunde und Familienangehörige, an die sie sich in Krisenzeiten wenden können. Das trifft auf Männer nicht zu. Wenn die Scheidung stattfindet, ist das für ihn so, wie auf einer unbekannten Insel ausgesetzt zu werden. Der einzige Mensch, der die dortige Sprache überhaupt spricht, ist die Frau, die ihn dort ausgesetzt hat. Aber sie will nicht mehr mit ihm sprechen und nimmt gerade das letzte Boot.

Ein 40jähriger Schriftsteller meinte dazu: „Nachdem ich meine Ehe durch meine zwanghafte Arbeitsbesessenheit ruiniert hatte, brach ich nach der Scheidung zusammen. Meine Frau war der einzige Mensch, mit dem ich darüber hätte reden können, der einzige Mensch, der mich gut genug kannte. Aber sie hatte sich von mir scheiden lassen, weil sie das Thema satt hatte, und weigerte sich natürlich."

Ein anderer Mann sagte: „Ich hatte das Gefühl zu sterben, wirklich zu sterben, wenn ich nicht jemandem mein Herz ausschütten könnte, aber die einzige Frau, zu der ich hätte gehen können, war zu einem anderen gegangen."

Im Gegensatz zu unseren Mutmaßungen erholen sich Männer nicht so leicht von einer Scheidung. Sie besitzen einfach nicht die emotionalen Ressourcen der Frauen, um sich selbst zu heilen – außerdem besitzen sie nicht die nötige emotionale Unverwüstlichkeit. Sie sind wohl, wenn auch unwillig, in der Lage, ihre verschlechterte finanzielle Situation wieder in den Griff zu bekommen, aber es kann Jahre oder ein ganzes Leben dauern, bis sie wieder fähig sind zu lieben. Einer, der seine Scheidung überlebt hatte, drückte es so aus: „Es ist eine Sache, nach einer Scheidung sein Königreich zu verlieren, aber es ist etwas anderes, wenn einem das Herz in tausend Stücke bricht. Ich weiß ehrlich gesagt nicht, ob ich je wieder einer Frau trauen kann."

Wenn ein Mann psychologische Hilfe in Anspruch nimmt, weil er mit dem Trennungsschmerz nicht zurechtkommt, wird dies häufig als ein Zeichen von Schwäche angesehen. Zwar wird Therapie nicht mehr als Indikator für eine außer Kontrolle geratene Geisteskrankheit betrachtet, aber allein die Idee, um Hilfe zu bitten, stellt das genaue Gegenteil typisch männlichen Verhaltens dar. Daher schwächt es das Selbstwertgefühl eines Mannes bereits, nur darüber nachzudenken, ob er Hilfe braucht. Diese Last brauchen Frauen nicht zu tragen, denn es wurde schon immer akzeptiert, daß Frauen um Hilfe bitten, Trost suchen und erhalten.

Ein Mann und seine Erben

Ich mußte einiges durchmachen, um zu erkennen, daß es eine gewaltige Illusion ist, zu glauben, man könne völlig in seinem Job aufgehen, ohne daß dabei die Familie zu kurz kommt.

Brandon Tartikoff, ehemaliger Chef von *Paramount Pictures,* nachdem er seinen Posten aufgegeben hatte, um seine schwerkranke Tochter zu pflegen

Männer ziehen nicht nur in ihren Liebesbeziehungen den kürzeren, die Anforderungen der männlichen Rolle behindern und erschweren auch das, was auf der Gefühlsebene zwischen Vätern und ihren Kindern stattfinden könnte. Da Männer sich durch ihre Arbeit definieren, richten sie ihr Leben häufig so sehr darauf aus, die Erfolgsleiter zu erklimmen, daß sie nur wenig Zeit für ihre Familien haben. Wie wahr und wie traurig das ist, wurde von einem 39jährigen Designer ausgedrückt, der nach fünfundzwanzig Jahren zum ersten Mal seine Eltern wiedersah. Als er hinterher gefragt wurde, welche Gefühle der Besuch in ihm ausgelöst hatte, sagte er nur: „Daß mein Vater nie da war. Er baute unser Haus und leitete den Umzug. Dann wurde er ein erfolgreicher Planer, und wir sahen ihn im Grunde nie wieder."

Der Kummer, den ein Junge ob der Abwesenheit seines Vaters spürt, ist die andere Seite des Kummers, den ein Mann aufgrund seiner eigenen Abwesenheit von seinen Kindern spürt. Selbst wenn die Väter eines Tages entdecken sollten, wie bereichernd es sein könnte, eine Beziehung zu ihren Kindern aufzubauen, hätten die meisten von ihnen nicht die Gelegenheit, es herauszufinden. Sie haben einfach nicht die Zeit dazu. Sie müssen sich mit zu vielen Kunden treffen, geraten in zu viele Verkehrsstaus, haben zu viele Besprechungen, die zu oft bis in die Nacht dauern, warten zu oft auf zu vielen Flughäfen.

Obwohl sich dies zu einem gewissen Grad ändert, sind die meisten Väter in ihren Familien eigentlich nur Symbolfiguren, die die Position des männlichen Erwachsenen auf dem Familienfoto einnehmen. Sie sitzen zu Weihnachten am Kopfende des Tisches, sie teilen abends Strafen aus, gehen zu den Abschlußfeiern, Schulaufführungen, Fußballspielen und Schachturnieren ihrer Kinder, vergöttern ihre Lieblingstochter, erklären ihren Söhnen, wie es in der Welt wirklich zugeht, aber ihre Rolle ist meistens rein funktional, sie beschränkt sich auf die Aufrechterhaltung der Familienstruktur und hat nichts mit einem wirklichen Austausch von Gefühlen zu tun.

Interessanterweise gestattet es ihnen die männliche Rolle, gefühlvolle Beziehungen zu ihren kleinen Kindern zu haben. Ein Mann darf mit dem Baby schmusen, es in die Luft werfen und sich in der „Baba"-Sprache mit ihm unterhalten, aber ab einem gewissen Punkt wird von ihm erwartet, daß er mit dem Unsinn aufhört, sich von seinem Nachwuchs fernhält und zu seiner entfremdeten, aber kulturell akzeptierten Vaterrolle zurückkehrt.

Obwohl sich auch das langsam verändert, besteht immer noch das verinnerlichte eherne Gebot, das es einem Mann verbietet, sich körperlich oder gefühlsmäßig zu sehr auf seine Kinder einzulassen. Das liegt größtenteils an sozialen Tabus, die den Inzest verhindern sollen und die fest in unseren Alltag integriert sind – auch wenn wir nicht offen darüber sprechen. Da das Tabu meistens stärker ist als selbst der kreativste Versuch, es zu umgehen, haben die meisten Männer zu ihren Söhnen und Töchtern nach dem Säuglingsalter keine enge körperliche Beziehung mehr, und im Lauf der Zeit bemerken sie, daß sie sich immer mehr von ihren Kindern entfernen.

Da es für Männer ohnehin schon schwierig ist, ihre Gefühle auszudrücken, vergrößert der fehlende körperliche Kontakt den Abstand zu ihren Kindern noch. Im Laufe der Zeit werden die Väter für ihre Söhne und Töchter zu schemenhaften und eigentümlich eindimensionalen Gestalten, die nur noch Regeln, Prinzipien, Anforderungen und Erwartungen verkörpern, die durch einen authentischen Gefühlsaustausch so leicht menschlicher und erträglicher werden könnten.

Ein junger Mann erzählt seine Version dieser traurigen Geschichte: „Als ich vier war, machte mein Vater eine furchtbare berufliche Krise durch, nach der er völlig verändert war. Er wurde uns gegenüber sehr hart, wie ein General, ein wandelndes Buch mit Vorschriften. Alles mußte auf eine bestimmte Weise zu einer bestimmten Zeit getan werden, und er faßte uns seitdem nie wieder an. Ich nannte ihn insgeheim ‚das Denkmal', denn alles, was er sagte, schien unumstößlich und eisern. Als ich ihn später während meiner Therapie konfrontierte, fand ich heraus, daß sein Vater auch so hart und fordernd gewesen war und daß auch mein Vater im Stich gelassen worden war."

In gewisser Hinsicht können Männer ihre Kinder gar nicht lieben, da sie einerseits kaum körperlichen Kontakt mit ihnen haben und ihnen andererseits ohnehin nur ein begrenztes Spektrum an Gefühlen gestattet ist. Sie können stolz, wütend und besorgt sein und ihre Kinder bewundern, aber sie dürfen keine zu große Sehnsucht nach Nähe haben, und ganz gewiß sollten sie nie ihre eigenen Ängste oder Sorgen zeigen, besonders dann nicht, wenn diese von ihren Kindern ausgelöst werden.

Daher kann ein Mann vor Freude außer sich sein, wenn sein Sohn ein Tor schießt, oder er kann sich Sorgen machen, wenn er mit dem Extremklettern beginnen will; er kann seine Tochter in ihrem Ballkleid bewundern oder außer sich sein, wenn sie schwanger wird, aber die vielschichtigen, tiefergehenden Gefühle, die er seinen Kindern gegenüber sonst noch hegt, wird er wahrscheinlich niemals ausdrücken, und die emotionale Verbindung zu ihnen wird mit Sicherheit nicht sehr tief sein.

Auch die kulturell bedingte Ansicht, daß die Rolle des Mannes bei der Erziehung der Kinder weniger wichtig sei als die der Frau, trennt Väter von ihren Kindern. Wir sehen Mütter als den psychologischen Elternteil, das heißt als den Elternteil, der für das Wohlergehen und die emotionale Entwicklung des Kindes verantwortlich ist, während dem Mann im allgemeinen eine Nebenrolle zugewiesen wird; er gibt Strukturen vor und sorgt für finanzielle Unterstützung.

Tatsächlich wird der Vater nur selten als der Elternteil angesehen, dessen emotionales Verhalten das Kind formt, obwohl es paradoxerweise gerade seine Interaktion – oder deren Fehlen – ist, die dies am stärksten tut.

Es sind die wenigen, eindringlich gesprochenen Worte, das eine ganz besondere Geschenk, das eine Mal, als er zur Schulaufführung kam, die zu den lebensbestimmenden Erinnerungen an den Vater werden. Es sind die Ausnahmen, die hängenbleiben. Fast scheint es, als ob ein Vater sich gerade durch seine Abwesenheit unauslöschlich einprägt.

In letzter Zeit haben einige Männer damit begonnen, den Mythos, daß Kinder ihren Müttern „gehören", in Frage zu stellen, indem sie bei der Geburt anwesend sind. Sie bekräftigen so den Anteil, den sie an der Erzeugung des Lebens haben, und bekunden von Anfang an ihre Bereitschaft, im Leben des Kindes eine stärkere Rolle zu spielen. Dies ist eines der vielen ermutigenden Anzeichen dafür, daß Männer sich eine tiefere Beziehung zu ihren Kindern wünschen. Aber wir haben noch viel Arbeit vor uns, wenn wir die unterschwelligen Mythen in diesem Bereich bewußtmachen und verändern wollen. Gesellschaftlich gesehen halten wir noch an der Vorstellung fest, daß ein Kind der Mutter gehört und der Vater halt irgendwie auch dabei ist.

Diese Einstellung – daß Männer in bezug auf ihre Kinder Bürger zweiter Klasse sind – zeigt sich auch in der Frage der Abtreibung. Die Männer haben meistens kein Mitspracherecht, wenn es darum geht, ob eine Frau sein Kind haben will oder – wie mir ein Mann sagte – ob sie „einfach geht und es umbringt". Frauen wissen überhaupt nicht, welche Qualen Männer erleiden, wenn ihr Kind abgetrieben wird. In den Augen vieler Männer besitzen die Frauen in dieser Angelegenheit die absolute Macht.

Ich habe unzählige Male den ungeheuren Kummer von Männern miterlebt, die wie dieser Mann sagten:

„Sie hat mich nie gefragt, ob ich das Kind wollte. Sie hat mir nicht gestattet, mit ihr zu trauern. Sie hat die Abtreibung allein gemacht und mir dann gesagt, ich solle sie bezahlen."

Männer fühlen sich aber auch machtlos, wenn eine Frau sich entscheidet, ein Kind ohne ihre Zustimmung zu bekommen. Ich habe oft gehört, wie Männer voller Trauer sagten: „Ich habe einen Sohn oder eine Tochter – irgendwo." Männer fühlen sich von diesen Kindern, die sie niemals kennenlernen werden, wie von Gespenstern verfolgt, und von den Frauen, von denen sie finanziell zur Verantwortung gezogen werden, obwohl sie der Elternschaft unter Umständen nie zugestimmt haben, fühlen sie sich manipuliert. Kein Wunder, daß sie wütend sind.

Auch hier befinden sich die Männer in einer unhaltbaren Situation, denn wenn es um die Entscheidung geht, ein Kind zu bekommen oder nicht, vertreten die Frauen nur zu oft den Standpunkt, daß diese Entscheidung ihnen allein zusteht und daß die Männer sich damit abfinden müssen. Das ist schon deshalb so tragisch, weil die Frauen natürlich bei einer Abtreibung ihren eigenen Kummer haben oder wegen abwesender, gleichgültiger oder finanziell verantwortungsloser Väter oftmals in der unerträglichen Lage sind, ihre Kinder allein aufziehen zu müssen.

Den Männern, die aufgrund dieses Problems leiden, Sympathie entgegenzubringen, bedeutet nicht, nach Entschuldigungen für diejenigen zu suchen, die sich weigern, finanzielle Verantwortung zu übernehmen, und die ihre Kinder im Stich lassen. Ich will aber darauf hinweisen, daß wir aufgrund unserer eigenen Probleme oft übersehen, daß auch die Männer leiden. Ich will die immensen und häufig eklatanten Ungerechtigkeiten, unter denen Frauen leiden, nicht unter den Teppich kehren, sondern darum bitten, daß wir den Mut aufbringen, diese Situation auch aus der Sicht der Männer zu betrachten.

Väter ohne Kinder

Mich bringt der Gedanke um, daß mein Sohn Nacht für Nacht aufwacht und weiß, daß ich nicht da bin.

Geschiedener Vater, 29

Nirgendwo wird die Trennung der Väter von ihren Kindern offensichtlicher als bei einer Scheidung. Denn wenn Familien zerbrechen, sind es meistens die Männer, die lernen müssen, mit dem schmerzvollen Verlust ihrer Kinder umzugehen. Von Männern denkt man, daß sie abhauen und wieder Junggesellen sein wollen, von Frauen wird andererseits erwartet, daß sie das Familienleben weiterführen möchten. Tatsächlich hat diese gesellschaftliche Erwartungshaltung für die Frauen furchtbare Auswirkungen. Aber ich möchte auch hier wieder darauf hinweisen, daß diese Haltung so allgemein verbreitet ist, daß die Folgen für die Männer einfach übersehen werden.

Männern wird häufig vorgeworfen, daß sie sich nicht für ihre Kinder interessieren, daß sie sie nach der Scheidung im Stich lassen, daß sie nicht Teil ihres Lebens sein wollen. Aber die Frauen, die diese Vorwürfe erheben, wissen kaum jemals, was es für einen Mann bedeutet, seine Kinder nicht täglich sehen zu dürfen. Eine Frau, die ihrem geschiedenen Mann vorwarf, daß er sich nicht um ihre kleine Tochter kümmere und sie vernachlässige, war überrascht, als er weinend vor der Haustür zusammenbrach. „Du verstehst einfach nicht“, schluchzte er. „Ich kann es nicht ertragen, sie zu sehen. Ich merke nur, daß ich nicht mehr ihr Vater bin.“

Männer spüren eine furchtbare Traurigkeit, wenn sie erkennen, daß sie im Leben ihrer Kinder nur noch Pappkameraden sind, daß sie nicht wirklich Einfluß nehmen können, daß sie niemals ein normales Verhältnis zu ihren Söhnen und Töchtern haben werden. Viele der alltäglichen Gelegenheiten, bei denen Männer ihre Gefühle für ihre Kinder entdecken und ausdrücken können, werden ihnen bei einer Scheidung abrupt genommen. All die kleinen Begegnungen, das alltägliche Zusammensein, die unerwarteten Momente, die überraschenden Glücksgefühle, durch die ein Mann normalerweise eine Beziehung zu seinen Kindern entwickeln kann, verschwinden plötzlich. Ohne Vorwarnung wird dem Mann das rituelle In-die-Luft-Werfen des Babys genommen, das spontane Herumtoben mit dem Sohn nach der Arbeit, die kleinen Streitereien beim Frühstück, der Gutenachtkuß. Der geschiedene Vater wird nicht da sein, wenn der Sohn sich zum ersten Mal rasiert, wenn seine Tochter zum ersten Mal tanzen geht, und sollte er es doch sein, dann nur als geduldeter Zuschauer.

Wenn die Beziehung eines Mannes zu seinen Kindern auf diese Weise unterbrochen wird, wird auch seine Fähigkeit, sich selbst als liebend zu erfahren, erheblich eingeschränkt. Nur zu leicht wird er – unabhängig davon, ob die Scheidung im gegenseitigen Einverständnis geschah oder nicht – als Schurke, als der, der abgehauen ist, als der zurückweisende Elternteil angesehen. Aufgrund der Entfernung, der Trennung und seiner

Abwesenheit im Alltag entwickeln die Kinder vom Vater wesentlich leichter ein negatives Bild als von der Mutter. Kinder fühlen sich von dem Elternteil geliebt, der bei ihnen ist. Liebe in den gelegentlichen Begegnungen – gleich wie speziell oder ausgefallen sie sein mögen – zu finden, ist für die meisten Kinder äußerst schwierig.

Dennoch ist es möglich, den Abgrund, der durch die räumliche Trennung besteht, zu überbrücken – und vielen Vätern gelingt dies auch. Aber das setzt die Bereitschaft voraus, den durch die Scheidung entstandenen Schmerz und die Schuldgefühle zu akzeptieren. Wie mir ein guter Freund schrieb: „Ich bin immer so deprimiert und fühle mich so schuldig, wenn ich die Kinder zu ihrer Mutter zurückbringe, obwohl ich sie seit der Scheidung jede Woche gesehen habe. Ich weiß so wenig darüber, was in ihren Herzen und Köpfen vorgeht."

Männer kämpfen nach der Scheidung mit dem sich verändernden Bild ihrer selbst als Väter, und in diesem entblößten Zustand fällt es ihnen häufig schwer, sich als gute Väter zu sehen. Aber derselbe Freund schrieb mir später: „Ich habe das Gefühl, es macht langfristig doch einen Unterschied, daß ich ihr Leben lang in ihrer Nähe bin. Das ist eigentlich meine einzige Hoffnung."

Um die inneren Konflikte dieser durch die Scheidung ausgelösten Krise des Selbstwertgefühls zu vermeiden, ziehen sich Männer häufig völlig zurück und wollen nichts mit ihren Kindern zu tun haben. Auch hier will ich ganz sicher nicht die abwesenden Väter in Schutz nehmen, sondern darstellen, unter welchen manchmal herzzerreißenden Bedingungen Väter eine Beziehung zu ihren „ehemaligen" Kindern aufrechtzuerhalten versuchen. Wir müssen verstehen, daß sie nicht notwendigerweise aus Gefühllosigkeit heraus handeln, sondern mit gebrochenen Herzen aus völliger emotionaler Überforderung.

Den meisten Frauen ist der Schmerz, den die Männer ob ihrer verlorengegangenen Kinder empfinden, nicht bewußt. Zwar kämpft eine wachsende Anzahl von Männern um das Sorgerecht oder die Besuchserlaubnis für ihre Kinder, aber gesellschaftlich gesehen folgen wir noch immer der Maxime, daß Männer keine gefühlsmäßigen Bindungen an ihre Kinder hätten. Also, was macht es schon, wenn ihnen ihre Kinder genommen werden? Man braucht doch nicht so ein Theater darum zu machen. Was passiert denn schon, wenn die Väter ihre Kinder nicht im Alltag erleben? Das alles ist doch nicht so wichtig. Hauptsache, sie bezahlen die Rechnungen und sind bei besonderen Anlässen anwesend!

Männer müssen bei einer Scheidung nicht nur ihre Kinder aufgeben, sie müssen auch den Schmerz dieses Verlustes und die damit verbundenen Schuldgefühle ertragen, ohne von der Gesellschaft Verständnis und Trost erwarten zu können. Als Frauen, die Männer lieben, sollten wir diese Tatsache allmählich zur Kenntnis nehmen.

Von seinem Herzen abgeschnitten

Worunter ich leide? Daß es niemanden gibt, der mich kennt, in den Arm nimmt und mir zeigt, wer ich bin.

Lampendesigner, 37

Frauen wissen, daß Liebe viele Formen annehmen kann: die süße Liebe unter Freunden, die bleibende Liebe zur Familie, die große Liebe des Lebens. Liebe nährt und erlöst uns. Sie ist unser täglich Brot und die schönste Nebensache der Welt. Frauen lieben die Liebe.

Und auch die Männer lieben die Liebe oder möchten es zumindest: Liebe zu Kindern, Vätern und Brüdern, zu Frauen in leidenschaftlichen Partnerschaften und in lebenslangen Beziehungen.

Aber genau an diesem Punkt, an dem Liebe als Gefühl auf die Beziehung als Realität trifft, haben Männer so viele Probleme. Genau in jenen Beziehungen, derentwegen Frauen daran zweifeln, jemals wirkliche Nähe zu Männern erleben zu können, wird das wahre Ausmaß des Leidens der Männer letztendlich offenbar. Denn in einer Beziehung, die ihrem Wesen nach ja ein Zufluchtsort sein soll, an dem Gefühle genährt und miteinander geteilt werden können, erleiden Männer durch genau das, was sie zum Mann macht, die größten Entbehrungen. Im Land des Fühlens wird von den Männern erwartet, daß sie dienen und nicht fühlen, daß sie etwas leisten und nichts von sich zeigen, daß sie sich wie Helden verhalten und nicht einfach wie Menschen.

Paradoxerweise beklagen sich Frauen am häufigsten gerade über diesen Zustand. Wir sind wütend darüber, daß Männer stark sind statt verletzlich, daß sie ihre Pflicht erfüllen, statt ihr Herz zu öffnen, daß sie übers Geschäft reden, statt uns an ihren Geheimnissen teilhaben zu lassen. Aber dies sind genau die Forderungen, die wir – und sie – seit jeher durch das getreue Ausleben veralteter Geschlechterrollen an die Männer gestellt haben.

Daß unsere Beziehungen zu Männern häufig nicht so erfüllt sind, wie wir es uns wünschen, daß sie uns oft so grausam enttäuschen, ist die Widerspiegelung dessen, daß auch Männer in Beziehungen nicht erfüllt sind. Die tröstliche Wirkung intimer Gefühle entbehren zu müssen – aus welchem Grund auch immer – rührt an den Kern des Lebens und ist der hohe Preis, den Männer unfreiwillig einfach nur dafür zahlen müssen, daß sie in dieser Gesellschaft Männer sind.

Wenn wir betrachten, was Männer in ihren Beziehungen zu Frauen und Kindern durchmachen, wird uns klar, daß Liebe für sie in vielerlei Hinsicht wahrlich kein Zuckerschlecken ist. Sie gleicht eher einer Wundertüte voller Vergnügen und Mißbrauch, Erlösung und Versklavung, Freude und furchtbarer Enttäuschung, wie sie es auch für die Frauen ist.

Wenn es um Liebe geht, sind die Männer wirklich unsere Leidensgenossen, und wir sollten uns daran erinnern, daß die Frustration, die wir in unseren Liebesbeziehungen fühlen, nur die Enttäuschung widerspiegelt, die sie empfinden. Solange Männer nicht von den seelentötenden Anforderungen der männlichen Rolle befreit sind, werden sie – und wir – zu Beziehungen verdammt sein, die uns das Glück wahrer Intimität, durch die wir uns gegenseitig in all unserer Tiefgründigkeit, Kraft und Verletzlichkeit entdecken könnten, vorenthalten.

4
Kilometerweit von seinen Gefühlen entfernt: Geheimnisse der männlichen Psyche

Als ich klein war, war mein Schmerz größer als ich.
Nun bin ich größer als er. Das macht einen Mann aus.

Spielwarenhändler, 38

Seit ein paar Jahrzehnten bitten die Frauen die Männer – sie flehen sie geradezu an –, sich ihrer Gefühle stärker bewußt zu werden und sie auszudrücken. Die Frauen haben die Männer so oft und auf die verschiedensten Weisen darum gebeten, daß sie leicht zu dem Schluß kommen könnten, die Männer seien einfach dumm und taub, wenn sie diese Botschaft immer noch nicht verstanden haben.

In Wahrheit haben die Männer die Botschaft schon irgendwie verstanden, und sie haben auch versucht zu reagieren, aber aufgrund einer Vielzahl von Faktoren ist dies äußerst schwierig.

Die Sozialisierung der Männer, ihre psychischen Abwehrmechanismen und die versteckte Komplizenschaft der Frauen läßt die meisten Männer immer noch im emotionalen Tiefschlaf verweilen. Um sie daraus zu erwecken, müssen wir zunächst einmal herausfinden, was sie so lange in diesem komatösen Zustand gehalten hat.

Die Bürde des Bizeps

Diese Kultur ähnelt einem gigantischen, arroganten Schlägertyp Marke „John Wayne". Sie zerstört die Sensibilität des Mannes. Sie vernichtet seine Gefühle, seine Sexualität, seine Spiritualität und seine Kreativität.

Grafiker, 45

Männer sind eigentlich schon immer durch ihre im allgemeinen überlegene Körperkraft von ihrem Innenleben abgeschnitten gewesen. Ihr größeres Knochengerüst und ihre stärkeren Muskeln prädestinieren sie dazu, menschliche Ochsen zu sein, die den Pflug ziehen, die Festung verteidigen und Lasten tragen. Traditionellerweise war es der Einsatz von Körperkraft, der „Männerarbeit" von „Frauenarbeit" unterschied.

Aber wir haben aus der überlegenen Körperkraft des Mannes auch symbolische Schlüsse gezogen, nämlich daß Männer fähig und willens sind, *alle Arten von Lasten zu tragen*. Daher wurde der Mann nicht nur zum Träger körperlicher Lasten, die er aufgrund seines stärker entwickelten Bizeps heben konnte, sondern es wurden auch ökonomische, soziale, ökologische, politische und sogar eine Vielzahl psychischer Verantwortlichkeiten auf seine breiten Schultern geladen.

Da Stärke das Gegenteil von Verletzlichkeit zu sein scheint, war es für die Männer nahezu unmöglich, ihre eigene Verletzlichkeit zu fühlen. Um ihre vielen Pflichten ausführen zu können, war es für sie notwendig, sich von ihren Gefühlen abzuschneiden. Die Aufgaben der Männer haben ihnen nur wenig Raum gelassen, um herauszufinden, was sie fühlen, bewußt zu erkennen, was sie intuitiv wahrnehmen, oder sich selbst – von Frauen gar nicht erst zu reden – einzugestehen, was in den Katakomben ihrer Gefühlswelt vor sich geht.

Seit Anbeginn der Geschichte wurde von den Männern erwartet, daß sie Dinge tun, die man nur tun kann, wenn man seine Gefühle abtötet. Männer mußten wilde Tiere töten, die Wälder abholzen, die Meere befahren, Kriege führen und Wolkenkratzer bauen, um den Fortschritt der Zivilisation zu sichern. Um dies zu tun, war es erforderlich, ihre Gefühle beiseite zu schieben.

Eine griechische Sage illustriert dies: Um seine hungernden Truppen zu versorgen, wagte sich ein griechischer Krieger hinter die feindlichen Linien, fing dort einen Fuchs und versteckte ihn unter seinem Umhang. Als er sich in sein Lager zurückschlich, drohte der Fuchs unter dem Umhang zu ersticken. Verzweifelt versuchte er zu entkommen und biß um sich. Schließlich hatte er ein Loch in das Herz des Kriegers gebissen. Als seine Kameraden den Verblutenden fanden, priesen sie ihn für seinen Mut, sich hinter die Linien des Feindes gewagt und den Fuchs gefangen zu haben, aber am meisten priesen sie ihn dafür, daß er seinen Schmerz nicht gezeigt hatte.

Diese Geschichte wurde als ein Beispiel wahrer Männlichkeit weitererzählt. Der Krieger war so tapfer, daß er ohne zu klagen litt und starb, um seine Landsleute zu retten. Der leidende Soldat wurde zum Inbegriff des Helden, denn in seiner schwersten Stunde bat er weder um Hilfe, noch beschämte er jemanden mit seinem Leiden. Sein Lohn bestand darin, daß er seinen jungen Tod ehrenvoll starb.

Wer daran zweifelt, daß dieser Ehrenkodex noch immer Gültigkeit hat, wer bezweifelt, daß Männer ihren Schmerz auch heute noch verbergen, der braucht sich nur den Schmerz anzuschauen, der sich in ihren Körpern, ihren Gesichtern, ihren selbstzerstörerischen Angewohnheiten, ihren Herzinfarkten und ihrem kürzeren Leben offenbart. (Männer in der Altersgruppe zwischen achtzehn und neunundzwanzig sind dreimal so häufig alkoholabhängig wie Frauen desselben Alters; mehr als zwei Drittel aller Alkoholiker sind Männer; Männer nehmen regelmäßig illegale Drogen – zu fünfzig Prozent mehr als Frauen.)

Männern wurde beigebracht, daß sie, um die Welt zusammenzuhalten und um politische, ökonomische oder soziale Entscheidungen treffen zu können, ihre Gefühle ignorieren müssen, weil sie sonst entscheidungsunfähig werden würden. Also wurden sie nicht nur darin unterstützt, keine Gefühle zu haben, sondern ihnen wurde auch eindeutig klargemacht, daß sie jedes zarte Gefühl, dem es von Zeit zu Zeit gelingen sollte, sich bemerkbar zu machen, unterdrücken müssen.

Eine Geschichte aus der Odyssee verdeutlicht dies. Odysseus' Schiff fuhr an einer von wunderschönen Sirenen bewohnten Insel vorbei. Diese Wesen – halb Vögel, halb Frauen – sangen ein wohlklingendes, verführerisches Lied. Da die berauschende Musik (gefühlvoll, weiblich) die Seemänner vom Kurs abbringen und sie dazu hätte verführen können, diesen Wesen ihre Gefühle und Sinne zu öffnen, befahlen die Götter Odysseus, seinen Männern die Ohren mit Wachs zu verstopfen und sich selbst an den Mast zu binden, um der Versuchung der Sirenen nicht zu erliegen. Im Klartext heißt das, sie würden niemals den Weg nach Hause finden, wenn sie sich von ihren Gefühlen ablenken ließen.

Wie Odysseus, so erfüllt jeder Mann zuerst seine Pflicht, statt sich dem hinzugeben, was ihn emotional befriedigen könnte. Die Notwendigkeit, daß Männer nicht fühlen, hat sich so gründlich etabliert, daß sie heute im Grunde die Definition des Mannseins schlechthin darstellt. Es ist die Unterdrückung jeder emotionalen Verletzlichkeit, die wir verherrlichen, wenn wir sagen, jemand sei „ein richtiger Mann". Wir drücken aus, daß ein Mann dadurch, daß er keine Gefühle zeigt, bewundernswert ist. Wenn wir einem Soldaten für seine Verdienste im Krieg einen Orden verleihen, sagen wir damit im Grunde: Dieser Mann ist in der Lage gewesen, durch die Hölle zu gehen, nichts zu fühlen und lebend wieder herauszukommen. Wir ehren Männer dafür, daß sie ihre Gefühle ermordet haben.

Tatsächlich glauben wir alle in den tiefsten Tiefen unseres Unterbewußtseins daran, daß Männer ihrem Wesen nach bereit sind, die Schmerzen, die nötig sind, um den Fortschritt der Zivilisation zu sichern, zu erleiden und anderen zuzufügen. Ob es nun darum geht, Schienenstränge zu verlegen oder Kriege zu führen, immer sind wir davon ausgegangen, daß Männer über die besondere Fähigkeit verfügen, still zu leiden. Der Fortschritt jeder Gesellschaft erfordert die Bereitschaft, Opfer zu bringen, und wir haben uns bisher darauf verlassen, daß die Männer bereit sind, sich aufzuopfern, ohne sich den Luxus des Fühlens zu gönnen, wie wir Frauen es tun. Tatsächlich gehen wir davon aus, daß es Männern gar nichts ausmacht, die Anforderungen der männlichen Rolle zu erfüllen, daß sie nicht wahnsinnig werden, wenn sie ihre Kameraden in Leichensäcke stecken, durch eine Scheidung ihre Kinder verlieren, altern oder von Eltern, Vorgesetzten und Partnerinnen angeschrien und beleidigt werden. Kurz gesagt: In unserer Gesellschaft wird von Männern erwartet, daß sie sich wie der griechische Krieger verhalten und ohne zu klagen Leid ertragen und anderen zufügen.

Trotz einiger zaghafter Versuche, das Bild des Mannes zu verändern, ist es immer noch der starke, stille Typ, der Mann, der nicht sagt, was er fühlt, der das am meisten bewunderte Sinnbild des männlichen Helden verkörpert – Typen wie Clint Eastwood, Chuck Norris oder Arnold Schwarzenegger. In ihren Rollen verkörpern diese Männer den Mann, der handelt, ohne zu fühlen, der seine Aufgabe erfüllt, ohne sich von lästigen Emotionen ablenken zu lassen.

Wie sie so wurden, wie sie sind

Tatsache ist, daß ich nie Zeit hatte zu fühlen.
Ich mußte immer etwas tun, mich bemerkbar machen.

Henry James, *Der Amerikaner*

Aber der Mann, der diese Ansprüche erfüllen kann, der der Inbegriff männlicher Hartherzigkeit ist und sie in all ihren Erscheinungsformen auslebt, wird nicht als solcher geboren. Männliche Babys, Kleinkinder und Jungen fühlen und weinen. In ihre winzigen Händchen sind die gleichen feinen Linien eingefurcht wie in die der Mädchen. Sie haben sie gleichen wissenden und traurigen Augen. Sie werden durch die kleinen Verletzungen des Säuglingsalters, die Enttäuschungen der Kindheit und den Verrat an ihren Träumen ebenso nachhaltig beeinflußt wie ihre Schwestern.

Die Jungen, denen ich begegnet bin und die sich ihrer Gefühle noch einigermaßen bewußt waren, sind emotional so verletzlich, daß es mich einfach erstaunt hat.

Sie zeigen es vielleicht auf typisch männliche Weise, indem sie sich zurückziehen, sich weigern zu sprechen oder sich selbst und anderen weh tun, aber es ist offensichtlich, daß sie äußerst starke und vielschichtige Gefühle haben.

Ein fünfjähriger Junge, der einen offenbar absichtlich herbeigeführten Unfall mit seinem Fahrrad hatte, gab schließlich zu, daß sein Herz gebrochen war. Er liebte seine Schwester so sehr, daß er es nicht ertragen konnte, wenn sie mit ihren Schulfreundinnen loszog und ihn allein auf dem Spielplatz zurückließ.

Ein Dreijähriger bekritzelte die Wände seines Kinderzimmers, weil ihn seit der Geburt seines jüngeren Bruders niemand mehr auf den Arm genommen hatte, und ein Siebzehnjähriger, der wegen Ladendiebstahls verhaftet worden war, gestand schließlich, daß er seinen arbeitswütigen Vater so sehr vermißte, daß er zu stehlen anfing, um dessen Aufmerksamkeit zu erregen.

Es ist offensichtlich, daß männliche Kinder nicht nur fühlen, sondern auch stark fühlen, aber im Zuge ihrer Sozialisation wird ihnen das nach und nach abgewöhnt. „Jungen weinen nicht" und „Indianerherz kennt kein' Schmerz" wird ihnen eingeredet, und aus dem fühlenden Jungen wird allmählich ein gefühlloser Mann. Sollte es einem Jungen gelingen, weiterhin seine Gefühle wahrzunehmen, wird ihm schnell klargemacht, daß es nicht angebracht ist, Emotionen zu zeigen.

Ein Mann in seinen Dreißigern erzählte mir: „Als ich klein war, hatte ich riesige Angst vor der Schule. Ich erinnere mich, daß ich fürchtete, die dritte Klasse nicht zu schaffen. Ich versuchte mit meinem Vater darüber zu sprechen, aber er sagte nur: ‚Du kannst keine Angst haben. Du bist doch ein Junge. Es wird schon klappen.'"

Ein anderer junger Mann, der vom Schmerz überwältigt wurde, als seine Geliebte ihn wegen seiner scheinbar unheilbaren Depressionen verließ, sagte: „Kein Wunder, daß ich depressiv bin: Meine Mutter starb, als ich sieben war, aber ich konnte nie um sie trauern, denn mein Vater sagte immer: ‚Beschäftige dich mit etwas, gebrauche deinen Verstand und deine Hände. Kümmere dich nicht um deine Trauer. Sie wird vorübergehen.'"

Auch wenn es die meisten Männer nicht wissen, so haben doch viele von ihnen sehr unter den rigiden Vorstellungen davon, was es heißt, ein Mann zu werden, gelitten, unter der Erwartungshaltung, daß Jungen stark sein müssen und nichts fühlen dürfen. „Niemand hat mir je zugehört", schrieb mir ein 1,88 Meter großer, 100 Kilo schwerer Maschinenführer vor kurzem. „Es gab so vieles, das ich sagen wollte – über Blumen und über meine Gefühle, über das, was ich jetzt meine mediale Begabung nenne. Aber ich konnte über die Dinge, die mich eigentlich beschäftigt haben, nicht sprechen, weil sie so heikel waren, man könnte sagen: so weiblich. Niemand schien sich mit mir auf einer Wellenlänge zu befinden. Innen drin war ich ganz zart. Aber das schien nie jemand zu verstehen, weil ich außen so groß war."

Ein Biologieprofessor sagte: „Meine Eltern schenkten mir immer Bälle, Hockey- oder Tennisschläger und verstanden nicht, warum ich kein guter Sportler war. Aber im Moor hinter der Schule führte ich ein geheimes Leben. Alles, was ich dort sah, faszinierte mich: das Gras, die Libellen, die Algen im Teich. Wenn es mir schlecht ging, versteckte ich mich dort, lag sprachlos und traurig im Gras und sah zu den Wolken hinauf, bis es mir besser ging. Das Moor war meine Mutter; kein Wunder, daß ich Biologe geworden bin."

Gefangene eines Klischees

Alles, was ich sehe, alles, was ich lese, zwängt Männer unterschwellig in diese gefühllose Rolle. Ich möchte aufspringen und brüllen: „Ich bin auch ein Mensch, ich bin genau wie ihr!“

Unternehmensberater, 41

Die meisten Frauen wissen zwar, daß Männer ihren Gefühlen im Laufe ihrer Sozialisation entfremdet wurden, erkennen aber häufig nicht, welche Auswirkungen dies auf den individuellen Mann hat. Obwohl die Gesellschaft mittlerweile akzeptiert, daß auch Männer Gefühle haben, haben wir noch nicht ausreichend berücksichtigt, in welchem Maß jeder Mann im Rahmen jenes Klischees aufwächst, welches ihm vorgibt, was es heißt, ein Mann zu sein. Wirkliche Veränderungen gehen nur sehr langsam vor sich, und die Männer werden immer noch vom klassischen seelentötenden Männlichkeitstraining geprägt, auch wenn wir zu verstehen beginnen, daß Männer *und* Frauen die Leidtragenden sind, wenn den Männern der Zugang zu ihren Gefühlen versagt bleibt.

Aber selbst dieser erste Hoffnungsschimmer hat noch keinen entscheidenden Einfluß auf unsere verinnerlichten Mythen bezüglich der Männer genommen. Das heißt, äußerlich gesehen beginnen wir zwar, Männer mit anderen Augen zu betrachten, aber im Reich des kollektiven Unbewußten hat sich überhaupt noch nichts verändert.

Als Gesellschaft neigen wir dazu zu glauben, daß wir ein Problem, indem wir es benennen, auch schon gelöst hätten. Wir sind ungeduldig. Wir glauben an den Mythos vom „Sesam öffne dich!“. Man braucht nur das

Zauberwort zu sagen und bekommt auf der Stelle Ergebnisse geliefert. Unglücklicherweise trifft dies aber weder auf soziale noch auf psychische Veränderungen zu. Der Weg von der Diagnose zur Transformation ist immer schmerzhaft lang, und wenn es darum geht, den Männern ein Gefühlsleben zuzugestehen, mag er sogar besonders lang sein, denn die Verletzungen gehen tief.

Obwohl wir erkannt haben, daß eine Veränderung stattfinden muß, wird das Los der Männer – von ihren Gefühlen getrennt zu sein – immer noch vom Vater auf den Sohn übertragen. Selbst in Familien, in denen die gängigen Klischees nicht so stark durchgesetzt werden, bekommen die Jungen nicht immer die Unterstützung, die sie brauchen, um ihre Gefühle zu erforschen. Das liegt zum Teil daran, daß die meisten Eltern nicht die leiseste Ahnung haben, wie sie ihre Söhne dazu bringen sollen, ihre Gefühle auszudrücken. Außerdem haben sie tief im Innern immer noch Angst, die jungen Männer könnten zu Waschlappen werden, wenn sie fühlen.

Das Problem liegt aber auch darin, daß die Jungen meistens nur einen emotional gehemmten Vater zum Vorbild haben. Es kommt nur selten vor, daß Söhne beim Vater eine andere Gefühlsregung erleben als Wut. Sie sehen ihre Väter kaum jemals weinen oder subtile Gefühle wie zärtliche Zuneigung, Angst, Entzücken, Traurigkeit, Sehnsucht, Entmutigung oder Herzschmerz ausdrücken. Ein Vierundzwanzigjähriger sagte: „Mein Vater kannte nur ein Gefühl: Wut. Er drückte alles, was er fühlte, aus, indem er uns schlug."

„Ich sah meinen Vater nur zweimal weinen", sagte ein Universitätsprofessor mittleren Alters. „Einmal, als ich sieben war und seine Mutter starb, und einmal, als ich siebenundzwanzig war und er starb. Ich schloß daraus, daß man als Mann nur alle zwanzig Jahre weint und auch dann nur, wenn jemand stirbt."

Die Jungen nehmen aber nicht nur die emotionale Beschränktheit des Vaters wahr, sondern beobachten außerdem in der Beziehung zwischen ihren Eltern, daß es anscheinend von Nachteil ist, Gefühle zu haben. Viele Jungen sehen, daß ihre Mutter, die für sie der Inbegriff des Fühlens ist, von ihrem anscheinend gefühllosen Vater gedemütigt, verspottet oder ignoriert wird. Ihnen wird nicht gezeigt, wie ein Mann die Gefühle seiner Frau ernst nehmen kann, indem er mitfühlend, aufmerksam und einfühlsam auf sie eingeht, sondern sie beobachten, wie der Vater den Gefühlsausbrüchen seiner Frau hilflos und frustriert gegenübersteht und sie entweder ignoriert oder sich offen über sie lustig macht: „Sie hat die Kontrolle verloren. Ich gehe spazieren, bis sie sich wieder beruhigt hat." „Du weißt doch, wie Frauen sind, sie regen sich immer gleich auf." „Kümmere dich nicht um deine Mutter. Ihr ist mal wieder eine Laus über die Leber gelaufen."

Jungen müssen den Eindruck bekommen, daß es sich nicht auszahlt, Gefühle zu haben. Vielmehr schließen sie aus ihren Beobachtungen, daß man es, wenn man Gefühle hat und sie zeigt, geradezu darauf anlegt, mißbraucht, ignoriert oder lächerlich gemacht zu werden – besonders von Männern. Tatsächlich nehmen sowohl Männer als auch Jungen an einer ihnen unbewußten Verschwörung teil, die darin besteht, daß sie sich über alle Gefühle, die sie wahrnehmen, lustig machen.

Da Männer im allgemeinen davon ausgehen, daß Gefühle zu nichts nütze sind, behandeln sie die Gefühle der Frauen, als ob diese pubertäre Auswüchse und alle

Frauen alternde Teenager wären, die stundenlang kichernd am Telefon hocken. Da Männer auf Frauen ziemlich schablonenhaft reagieren, entgeht ihnen die Tatsache, daß Gefühle das gesamte Leben beeinflussen, also auch Leistung, Erfolg, körperliche Gesundheit und spirituelles Wohlbefinden.

Im Gegensatz zu den Frauen ist den meisten Männern nicht bewußt, daß unsere Bemühungen und Erfolge stark davon abhängen, wie wir uns fühlen, während wir etwas tun, oder welche Gefühle wir dem, was wir tun, entgegenbringen. Frauen gehen beispielsweise davon aus, daß es einer Frau, deren Kind krank ist, schwerfällt, sich auf ihre Arbeit zu konzentrieren. Aber Männer teilen diese Auffassung in bezug auf sich selbst nicht. Sie gehen zum Beispiel nicht davon aus, daß ein Mann, der Streit mit seiner Freundin hatte, die halbe Nacht mit seiner herrschsüchtigen Mutter diskutiert hat oder sich auf dem Golfplatz mit seinem Vater über Politik gestritten hat, deshalb gleich nicht mehr funktioniert.

Diese Auffassung ist lächerlich. Ob wir es nun bewußt wahrnehmen oder nicht – alle Menschen werden ständig durch Gefühle beeinflußt. (Und aus genau diesem Grund haben Männer Angst vor ihren Gefühlen. Instinktiv wissen sie, daß ihr Gefühlszustand ihre Leistung beeinflußt, also haben sie es so eingerichtet, daß ihre Leistungsfähigkeit durch die Unterdrückung ihrer Gefühle gewährleistet wird.)

Selbst in Familien, in denen die Eltern die Söhne ermutigen, ihre Gefühle auszudrücken, können die weitaus stärkeren gesellschaftlichen Erwartungen einen Jungen davon abhalten, seine Gefühle tatsächlich wahrzunehmen. Mir fällt dabei eine Familie ein, deren dreizehnjähriger Sohn sich bei dem Gedanken, aufs

Gymnasium zu gehen, irgendwie unwohl fühlte. Obwohl seine Eltern sich ernsthafte Sorgen machten, waren seine Gefühle sehr verschwommen. Selbst als sein Vater ihn gezielt fragte, was er davon halte, von der kleinen Privatschule auf die riesige Schule in der Stadt überzuwechseln, konnte er nur murmeln: „Okay." Aber noch in derselben Woche schrieb er in der Schule einen Aufsatz, in dem ein Junge vorkam, „der große Angst vor dem Gymnasium hatte, weil er fürchtete, nicht mitzukommen, und der alle möglichen Wege ersann, wie er weglaufen und so das Problem vermeiden könnte".

Selbst in dieser unterstützenden Familie war es ihm nicht möglich, seine Ängste zu erkennen und auszudrücken. Wie es oft bei Männern der Fall ist, kam die emotionale Wahrheit auf indirekte Weise ans Licht. Obwohl er seine Angstzustände etwas abmilderte, indem er eine fiktive Geschichte darüber schrieb, war er nicht in der Lage, seine Gefühle bewußt wahrzunehmen, und als Konsequenz daraus konnte er auch nicht von seiner Familie getröstet und ermutigt werden. Er hatte durch Fernsehen, Kino und von anderen Kindern gelernt, wie er sich als Mann zu verhalten hatte.

Gleich ob alt oder jung, alle Männer sind Opfer ihres eigenen Bildes von sich selbst als Mann. Es scheint fast so, als ob sie ernsthaft glauben, daß die Gefühle verschwinden, wenn man nicht über sie spricht. Diese Überzeugung ermöglicht es den Männern, den Status quo aufrechtzuerhalten, so daß sie sich nicht ins unbekannte Land der Gefühle vorwagen müssen. Aber sie hat die unangenehme Begleiterscheinung, daß Männer sich noch mehr von den emotionalen Begegnungen abschneiden, die ihnen Hilfe und Linderung bringen könnten.

Selbst wenn sie sich darum bemühen, sich auszudrücken, werden die meisten Männer – unabhängig davon, ob die Frauen oder die Gesellschaft ihnen die Erlaubnis dazu geben – den Rest ihres Lebens damit zubringen, Zugang zu ihren Gefühlen zu suchen, weil ihnen ein so eng eingegrenztes emotionales Spektrum vorgegeben wurde. Das Beispiel der gesamten Menschheitsgeschichte ist, psychologisch gesehen, weitaus stärker als jede fünf Minuten vor zwölf ausgesprochene Einladung, sich zu ändern – ganz gleich, wie warmherzig die Frauen sie auch überbringen mögen.

Die Rolle der Mutter

Meine Mutter konnte es nicht ertragen, wenn ich Gefühle zeigte.
Als ich sechzehn war, wurde unsere Katze eingeschläfert,
weil wir uns die Operation, durch die sie hätte gerettet werden
können, nicht leisten konnten. Ich weinte mir auf dem Rückweg
vom Tierarzt die Augen aus, und alles, was meine Mutter sagte,
war: „Um Himmels willen, hör schon auf zu weinen.
Es war doch bloß eine Katze."

Fotograf, 36

Männern fällt es schon deshalb schwer, uns Frauen zu glauben, daß wir wirklich möchten, daß sie fühlen, weil sie sich unterschwellig daran erinnern, daß ihre Mütter in der Kindheit dafür gesorgt haben, daß sie ihre Gefühle unterdrückten. Ein Mann kann seine Mutter nicht als den einzigen verläßlichen Zufluchtsort sehen, an dem das Unerlaubte erlaubt war. Statt dessen erinnert er sich daran, daß auch seine Mutter nach den paradiesischen Tagen der frühen Kindheit zu denen gehörte, die wollten, daß er „ein tapferer Junge“ oder ein „richtiger Mann“ wurde.

Daher muß jeder Mann, der heute einer Frau seine Gefühle offenbaren möchte, mit der Erinnerung daran kämpfen, daß die Frau von damals – seine Mutter – nicht wollte, daß er Gefühle hat. Unbewußt erwartet er, daß die Frau, die ihn liebt, es ebenfalls vorzieht, wenn er keine Gefühle hat. Ein Mann formulierte es knallhart: „Warum ich Angst habe zu weinen? Weil meine Mutter es nicht mochte, wenn ich geweint habe. Sie hat mich auf mein Zimmer geschickt, die Tür abgeschlossen und mich stundenlang allein gelassen.“

Ein anderer Mann erzählte mir: „Meine Mutter hat mich immer geschlagen, wenn ich geweint habe. Also habe ich gelernt, mich wie ein Mann zu benehmen. ‚Sei bloß keine Heulsuse, sonst hau' ich dich noch mehr‘, sagte sie.“ Während Männer im Säuglingsalter alles fühlen dürfen, werden ihre Gefühle, wenn sie älter werden, plötzlich unterdrückt, und sie sollen „tapfere kleine Jungen“ sein. Dann, wenn sie erwachsen sind, wollen die Frauen plötzlich wieder, daß sie ihre Gefühle zeigen. Im Hintergrund hängt aber immer ein unscharfes Foto von Mutti, und die Männer erinnern sich unterschwellig daran, welche Achterbahnfahrt der Gefühle sie als Kinder durchgemacht haben, und daher wissen sie nicht, wie sie sich jetzt verhalten sollen.

Was man nicht fühlt ...

Die Frage ist: Wie können wir unsere Verletzungen offenbaren und dennoch funktionieren?

Geschäftsmann, 48

Männer haben sich von ihren Gefühlen nicht nur abgeschnitten, weil sie so erzogen wurden, sondern auch weil es einige unbestreitbare Vorteile hat, in der emotionalen Antarktis zu leben. Es ist einfach: Was man nicht fühlt, damit braucht man sich weder emotional noch auf irgendeine andere Weise auseinanderzusetzen. Weil die Männer ihre Gefühle schon so lange unterdrückt haben, haben sie eine furchtbare Angst davor, was geschehen könnte, wenn sie ihre Gefühle wahrnehmen würden. Ohne sich dessen bewußt zu sein, fürchten sie, daß sie, sollten sie zu fühlen beginnen, völlig zusammenbrechen und in tausend Teile zerfetzt würden oder daß das Erlebnis sie so überforderte, daß sie sich auflösen würden. Wie der ehemalige Freund einer Freundin in einem Augenblick emotionaler Offenheit sagte: „Ich habe Angst, daß ich explodiere, wenn ich darüber rede. Ich werde die Kontrolle verlieren."

Die meisten Männer explodieren natürlich nicht, aber dennoch strukturieren sie ihr Leben und ihr Verhalten so, daß sie sich nicht auf Gefühle einlassen müssen. „Ich habe sechs Jahre lang Nachtschicht geschoben, damit ich mich nicht mit meiner Frau beschäftigen mußte", gab einer meiner Klienten zu. „Drei Monate, nachdem ich die Tagschicht übernommen hatte, haben wir uns getrennt." Intuitiv wissen Männer, daß sie nicht dafür ausgerüstet sind, mit starken Gefühlen umzugehen, und deshalb vermeiden sie auf die eine oder andere Weise Situationen, auf die sie sich nicht vorbereiten können.

Männer haben besonders davor Angst, daß sie von den Gefühlen nicht wieder zu Logik und Vernunft zurückfinden könnten, daß sie, wenn sie sich erst einmal in den Sumpf der Emotionen begeben haben, dort für alle Zeiten wie labernde Vollidioten umherirren könnten und es nicht schaffen, wieder den festen Boden des Verstandes unter die Füße zu bekommen. Ein Mann, der sich in Therapie befand, sagte fast drohend zu mir: „Okay, jetzt kann ich fühlen. Aber sorgen Sie dafür, daß ich nicht noch mehr fühle, sonst werde ich mein Hotel nicht mehr führen können."

Im allgemeinen haben Männer große Schwierigkeiten, ihren Verstand und ihre Gefühle zusammenzubringen. Mit anderen Worten, sie wissen nicht, ob sie ihren Gefühlen trauen können, da sie normalerweise nicht fähig sind, einen inneren Dialog zwischen dem, was sie fühlen, und den Schlüssen, zu denen sie aufgrund ihrer logischen, rationalen Denkweise kommen, in Gang zu setzen. Sie glauben nicht daran, daß sie zwischen ihren Gefühlen und ihrem Verstand hin und her schalten können. (Es gibt tatsächlich physiologische Anzeichen dafür, daß die Integration der beiden Gehirnhälften für Männer schwieriger ist als für Frauen, aber bisher hat noch niemand behauptet, daß sie unmöglich ist.)

Dennoch fürchten sich die Männer aufgrund fehlender Übung vor dem Gefühl der Machtlosigkeit, das der Vorgang des Fühlens in ihnen hervorruft, und lassen es nur selten zu, daß Gefühle ihre logischen Entscheidungen so weit beeinflussen, daß sich ihr Verhalten ändert. Umgekehrt hat ihre Logik kaum jemals soviel Einfluß auf ihre Gefühle, daß sie sich mit ihnen wohl fühlen.

Die heilige Kuh der Vernunft

Gefühle? Die bringen dir einen Haufen Tränen.
Reine Zeitverschwendung.

Mechaniker, 37

Um nicht zu fühlen, haben Männer eine Reihe von Abwehrmechanismen entwickelt. Der erste ist die Verherrlichung von Vernunft und Logik. Statt zu versuchen, ihre Emotionen anzunehmen und sie zu integrieren, verherrlichen Männer das Rationale, weil es keine sichtbaren Beispiele dafür gibt, daß auch ein emotionaler Prozeß zu einer Lösung führen kann. Sie wissen, daß Logik, Verhandlungen und Vermittlung funktionieren, denn auf diesen männlichen Konzepten wurde unsere Zivilisation aufgebaut. Im Geschäftsleben, in der Politik und im Krieg setzen sich die Männer an einen Tisch, tragen die Fakten vor, analysieren sie und treffen Entscheidungen, die bestimmte Ergebnisse nach sich ziehen. Aber ihre Erfahrungen hinsichtlich eines emotionalen Prozesses sind immer noch sehr beschränkt, und das Gefühl für dessen Wirksamkeit ist so gut wie nicht vorhanden.

Ich muß dabei an einen sehr erfolgreichen Stadtplaner denken, der Bankrott machte, weil er seinen Instinkten bezüglich eines bestimmten Unternehmers, dessen Referenzen seinen logischen Anforderungen in allen Punkten genügten, nicht gefolgt war. Er hatte wegen dieses Unternehmers ein „ungutes Gefühl" und wäre am liebsten aus dem Vertrag ausgestiegen, aber er folgte seiner Intuition nicht. Die Folge war, daß das Projekt zu einer finanziellen Katastrophe führte und er Bankrott erklären mußte.

Wie dieses Beispiel zeigt, verstehen viele Männer nicht, daß neue Einsichten entstehen, wenn sie ihren Gefühlen Aufmerksamkeit schenken, und daß sich daraufhin auch neue Möglichkeiten ergeben können. Wären Männer fähig, ihre Gefühle anzuerkennen und ihnen zu erlauben, ihren Verstand zu beeinflussen, könnten sie zu Lösungsmöglichkeiten kommen, die erfolgreicher sind als die, die sie nur aufgrund von Logik und Vernunft entwickeln.

Aber solange sie nicht dazu in der Lage sind, diesen inneren Dialog zu beginnen, benutzen Männer ihre Vernunft dazu, ihre Gefühle von sich fernzuhalten: „Ich sollte mich nicht im Stich gelassen fühlen. Ich glaube, ich gehe etwas essen." „Es sollte mir nichts ausmachen, daß mich meine Freundin verlassen hat. Ich gehe ins Fitneßstudio und schwitz' mal so richtig." „Ich sollte nicht gleich in Panik geraten, nur weil die Firma den Bach runtergeht. Ich berufe einfach eine neue Vorstandssitzung ein."

Weil Männer nur selten erleben, wie wertvoll Emotionen sein können, neigen sie dazu, pauschal alle Gefühle abzulehnen, was dazu führt, daß sie sagen – oder zumindest denken –, Gefühle seien lächerlich oder nutzlos. „Das ist doch schon zwanzig Jahre her. Es macht doch keinen Sinn, jetzt darüber zu reden." „Sie ist weg. Warum sollte ich weinen? Das wird sie auch nicht zurückbringen." „Es nützt doch nichts, wenn wir darüber reden, dadurch verändert sich überhaupt nichts." „Diese ganzen Gefühle machen mich doch nur wahnsinnig. Also, was soll's?"

Reaktionsbildung: Das große psychologische Schneckenhaus

Ich bin gerne ein Mann – alles ist so eindeutig. Man wird nicht so durch Gefühle durcheinandergebracht wie die Frauen.

Junggeselle, 56

Männer verherrlichen nicht nur die heilige Kuh der Vernunft, sondern sie verstecken sich vor ihren wahren Gefühlen auch durch etwas, das emotionale Reaktionsbildung genannt wird. Darunter versteht man einen psychologischen Abwehrmechanismus, durch den ein Mensch einen angst machenden oder inakzeptablen Aspekt seiner selbst in sein Gegenteil verkehrt. Daher reden sich viele Männer ein, es sei gut, nicht zu fühlen, oder sie hätten Glück, nicht wie die Frauen von ihren ungezähmten Emotionen abgelenkt zu werden, statt sich für die Möglichkeit zu öffnen, daß sie in Wirklichkeit vielfältige und äußerst starke Gefühle haben. Weil sie Angst davor haben, durch das totale Ausleben ihrer Gefühle möglicherweise ein Monster aus dem Käfig zu lassen, das sie völlig funktionsuntüchtig macht, reden sie sich ihre Gefühle aus. Darüber hinaus verstärken sie die Reaktionsbildung noch, indem sie die Unterdrückung von Gefühlen verherrlichen.

Ein klassisches Beispiel dafür war Ernest Hemingway, der auf die Frage, wovor er Angst habe, antwortete: „Fürchte, vor nichts."

Diese männliche Tendenz, Gefühle zu verneinen oder sie umzudeuten, ist immer noch auf äußerst subtile Weise vorhanden. Zum Beispiel haben die stärksten Erinnerungen eines meiner Klienten an seinen Vater genau mit der Unterdrückung von Gefühlen zu tun. Er formulierte es so: „Mein Vater hatte neun Kinder und arbeitete 365 Tage im Jahr als Bremser bei der Eisenbahn. Er stand auf, ging zur Fünf-Uhr-Messe und dann zur Arbeit. Er tat dies fünfzig Jahre lang jeden Tag und hat sich nie beklagt. Er war ein Heiliger. Ich wünschte, ich könnte mehr sein wie er."

Diese Erinnerung ist einerseits eine wunderbare Ehrung der Standhaftigkeit des Vaters, aber andererseits ist sie eine Form der Reaktionsbildung, eine Verherrlichung der Gefühlsunterdrückung: Sein Vater litt, weigerte sich aber, dies zu fühlen. Es war meinem Klienten offensichtlich noch nicht in den Sinn gekommen, daß es geradezu tragisch war, daß sein Vater nicht fähig war, seine Trauer und seine Wut über das Ausmaß seiner Bürde auszudrücken. Im Gegenteil, es war gerade diese Unfähigkeit, die ihn in den Augen seines Sohnes zum Helden machte.

Konversion: Die Umwandlung von Gefühlen

„Ich bin stolz auf dich, mein Junge, du kommst so gut mit den Krücken zurecht." „Aber wer wird mich lieben, Papa?"

Ein Vater und sein Sohn,
ein beinamputierter Vietnam-Veteran

Männer werden auch davon abgehalten, ihre Gefühle in vollem Umfang wahrzunehmen, weil sie gelernt haben, unzulässige Gefühle in zulässige umzuwandeln. Schon im Kindesalter werden Männer dazu angehalten, bestimmte Emotionen auszudrücken – hauptsächlich Stolz und Wut – und alle anderen zu unterdrücken. Wenn also unzulässige Gefühle wie Trauer, Angst, Sorge, Mitleid oder Zuneigung auftauchen, werden sie schnell in zulässige umgewandelt. Diese Konversion passiert so schnell, daß dem Jungen niemals bewußt wird, daß er eigentlich traurig ist oder Angst hat. Unversehens wird seine Trauer beispielsweise zu Wut, und seine Enttäuschung verkleidet sich als Stolz.

Durch diese subtile, manchmal aber auch offensichtliche Konversion eines jeden Gefühls in Stolz oder Wut wird aus einem ängstlichen und traurigen Jungen ein zorniger junger Mann und später ein ausgesprochener Macho.

Wenn ein Mann seine Angst in Mut umwandelt, seine Besorgnis in Tapferkeit, seine Rage in Herablassung und seine Trauer in Selbstmitleid, hat er immerhin Scheingefühle, auch wenn er die eigentlichen Gefühle nicht ausdrücken kann. Dadurch kann er bis zu einem gewissen Grad Dampf ablassen – genug, um sich die Illusion zu geben, daß er tatsächlich Gefühle hat, aber ohne den für ihn unangenehmen Gefühlen ausgeliefert zu sein.

Viele Männer wandeln alle ihre unterdrückten Gefühle in Humor um und machen im wahrsten Sinne des Wortes aus allem einen Witz. Statt differenzierte Gefühle auszudrücken, entwickeln sie eine joviale, sarkastische, achselzuckende „Immer-gut-drauf"-Persönlichkeit, die diese Konversion verkörpert.

Im Rahmen dieser Umwandlung ist Stolz das ultimative Ersatzgefühl. Da Stolz und Verletzlichkeit einander entgegengesetzte Gefühle sind, entscheiden sich Männer für Stolz, statt das gesamte Spektrum ihrer Verletzlichkeit zu erleben. Statt sich die Augen auszuweinen über seine Kameraden, die neben ihm im Schützengraben gestorben sind, kehrt der Soldat aus dem Krieg zurück und trägt voller Stolz das Eiserne Kreuz. Der Spitzensportler ist stolz darauf, daß er dem unerträglichen

Schmerz nicht nachgibt, wenn er sich zwanzig Meter vor der Ziellinie das Bein bricht, und der Geschäftsmann ist stolz auf die Leistungen seines Sohnes, statt ihn einfach zu lieben.

Im Grunde fordert der männliche Stolz, daß ein Mann – gleichgültig, wie sehr er leidet – seine wahren Gefühle ausmerzt, um in den Augen der anderen Männer als „richtiger Mann" zu gelten. Stolz, wie wir ihn verstehen, verleiht dem Mann zwar eine gewisse Würde und gibt ihm eine Möglichkeit, Freud und Leid in bestimmter Weise auszudrücken, aber er ist es auch, durch den die Männer sich selbst – und die Frauen – darum betrügen, den gesamten Reichtum ihrer vielfältigen Emotionen zu erleben.

Stolz ist aber nicht das einzige Ersatzgefühl der Männer. Die andere männliche Emotion, die bei allen Gelegenheiten herhalten muß, ist Wut. Im Zuge der Konversion von Gefühlen wird aus Angst Wut. Und Männer haben oft Angst; denn häufig genug fühlen sie sich von der Verantwortung, die auf ihnen lastet, erdrückt, schämen sich, weil sie glauben, nicht gut genug zu sein, stehen vor Aufgaben, die sie völlig ratlos machen, und tragen Lasten, die die Frauen ihnen bewußt oder unbewußt aufbürden. Aber das dürfen sie nicht zugeben. Da sie ein Gefühl spüren – Angst –, dessen Ausleben ihnen als Mann verboten ist, befinden sie sich in der Falle und werden häufig zu körperlichen oder geistigen Rohlingen, die nach dem Hund treten, die Kinder anbrüllen oder mit der Faust auf den Tisch hauen. Aggressionen, Wutanfälle, Einschüchterungsversuche, manipulatives und kontrollierendes Verhalten sind die andere Seite der Ängste, die die Männer nicht ausdrücken können.

Die Verschiebung von Gefühlen

Ich bin nicht sauer auf dich. Ich ärgere mich nur, weil ich meine Taucherbrille nicht finden kann.

Geschäftsmann, 29, nachdem seine Freundin aus der gemeinsamen Wohnung ausgezogen war

Abgesehen davon, daß Männer ihre komplexen Gefühle in ein paar wenige zulässige umwandeln, verschieben sie sie auch sehr häufig. Das heißt, statt Angst, Trauer, Zärtlichkeit oder Enttäuschung dort auszudrücken, wo sie entstehen, lenken sie sie um und leben sie in einem anderen Zusammenhang aus. Die Sportbesessenheit der Männer ist exemplarisch für die Verschiebung von Gefühlen.

Um es vereinfacht auszudrücken: Männer benutzen den Sport, um eine emotionale Erfahrung zu machen. Egal ob sie dabei zuschauen oder selbst daran teilnehmen, wird ihnen hier die Möglichkeit geboten, ein breites Spektrum an Gefühlen auszudrücken: unter anderem Loyalität, Leidenschaft, Macht, Kameradschaft, Enttäuschung und Begeisterung. Ob sie nun übers Spielfeld laufen oder auf der Ersatzbank sitzen, ob sie in der Westkurve jubeln oder, ein Bier in der Hand, wie gebannt auf dem Sofa oder dem Barhocker vorm Fernseher sitzen, Männer fühlen Aufregung, Begeisterung, Enttäuschung und Angst, ohne in ihrem Alltag mit diesen Gefühlen konfrontiert zu sein, wo sie weitaus ernstere Konsequenzen hätten. Es ist leichter, wütend darüber zu sein, daß Bayern München verloren hat, als darüber, daß die Ehefrau zum vierzehnten Mal hintereinander nachts Kopfweh hat. Es ist leichter, sich bei einem Boxkampf heiser zu schreien, als sich mit dem sechzehnjährigen Sohn auseinanderzusetzen, weil er wieder einmal nachts nicht nach Hause gekommen ist. Ohne sich dessen bewußt zu sein, haben sich die Männer darauf geeinigt, daß Sport der Bereich ist, in dem sie viele ihrer Gefühle immer und immer wieder ausleben dürfen. Und obwohl die Frauen es im allgemeinen hassen, daß ihre Männer sich so sehr für Sport interessieren, tolerieren sie es, weil sie unterschwellig wissen, daß Männer dabei Erlebnisse haben, die wenigstens ansatzweise einem emotionalen Leben gleichen.

Aber Männer verschieben ihre Gefühle nicht nur in den Bereich des Sports. Sie leben verschobene Emotionen auch aus, indem sie bei den kleinsten, lächerlichsten und unwichtigsten Dingen überreagieren. Da Männer häufig ihre wahren Gefühle nicht zeigen können, meckern sie statt dessen an allem möglichen herum: daß der Sohn den Müll nicht hinausgebracht hat, daß die Kinder ihre Schlittschuhe im Flur liegengelassen haben, daß ihr Lieblingspullover eingelaufen ist. Was sie damit sagen wollen, ohne es zu sagen, ist, daß sie unter irgend etwas leiden, aber das Gefühl nicht identifizieren und schon gar nicht ausdrücken können.

Ohne die tiefergehenden Folgen dieser männlichen Verhaltensweise zu erkennen, nehmen sowohl Männer als auch Frauen dieses frustrierende und oft lächerliche Benehmen hin. Irgendwie wissen wir alle, daß auf diese Weise etwas Wichtiges ausgedrückt werden soll, aber da wir uns nicht sicher sind, was es ist, spielen wir das Spiel alle mit.

Zwar hat die Verschiebung von Gefühlen für die Männer eine bedeutende Funktion, aber sie nimmt häufig absurde Ausmaße an und schließt grundsätzlich die Möglichkeit einer wirklichen emotionalen Reifung aus.

Als Beispiel möge der Fall eines Managers mittleren Alters dienen, der einer Frau, die er seit langem bewunderte, schüchtern den Hof machte, bis er eines Tages explodierte, weil ein paar Rowdys ihren Briefkasten gestohlen hatten – ausgerechnet, nachdem er ihr endlich einen Brief geschrieben hatte. Statt ihr zu sagen, wie enttäuscht er war, daß sie seinen Brief nicht erhalten hatte, hielt er ihr einen endlosen Vortrag darüber, wie leichtsinnig und verantwortungslos es von ihr war, sich den Briefkasten stehlen zu lassen. Später – in einem ruhigeren und offeneren Augenblick – gab er mir gegenüber zu: „Es war das erste Mal in zwanzig Jahren, daß ich etwas so Gefährliches getan hatte, und ich konnte es einfach nicht ertragen, daß sie meinen Brief nicht bekommen hatte."

Ein Kieferorthopäde bekam einen Wutanfall, weil seine Frau anscheinend nicht die Zeit gefunden hatte, zum Baumarkt zu gehen und „eine lausige Badezimmerlampe" für das Traumhaus, das sie sich gerade bauten, zu kaufen – und das, obwohl er selbst neunzig Stunden in der Woche arbeitete. Tatsache war aber, daß sie in der ganzen Stadt umhergerannt war, Dutzende von Besorgungen gemacht und nur diese eine nicht erledigt hatte. Ihr Mann war natürlich nicht wirklich wegen der Lampe wütend, sondern weil sie es nie gewürdigt hatte, daß er seit Jahren so schwer arbeitete, damit sie sich ihr Haus bauen konnten. Aber das konnte er nicht ausdrücken, denn tatsächlich hatte er nicht die geringste Ahnung, was er wirklich fühlte. Statt seine Frau für seine Leistung um Anerkennung zu bitten, explodierte er, weil sie es nicht geschafft hatte, die Lampe zu besorgen.

Dies ist eindeutig eine Ersatzkommunikation, bei der ein irrelevantes Problem den Platz des echten, tiefergehenden Kummers einnimmt. Männer ereifern sich so häufig über belanglose, kleine Dinge, weil es sie zu verletzlich machen würde, sich über die Dinge aufzuregen, die ihnen wirklich Sorgen bereiten.

Identitätsverlust: die wahre Angst der Männer

Fühlen, das macht mir angst. Da ist man so ungeschützt ... in jeder Hinsicht.

Drehbuchautor, 36

Letztendlich benutzen Männer diese psychologischen Abwehrmechanismen, weil sie sich davor fürchten, ihrer Identität als Mann beraubt zu werden, wenn sie ihre Gefühle zulassen. Da Männer glauben, ihre Identität bestehe in der Unterdrückung ihrer Gefühle, betrachten sie sich gerade dadurch, daß sie nicht fühlen, als Teil der Männerwelt. Ohne sich dessen bewußt zu sein, gehen sie davon aus, daß sie eine Identität hätten, solange sie sich in einem Zustand der emotionalen Unterdrückung befinden, und daß sie zum Außenseiter ohne Identität würden, wenn sie ihre Gefühle zum Ausdruck brächten.

Aber der Horror, den die Männer davor haben, ihre Gefühle zu zeigen, reicht viel tiefer als die schlichte Angst, daß sie dann keine „richtigen Männer" mehr wären. Da Emotionalität schon immer als weibliche Eigenschaft betrachtet wurde, haben Männer unterschwellig Angst davor, irgendwie zu Frauen zu werden, wenn sie ihre Emotionen enthüllen. Gefühlsbetont und emotional verletzlich zu sein ist das genaue Gegenteil davon, was Männer sein wollen: energisch, direkt, aggressiv, einflußreich – mit einem Wort: männlich. Ein

Mann drückte es in der Therapie so aus: „Ich durchlebe so viele Gefühle, daß ich Angst habe, ein Mädchen zu werden."

Diese Angst wird durch andere Männer verstärkt, die diejenigen, die ihre Gefühle zeigen, lächerlich machen, weil sie sich vor ihren eigenen Gefühlen fürchten. Diese Männer klammern sich an die männliche gefühlsunterdrückende Identität, weil sie nicht wollen, daß die massive Mauer der männlichen Selbstverleugnung in sich zusammenstürzt, und weil sie sich verzweifelt daran festhalten, daß es richtig ist, sich für ein Leben ohne Gefühle entschieden zu haben. Da sie sich von ihren Emotionen abgeschnitten haben, brauchen und wollen sie, daß ihnen andere Männer bestätigen, daß dies richtig war, denn ihr Wert als Mann beruht auf dieser Entscheidung und ihren Folgen. In der männlichen Welt der Macht sind es die herzlosen, skrupellosen Männer, Männer, die alles kontrollieren wollen und bereit sind, über Leichen zu gehen, die sich an die Spitze kämpfen. Ihr Selbstwertgefühl wird nur durch ihren Aufstieg zur Macht bestimmt, denn sie haben keine Gefühle, die ihnen eine alternative Sichtweise ihres Wertes vermitteln könnten.

Die Vorstellung, daß ein Mann ein Gefühlsleben haben und trotzdem noch ein richtiger Mann sein könnte, stellt die größte Bedrohung der männlichen Identität dar, und ein Mann, der versucht, Zugang zum Reich der Emotionen zu finden, hat nicht nur mit den schon erwähnten inneren Problemen zu kämpfen, sondern auch mit dem realen, häufig gemeinen Spott anderer Männer, die nicht wollen, daß ihre Festungsmauern ins Wanken geraten. Männer sind sich darin einig und haben sich dies immer wieder gegenseitig bestätigt, daß

Aggressivität, Wille zur Macht, Durchsetzungsvermögen, Erfolgsdenken und Gefühlsunterdrückung die wahren Eckpfeiler männlicher Identität sind und daß diese in allen Bereichen des Lebens ausgelebt werden müssen.

Nichts symbolisiert die aggressive Natur der männlichen Identität perfekter als der erigierte Penis, das körperliche Sinnbild männlichen Funktionsvermögens und männlicher Kraft, deren Ziel es ist, sich durchzusetzen. In Übereinstimmung mit dieser biologischen Metapher spiegelt auch der innere emotionale Ehrenkodex des Mannes dieses Durchsetzungsvermögen wider: nehmen, bevor einem genommen wird, verteidigen, bevor man zu sehr geschwächt ist, zerstören, bevor man angegriffen wird. Um diese psychische Haltung aufrechtzuerhalten, muß ein Mann seine Gefühle kategorisch verneinen, denn sie zu zeigen brächte ihn in die furchtbare Situation, sich schutzlos einem Angriff auszuliefern.

Daher empfindet es ein Mann wirklich als sehr bedrohlich, seine Gefühle auszudrücken. Das gesamte Spektrum seiner Psyche zu offenbaren würde ihn seiner Identität berauben und hinterließe ihn zart, ungeschützt und verletzlich – einer Frau zu ähnlich. Man könnte die männliche Haltung so zusammenfassen: Wenn ich meine Gefühle zeige, bin ich angreifbar (wie eine Frau), sage ich jedoch nicht, was ich fühle, selbst wenn ich leide, breche ich weder zusammen noch bin ich angreifbar, das heißt, ich bleibe ein Mann.

Ein junger Klient von mir erzählte, daß er, kurz nachdem er mit seiner Freundin zusammengezogen war, zufällig auf einige Fotos ihres früheren Freundes stieß. „Ich regte mich furchtbar auf, wurde völlig funktionsunfähig. Ich kam mir wie ein Vollidiot vor, daß ich sie liebte. Ich fühlte mich wie ein Niemand, so als ob ich oder unsere Beziehung nichts Besonderes wären. Ich schämte mich meiner Gefühle so, daß ich ihr nichts davon sagte. Frauen dürfen wegen so etwas aus dem Häuschen geraten, aber Männern ist das nicht gestattet. Deshalb bin ich zu Ihnen gekommen. Ich kann es Ihnen erzählen, weil ich Sie nicht kenne, aber *ihr* könnte ich es ganz sicher nie erzählen."

Wie diese Geschichte zeigt, ist das Enthüllen von Gefühlen nicht nur ungewohnt, sondern bedroht auch den Kern der männlichen Identität. Und da diese einerseits so mächtig und andererseits so zerbrechlich ist, haben Männer eine furchtbare Angst davor, Verhaltensweisen anzunehmen, die ihre männliche Identität – die durch die Frauenbewegung bereits in einem so erschreckenden Ausmaß in Frage gestellt wurde, daß die Männer sich ohnehin schon unwohl und aus dem Gleichgewicht gebracht fühlen – noch weiter schwächen könnten. Die männliche Identität ist in letzter Zeit bereits so stark hinterfragt worden, daß die Unterdrückung der Gefühle das einzige zu sein scheint, was Männer noch von Frauen unterscheidet.

Das ist einer der Gründe, aus denen Männer, die sensibler sind als der Durchschnitt, die Zugang zu ihren Gefühlen haben, die sich an sogenannten femininen Dingen wie Musik, Architektur, Kunst und dem Arrangieren von Blumengestecken erfreuen und die daher heilsame Vorbilder für die Zukunft sein könnten, immer noch gesellschaftlich geächtet werden, obwohl die bestehende männliche Identität von allen Seiten ins Kreuzfeuer geraten ist. Diese Männer werden als ausgeflippt, irgendwie anomal, soziale Außenseiter oder gar als „Schwuchteln" denunziert.

In der Tat wird die Entwicklung der männlichen Identität durch die bei sehr vielen Männern stark verinnerlichte Homophobie ernsthaft behindert. Ihnen wurde beigebracht, daß sie Gefahr laufen, als „weibisch" bezeichnet zu werden, wenn sie Emotionen zeigen, zärtlich sind, nach ihren Gefühlen handeln, ihre weibliche Seite auf irgendeine Weise ausleben. Weich, gefühlvoll oder sensibel zu sein wurde bisher immer damit gleichgesetzt, ein Schlappschwanz oder Homosexueller zu sein, ein Schicksal, das in manchen Kreisen unserer Gesellschaft als schlimmer als der Tod erachtet wird.

Daher hat ein Mann, der seine männliche Identität auf die Weise erweitern möchte, die sich die Frauen so sehr wünschen, schon verloren, bevor er überhaupt begonnen hat zu fühlen. Er soll nicht hart sein, aber auch auf keinen Fall weich. Wer und wie soll er dann sein?

5
Männer sollen gar nicht fühlen: Die Verschwörung der Frauen

Sie möchten wissen, was ich fühle? Sie wollen, daß ich meine Gefühle ausdrücke? Mein emotionales Leben ist so zart, daß schon alles vorbei ist, wenn jemand nur etwas darüber wissen möchte. Ich habe nicht den Hauch einer Chance, meine Gefühle auszudrücken.

Anwalt, 44

Obwohl wir immer wieder beteuern, wie sehr wir möchten, daß die Männer fühlen, tragen auch wir Frauen unseren Teil dazu bei, die Männer von ihren Gefühlen fernzuhalten. Wir tun dies, indem wir uns ständig beschweren und so die Männer darin bestärken, sich nicht zu artikulieren.

Es ist bekannt, daß wir uns die Transformation der Männer seit langem wünschen. Das ist gewissermaßen das Geschenk, das in unseren Klagen verborgen ist. Durch unsere Unzufriedenheit haben wir die Männer versteckt und – nicht besonders höflich aufgefordert, ihre eigenen Gefühle zu entdecken und sie auf eine Weise auszudrücken, die es uns ermöglicht, emotional befriedigende Beziehungen mit ihnen zu führen.

Unsere Beschwerden waren zwar berechtigt, sie haben aber nicht dazu geführt, daß Männer sich in unbekanntes Territorium vorgewagt haben – vielmehr wurden sie als Angriff verstanden, und so haben sie sich noch tiefer in ihren Schützengräben verkrochen, statt sich veranlaßt zu fühlen, ihre Verletzlichkeit zu erforschen.

Sich zu beklagen ist ein interessantes psychologisches Phänomen. Wie viele der psychologischen Tricks der Männer, so ist auch dieses weibliche Verhalten eine Form der Konversion. Frauen beklagen sich, statt um das zu bitten, was sie wollen, weil es äußerst gefährlich ist, die eigenen Wünsche zu artikulieren. Schließlich muß man genau wissen, was man eigentlich will, und man geht das Risiko ein, es nicht zu bekommen. Durch ihr Klagen schützen sich die Frauen. Sie verkünden, daß etwas nicht stimmt, und verschaffen sich so das erleichternde Gefühl, sich artikuliert zu haben; gleichzeitig schützen sie sich, indem sie es vermeiden, direkt um etwas zu bitten.

Sich zu beschweren ist an sich nicht schlecht, denn immerhin fühlen wir uns dem Mann, bei dem wir uns beklagen, nah und vertraut. Sich in seiner Verletzlichkeit zu zeigen ist einer der Wege zur Intimität. Tatsächlich ist es eine der wichtigsten intimen Umgangsformen unter Frauen, sich über die Männer zu beklagen. Wir sprechen über unsere Schmerzen, unser Leiden, unsere Verletzungen und Entbehrungen, diskutieren die emotionale Abwesenheit unserer Männer und ereifern uns, daß man sich auf Männer nicht verlassen kann – und dies sind nur einige Beispiele. Frauen verbünden sich, indem sie sich über etwas beschweren. Es tröstet uns zu wissen, daß sowohl unsere beste Freundin als auch unsere Schwester, unsere Mutter ebenso wie unsere Arbeitskollegin ignoriert wird, frustriert und emotional unbefriedigt ist, daß niemand auf der Welt die wunderbare Beziehung hat, die wir selbst nicht haben. Wenn Frauen sich also die Ohren volljammern, stellen sie eine Verbindung zueinander her.

Wenn Frauen sich bei ihren Männern beklagen, versuchen sie auch eine Form der Verbindung herzustellen, und da es den Männern so schwer fällt, sich auf emotionale Begegnungen einzulassen, beschweren sich die Frauen häufig über diese Tatsache. Die Frauen konzentrieren sich dabei auf das, was die Männer *nicht* getan, gesagt oder gefühlt haben. Indem sie ihre Unzufriedenheit ausdrücken, gelingt es ihnen wenigstens, eine rudimentäre Form des Gefühlsaustausches herzustellen. In einer typischen Mann/Frau-Situation beklagt sie sich über seine fehlenden Gefühle, er verteidigt sich, und es entsteht eine gewisse emotionale Spannung.

Indem die Frau zum Beispiel an ihrem Mann herumnörgelt, weil er nie anruft, um ihr zu sagen, wo er ist, gelingt es ihr, ihn dazu zu bringen, daß er sie anschreit. Damit kreiert sie eine Situation, die beweist, daß er doch Gefühle hat. Ihr geht es nicht nur besser, weil sie sich beschwert hat, sondern auch – sobald er reagiert –, weil es ihr endlich gelungen ist, einige seiner wahren Gefühle hervorzulocken, auch wenn diese negativ sind. Eine wie auch immer geartete leidenschaftliche Begegnung ist in den Augen der meisten Frauen besser als überhaupt keine. Ihr ist es lieber, er explodiert, als in der eisigen Kälte seiner männlichen Gefühllosigkeit zu leben. Da es Männer wahnsinnig macht, wenn Frauen sich beklagen, ist dies eine der wenigen emotionalen Begegnungen, zu denen Frauen Männer verführen können. Kein Wunder, daß Frauen sich dieses Mittels so häufig bedienen.

Unglücklicherweise verlassen sich die Frauen zu häufig auf diese unbewußten Manipulationsversuche, um wenigstens ein bißchen emotionale Erfüllung zu finden. Statt ihre Freude, ihr Entzücken, ihre Bewunderung und Dankbarkeit auszudrücken, wodurch die Beziehung vertieft werden könnte, beschränken sich Männer und Frauen auf gegenseitige Vorwürfe und begegnen sich so auf der niedrigsten Stufe der Emotionen. Weil bisher weder Männer noch Frauen begriffen haben, wie man einen wahren Austausch der Gefühle kreieren kann, beklagen sich die Frauen, und die Männer fangen wie abgerichtete Hunde sofort zu bellen an.

Im Worthagel

Wie ihr uns helfen könnt? Nicht indem ihr uns kritisiert und euch über uns beschwert. Das haben unsere Väter schon genug getan.

Leitender Angestellter im Marketingbereich, 46

Jede Form des Jammerns – und das trifft ganz besonders dann zu, wenn es sich auf die Unfähigkeit der Männer richtet, sich verbal auszudrücken – führt dazu, das Problem zu verschärfen. Denn wenn Frauen ihre Vorwürfe auf die Männer niederprasseln lassen, wird die Sprache selbst zur Waffe, statt – wie es die Frauen behaupten – zu einem Mittel der Versöhnung. „Alles wäre so viel besser, wenn du nur mit mir sprechen würdest“, sagen wir und regen uns gleich wieder über seine zaghaften Versuche auf.

Statt also die Männer tatsächlich dazu zu ermutigen, das Medium Sprache mit Freude zu erforschen, setzen viele Frauen es als Waffe ein, um die Männer in die Defensive zu drängen. Wie ein Freund in meiner Anwesenheit zu seiner Frau sagte: „Wenn du möchtest, daß ich sage, was ich fühle oder welche Meinung ich habe, dann mach mich nicht lächerlich oder fahr mir nicht über den Mund, wenn ich es tatsächlich tue.“

Wenn Frauen Männer wegen deren Unfähigkeit, sich verbal auszudrücken, angreifen, hilft das den Männern nicht, ihre Gefühle in Sprache umzusetzen. Deshalb haben Männer nicht nur häufig kein Interesse, die Sprache der Frauen zu erlernen, sondern fühlen sich der Sprache immer mehr entfremdet oder werden sogar deswegen wütend. Das ist es, was sie wirklich meinen, wenn sie über Gespräche unter Freundinnen sowie über jede Form des verbalen Austausches negative Bemerkungen machen. „Sie quasselt mir die Ohren voll." „Sie ist wie eine Schallplatte." „Sie nörgelt ständig an mir herum." Diese Aussagen beschreiben, wie Frauen Männer mit Worten attackieren. Aus männlicher Sicht haben Worte keine heilende Wirkung. Statt dessen werden sie von den Frauen eingesetzt, um auf das hinzuweisen, was sie von den Männern trennt, um die Fehler der Männer aufzuzeigen und die fehlende Nähe zu beklagen. So schneiden Worte, die Balsam für die männliche Seele sein könnten, die Männer von der Liebe der Frauen ab.

Diese verbalen Attacken wirken sich auch deshalb besonders tragisch auf Männer aus, weil sehr viele von ihnen schon in der Kindheit von ihrer Mutter mit der Waffe der Sprache gedemütigt wurden. Doch obwohl viele Männer in ihren Liebesbeziehungen den verbalen Mißbrauch aus ihrer Kindheit wiedererleben, war es doch meistens der Vater, der sie mit Worten attackierte. Im Rahmen des der Vater-Sohn-Beziehung innewohnenden Konkurrenzkampfs züchtigen viele Väter ihre Söhne mit Worten. Bemerkungen wie „Du bist zu dumm, um den Rasen zu mähen" oder „Du hast keine Ahnung, wovon du redest. Du bist doch eine Null" wirken sich so verheerend auf die Persönlichkeit eines Jungen aus, daß er lernt, sein Ego auf eine ganz bestimmte Art zu verteidigen, nämlich indem er die Ohren verschließt und nichts in sich hereinläßt.

Weil Sprache für viele Männer von Kindesbeinen an schmerzhaft besetzt ist, fühlen sie sich ihr als Erwachsene entfremdet, und deshalb ist „Kommunikation“ das heikelste Thema in intimen Beziehungen. Ohne sich der Quelle oder des Ausmaßes ihres Schmerzes bewußt zu sein, versuchen Männer in ihren Liebesbeziehungen, den verbalen Austausch, dem sie so hilflos und ohnmächtig gegenüberstehen, einerseits auszuhalten und andererseits zu vermeiden. In gewisser Weise ist es für einen Mann am besten, sich gegen Worte abzuschotten; es ist die einzige Möglichkeit, die er kennt, um sich gegen emotionale Angriffe zu schützen. Dieses Abschotten ist ein primärer Abwehrmechanismus der Männer – einer, der so in Fleisch und Blut übergegangen ist, daß man heute davon ausgeht, daß „Männer nun einmal so sind“.

Unglücklicherweise hat die Tatsache, daß es Männern im allgemeinen so schwer fällt, sich mit Worten anzufreunden, die tragische Nebenwirkung, daß sie sich sogar den Worten gegenüber verschließen, die ihre Angst vor Sprache heilen könnten. Ihre Abwehrmechanismen hindern sie daran, die Worte des Lobes und der Ermutigung zu hören, die nicht nur ihre Vorstellung von sich selbst, sondern auch von Sprache an sich verwandeln könnten. Aber da so viele Männer nicht in der Lage sind, sich wirklich auf Worte einzulassen, bleibt ihnen auch weiterhin jene transformative Erfahrung versagt, die ihnen mehr emotionale Nähe zu Frauen ermöglichen würde.

Das Partnerspiel: er ist passiv und aggressiv, sie hysterisch

Wenn wir versuchen, miteinander zu reden, endet es immer damit, daß ich mir die Augen ausheule, und er geht.

Lektorin, 39

Frauen tragen auch noch auf eine andere Weise zu diesem Problem bei, denn sie vergessen leicht, daß Männer und Frauen sich bei jedem Austausch von Gefühlen von verschiedenen Standpunkten aus begegnen. Frauen wollen diesen Austausch und fühlen sich wohl dabei, aber für Männer ist er schwierig, gefährlich und unergründlich. Weil Frauen ihre Gefühle verbal ausdrücken können, wissen sie im allgemeinen nicht, wie schwierig eine emotionale Begegnung für Männer tatsächlich ist. Zwar ahnen sie intuitiv, daß die Männer damit mehr Probleme haben als sie, können sich aber nicht vorstellen, daß es ihnen wirklich so schwer fällt. Und da Frauen den verbalen Austausch von Gefühlen lieben, glauben sie, daß Männer dies auch tun werden, wenn man ihnen nur die Gelegenheit dazu gibt. Daher drängen die Frauen die Männer sowohl offen als auch versteckt dazu, sich auf Begegnungen mit ihnen einzulassen, ohne zu begreifen, daß sie für die Männer erst einen sicheren Rahmen schaffen müssen.

Ein Teil des Problems besteht darin, daß Frauen es entweder nie verstanden oder einfach vergessen haben, daß emotionale Sicherheit die absolute Grundvoraussetzung dafür ist, intime Gefühle zu offenbaren. Aufgrund ihrer langen Erfahrung mit dem Austausch von Gefühlen haben Frauen untereinander ein Maß an emotionaler

Sicherheit kreiert, in dessen Rahmen sie ihre Gefühle enthüllen können. Diese Sicherheit beruht auf dem unbewußten Verständnis, daß Gefühle äußerst zart sind und daher respektiert werden müssen. So können Frauen reden und zuhören, weinen und miteinander feiern, aber wenn dieser Respekt und damit die Sicherheit fehlt, machen Frauen, selbst wenn sie unter sich sind, „zu".

Dieses Prinzip haben Frauen nie wirklich auf ihre Beziehungen zu Männern angewandt. Weil sie unterschwellig davon ausgehen, daß ein Mann durch nichts zu erschüttern ist und daß er wie ein Stehaufmännchen immer wieder auf die Beine kommt, neigen sie dazu, im Umgang mit Männern weniger vorsichtig zu sein als mit ihresgleichen.

Wenn Frauen darauf drängen, daß Männer sich ihnen emotional öffnen, führt das nur dazu, daß diese sich noch mehr verschließen. Sie: „Sprich mit mir! Nie sagst du etwas." Er: „Tu ich doch. Aber jetzt muß ich dringend los." Sie: „Wie kannst du nur gehen, wenn wir miteinander reden müssen?" Er: „Also, worüber möchtest du reden?" Sie: „Über irgendwas. Sprich einfach mit mir." Er: „Du machst mich noch wahnsinnig. Ich gehe jetzt einkaufen."

Die Frau eröffnet das Spiel, indem sie ihre Gefühle äußert, der Mann reagiert, indem er sich zurückzieht. Der Rückzug des Mannes verstärkt ihren Wunsch noch. Das bedroht ihn aber um so mehr, woraufhin er sich noch weiter zurückzieht. Sein Widerstand verstärkt die Gefühle der Frau, bis sie wütend oder hysterisch wird.

So entsteht ein Teufelskreis, aus dem viele Paare kaum einen Ausweg finden. Die Frau bedrängt den Mann, er widersetzt sich, und in dem Versuch, sich emotional zu begegnen, verpassen sie sich wieder einmal.

Diese emotionale Spirale ist typisch für die Paarbeziehungen der westlichen Zivilisation, in denen aufgrund der traditionellen Sozialisation übermäßig emotionale Frauen auf emotional gehemmte Männer treffen. Wie wir schon gesehen haben, wird den Jungen beigebracht, ihre Gefühle zu unterdrücken, während die Mädchen ermutigt werden, die ihren auszudrücken. Kein Wunder, daß uns diese Verhaltensweisen tief eingeprägt sind, wenn wir vor den Altar treten. Beide Partner haben kaum eine andere Wahl, als das auszuleben, was ihnen eingetrichtert worden ist. In Liebesbeziehungen hat das zur Folge, daß Männer und Frauen künstlich voneinander getrennt sind, wobei die Männer ihre emotionalen Hemmungen aufrechterhalten, während die Frauen ihre Gefühle offen und fordernd zum Ausdruck bringen. Aber Frauen haben tatsächlich die Möglichkeit, nicht emotional auszuflippen, und Männer könnten tatsächlich mehr sein als nur gefühllose Roboter; in der Begegnung der Geschlechter spielen sie jedoch fast immer diese anerzogenen Rollen.

Leider findet diese Polarisierung in nahezu allen heterosexuellen Beziehungen statt. Selbst eine Frau, die von ihren Freundinnen als besonders emotionslos empfunden wird, nimmt gegenüber ihrem Ehemann oder Lebensabschnittspartner die emotionale Rolle ein. Aufgrund der sexuellen Klischees werden Männer im allgemeinen in die Rolle des Kühlen gezwungen und Frauen in die der Heißen. Das ist noch immer die grundlegende emotionale Dynamik in heterosexuellen Beziehungen, und wenn diese durch zu viele Fahrten auf dem Karussell von Passivität-Aggressivität-Hysterie noch verschlimmert wird, verlieren sowohl Männer als auch Frauen leicht die Hoffnung.

Aufgrund dieser tief verinnerlichten Polarität neigen Männer und Frauen dazu, das andere Geschlecht als Feind anzusehen statt mit Zuneigung oder Bewunderung. Männer sind der Meinung, Frauen sollten mehr wie sie selbst sein: kühler und fähig, nicht immer gleich aus allem ein Drama zu machen. Gleichzeitig sind die Frauen davon überzeugt, daß Männer mehr wie sie sein sollten, nämlich ständig bis auf den Grund ihres Seins bewegt. Um einen Ausweg aus diesem furchtbaren Sumpf zu finden, müssen wir erkennen, daß es die heutige Rollenverteilung ist, die Männern die gefühllose Rolle zuweist und den Frauen die des hysterischen, unzufriedenen Klageweibes. Wenn wir uns nicht mit diesem tragischen Zustand der Dinge auseinandersetzen, wird er bis in alle Ewigkeit fortbestehen.

Sag's mir, sag's mir nicht

Die meisten Frauen wissen überhaupt nicht, wie sie mit der Sensibilität eines Mannes umgehen sollen, und schon gar nicht, wie sie sie unterstützen sollen.

Grundstücksmakler, 37

Aber trotz der Sprachbarriere – und obwohl es wahrscheinlich das letzte wäre, was sie instinktiv tun würden – bemühen sich viele Männer, ihre Gefühle auszudrücken. Dies zeigt sich in ihrem Bestreben herauszufinden, was Frauen eigentlich wollen, und in ihren Versuchen – wie zögernd und unbeholfen diese auch sein mögen –, die Dinge auszusprechen, die die Frauen von ihnen hören möchten. Viele Männer haben es wirklich versucht, aber ihre Anstrengungen haben ihnen oft nicht die Intimität und Versöhnung eingebracht, die auch sie sich wünschen; denn die Frauen wissen häufig nicht, wie sie reagieren sollen, wenn ein Mann plötzlich seine Gefühle zeigt. Und auf einer unterschwelligen Ebene wissen die Männer das. Sie spüren irgendwie, daß – wenn sie sich ihnen offenbaren – die Frauen schockiert, angeekelt oder verwirrt sind und sie möglicherweise sogar verlassen.

Ein Beispiel dafür ist die Geschichte eines Mannes, der, nachdem er wiederholt dafür kritisiert worden war, daß er seiner Frau nie Komplimente machte, ihr nun ständig sagte, wie schön sie sei, worauf sie antwortete: „Du machst wohl Witze, ich sehe furchtbar aus" oder „Wie kannst du so etwas nur sagen, wo ich diese furchtbaren Tränensäcke habe."

Als er, durch ihre negativen Reaktionen entmutigt, aufhörte, ihr Komplimente zu machen, beklagte sie sich wieder darüber, daß er es nie tat. Er versuchte ihr zu erklären, daß er es versucht, sie es aber nicht zugelassen hatte, daß es für ihn furchtbar war, daß sie sein Lob nicht annehmen konnte, und er deshalb damit aufgehört hatte. „Du verstehst das nicht", sagte sie. „Ich möchte, daß du mir nur dann Komplimente machst, wenn ich mich auch schön fühle. Sonst fühle ich mich noch schlechter."

„Aber das ist doch unmöglich", sagte er. „Woher soll ich wissen, wann du dich schön findest? Für mich bist du immer schön. Außerdem will ich doch meine Gefühle ausdrücken und nicht deine nachplappern!"

In meinen Gesprächen mit Männern hat sich herausgestellt, daß viele von ihnen, selbst wenn sie sich anstrengten, ihre Gefühle mitzuteilen, nicht die Reaktionen ernteten, die frau ihnen versprochen hatte. Und das liegt nicht nur an der Unzulänglichkeit ihrer Bemühungen. Denn hinter der scheinbar so ehrlichen Bitte der Frauen an die Männer, ihre Gefühle auszudrücken, steckt überraschenderweise ein kleines Geheimnis: In Wahrheit betrachten es die Frauen durchaus mit gemischten Gefühlen, wenn Männer ihre Emotionen offenbaren.

Selbst wenn wir glauben, daß wir hören möchten, was ein Mann für uns fühlt – wie die Frau in der vorangegangenen Geschichte –, haben wir nur eine sehr begrenzte Fähigkeit, das anzunehmen, was wir dann hören. Es ist auch möglich, daß wir geradezu Angst davor haben, zu erfahren, was ein Mann über sein Leben oder sich selbst zu sagen hat. Denn obwohl wir die Männer bitten, Gefühle zuzulassen und ihre unterdrückte Verletzlichkeit zu zeigen, wissen wir häufig nicht, wie wir mit ihnen umgehen sollen, wenn sie die Einladung annehmen und uns ihr Herz ausschütten.

Eine Frau spürte beispielsweise schon sehr lange, daß ihr Mann ein Geheimnis aus seiner Kindheit mit sich herumschleppte, und war entsetzt, als er ihr nach jahrelangem Drängen endlich erzählte, daß er sich in seiner Jugend von seiner jüngeren Schwester sexuell angezogen fühlte. Diese Gefühle, die er nie ausgelebt hatte, waren die einzigen, die er in seiner Familie fühlen konnte. Statt sich ihm aufgrund dieser Enthüllung näher zu fühlen, empfand seine Frau Ekel, nannte ihn einen Perversen und sagte ihm, sie könne nicht glauben, daß sie jemanden geheiratet hatte, der ein so „schmutziges Geheimnis“ hatte.

Ein Mann, der es riskierte, seine Angst, sexuell unzulänglich zu sein, zu offenbaren, wurde von seiner Frau sofort zum Schweigen gebracht. „Wie kannst du erwarten, daß ich mir das anhöre und dich trotzdem noch für einen Mann halte?" fragte sie ihn. Ein anderer Mann, der seiner Frau erzählte, wie leer seine sexuellen Abenteuer in der Vergangenheit gewesen waren, wurde folgendermaßen zurechtgewiesen: „So etwas will ich nicht hören. Ich will glauben, daß ich die einzige Frau bin, mit der du je im Bett warst."

Ein junger Mann, dessen Frau ihn immer ermutigte, seine Gefühle zu offenbaren, erzählte mir: „Ich brach völlig zusammen, als meine Frau mir sagte, sie sei schwanger. Ich fühlte mich von der ungeheuren Verantwortung überfordert und sagte ihr, daß ich mich riesig freute, aber auch Angst hätte. Würde ich ein guter Vater sein? Würde ich genug Geld verdienen? Wie würde sich das Baby auf unsere Beziehung auswirken? Noch bevor ich fertig war, regte sie sich schon darüber auf, daß ich weinte, denn sie wollte, daß ich für uns alle stark wäre."

Als ich später mit seiner Frau sprach, sagte sie mir unter vier Augen: „Es ist schon merkwürdig. Ich habe mich in Steve verliebt, weil er nicht so ein Macker-Typ ist wie mein Vater, aber als er anfing zu weinen, sah ich ihn auf dem Bett liegen und dachte: Warum kann er nicht so stark sein wie mein Vater? Wenn er ein solcher Waschlappen ist, wer wird dann mich und unser Baby beschützen?"

Ein Mann erzählte seiner Frau von seinem Wunsch, bergsteigen zu gehen, und bekam folgende Antwort an den Kopf geknallt: „Vergiß es. Ich werde nicht jeden Samstag zu Hause sitzen und darauf warten, daß ich Witwe werde."

Diese Episoden machen deutlich, daß wir uns zwar wünschen, daß Männer ihre Gefühle offenbaren, daß wir dann aber häufig doch in einer Weise reagieren, die den Mann in der alten männlichen Rolle festhält, nämlich die Welt zu erobern und seine Gefühle zu verbergen. Wir wissen einfach nicht, wie wir mit einem Mann umgehen sollen, der schwach ist, der weint, der emotionale Bedürfnisse hat. Sollen wir ihn nun trösten oder ihn in seiner „Männlichkeit" bestärken, indem wir das jahrhundertealte Klischee aufrechterhalten, daß er sich verdammt noch mal zusammenreißen und „wie ein Mann benehmen" soll?

Dieser überraschenden Tatsache, nämlich daß viele Frauen in Wirklichkeit gar nicht wollen, daß Männer emotional werden, begegne ich in der Therapie immer wieder. Frauen kommen mit ihren Partnern, flehen sie an, „mit ihren Gefühlen in Kontakt zu kommen", und wenn diese das tatsächlich tun, flippen die Frauen völlig aus. Kürzlich hat eine meiner Kolleginnen diese Tatsache bestätigt. Als der Mann einer Frau, die ihn angefleht hatte, „echt" zu sein, endlich mit zur Therapie kam und heulend seinen Urschmerz durchlebte, war sie so erschüttert, daß sie die Sitzung abbrach und sich noch am selben Tag entschloß, ihn zu verlassen.

Der Lohn der Ambivalenz

Um freundlicher sein zu können, brauche ich eine Frau, die es zulassen kann, daß ich freundlich bin.

Gastwirt, 43

Wir Frauen haben auch deshalb Schwierigkeiten damit, daß Männer ihre Gefühle offenbaren, weil wir ihre emotionalen Enthüllungen nicht wie unsere eigenen einfach als Ausdruck unserer Gefühle betrachten. Statt dessen sind die männlichen Gefühlsregungen für uns eher eine Art anomales Verhalten, eine seltsame Ausnahmeerscheinung oder die Ankündigung einer Handlung. Das liegt natürlich daran, daß Frauen jeden Mann unterschwellig (und häufig auch bewußt) als einen „Mann der Tat“ ansehen. Wenn der Ehemann droht, seine Frau zu verlassen, dann geht sie davon aus, daß er es tatsächlich tun wird, während es für sie unter die Kategorie „Dampf ablassen“ fällt, wenn sie selbst ihm damit droht.

Ironischerweise erwarten Frauen, daß alles das, was *sie* sagen („Ich bin so sauer, ich werde nie wieder ein Wort mit deiner Mutter reden“, „Ich kann dich nicht mehr ertragen, ich werde mir einen Liebhaber suchen“) von den Männern nicht als tatsächliche Drohung, sondern einfach als „Ausdruck ihrer Gefühle“ verstanden wird. Aber wenn das, was ein Mann ausdrückt, eindeutig nur seine Gefühle sind, wenn er vor Kummer oder Angst zusammenbricht, weil er sich überfordert fühlt oder den Boden unter den Füßen verloren hat, dann fällt es den Frauen oft äußerst schwer, ihm zuzuhören, angemessen zu reagieren oder einfach bei ihm zu sein.

Eine Frau erzählte, daß ihr Mann nach der Geburt ihres mongoloiden Sohnes „von unkontrollierbarem Kummer überwältigt wurde. Er war so am Boden zerstört, daß ich nicht wußte, was ich tun sollte. Mir fiel nichts ein, was ich hätte sagen oder wie ich an seinem Schmerz hätte teilhaben können. In dem Moment erkannte ich, daß ich nicht die geringste Vorstellung davon hatte, was ein Mann in einem solchen Zustand braucht. Ich wußte einfach nicht, wie ich ihn trösten sollte.“

Eine andere Frau berichtete von dem Schmerz, den ihr Mann fühlte, als sein Zwillingsbruder in Vietnam fiel.

Ihr Mann war wegen eines schweren Augenfehlers nicht eingezogen worden, und als sein Bruder getötet wurde, fühlte er nicht nur den Schmerz über den Verlust seines Bruders, sondern bekam auch überwältigende Schuldgefühle, weil er „damit durchgekommen war, sich vor dem Krieg zu drücken". Er war vom Tod seines Bruders wie besessen, verbrachte jeden Tag auf dem Friedhof und konnte am Abend durch nichts getröstet werden. Seine Frau wußte nicht, was sie tun sollte. „So hatte ich ihn noch nie gesehen", erzählte sie mir. „Seine Gefühle erschreckten mich zu Tode. Er hatte völlig die Kontrolle verloren. Ich kam mir so nutzlos vor. Schließlich schickte ich ihn aus lauter Verzweiflung zu einem Therapeuten."

Die Reaktion dieser Frau zeigt exemplarisch, wie es Frauen ergeht, wenn sie mit den Gefühlen von Männern konfrontiert werden – und zufälligerweise zeigt sie ebenso, wie sich Männer in der Gegenwart von Frauen fühlen, die ihrer Meinung nach ein Übermaß an Gefühlen offenbaren. Im Grunde weiß keiner von uns, wie man genügend Mitgefühl aufbringt, um solche Situationen zu meistern, aber in der Vergangenheit ist es den Frauen erspart geblieben, mit ihrer Hilflosigkeit konfrontiert zu werden, da es die männliche Rolle verlangte, daß Männer ihre Gefühle unterdrücken. In gewisser Hinsicht hatten es die Frauen früher leichter, da sie sich nicht mit den Gefühlen der Männer auseinandersetzen mußten. Und heute wissen wir nicht, wie wir mit einem Mann, der fühlt, umgehen sollen.

Dafür gibt es eine Reihe von Gründen. Einer ist natürlich, daß Männer ihre Gefühle so sehr für sich behalten haben, daß Frauen so gut wie keine Erfahrungen mit emotionalen Männern machen konnten. Wir haben zwar reichlich Übung darin, unsere Freundinnen in Krisensituationen zu trösten, ihnen Ratschläge zu erteilen und Mut zu machen, aber die meisten von uns haben kaum jemals einen Mann zusammenbrechen sehen. Daher wissen wir nicht, wie wir auf einen Mann reagieren sollen, der vor Kummer umkommt, sich in einer beruflichen Krise befindet oder dessen Liebe nicht erwidert wird.

Wir sind stillschweigend davon ausgegangen, daß ein Mann in einer solchen Situation *nicht* zusammenbricht oder daß er sich zumindest sofort wieder aufrafft. Das haben die meisten unserer Väter getan, und deshalb wissen wir nicht, wie wir reagieren sollen, wenn ein Mann körperlich oder gefühlsmäßig am Ende ist.

Aber daß wir in bezug auf männliche Emotionen gewissermaßen zwei linke Hände haben, liegt nicht nur daran, daß wir nicht mit ihnen vertraut sind. Auf eine Weise, die sich die meisten Frauen nicht eingestehen können, wollen wir gar nicht dem gesamten Spektrum der männlichen Gefühle ausgesetzt sein. Ein junger Buchhalter beklagte sich bei mir darüber: „Sie wollen, daß du Gefühle zeigst. Aber sie wollen, daß du nur die Gefühle zeigst, die sie sehen wollen."

Immer wieder erzählen mir Männer, daß die Frau, die sie lieben, nur bestimmte Gefühle sehen will: Liebe, Zärtlichkeit, Bewunderung, leichte Reizbarkeit wegen arbeitsbedingter Probleme, Fürsorge für sie und die Kinder. Frauen wollen nichts davon sehen, hören oder gefühlsmäßig mit hineingezogen werden, wenn Männer Angst haben, wütend oder verzweifelt sind oder mit unerträglichem Kummer fertig werden müssen. Da wir uns nicht vorstellen können, wie tief und komplex die Gefühle der Männer tatsächlich sind, sind die meisten von uns immer noch schlecht darauf vorbereitet. Aber indem uns klar wird, was nötig ist, um angemessen zu reagieren, können wir auch unsere eigene, manchmal äußerst starke Ambivalenz verstehen. Denn solange wir den Männern nicht in ihre emotionalen Tiefen folgen können, können wir das wohl kaum von ihnen erwarten.

Sie will … sie will nicht …

Ich wollte, daß er mir alles sagt, aber als er auf dem Flug von New York nach San Francisco vier Stunden lang seine Kindheit beweinte, tat es mir leid, daß ich ihn gefragt hatte.

Leitende Angestellte, 31

In bezug auf das, was wir Frauen von Männern und ihren Gefühlen erwarten, sind wir auf unsere eigenen Klischees hereingefallen, denen zufolge wir einen fühlenden Mann wollen, ohne uns darüber im klaren zu sein, was für ein ungezähmtes Biest er dann womöglich sein kann und wieviel Angst wir davor haben, uns damit auseinanderzusetzen. Und wie wenig sind wir darauf vorbereitet! Im Lauf unserer eigenen Entwicklung fühlten wir uns groß, stark und unabhängig, und nun glauben wir tatsächlich, all die alten abhängigen, nach Sicherheit lechzenden Teile unseres Selbst überwunden zu haben und den Männern emotional bereits gleichberechtigt zu sein. Diese Vorstellung ist zwar wunderschön, aber es ist leider unmöglich, die jahrtausendealte männlich-weibliche Rollenverteilung mit einem einzigen Strich des soziologischen Radiergummis auszulöschen.

Auf der bewußten Ebene bestehen wir also auf unserer Unabhängigkeit, während wir unterschwellig immer noch von den Männern beschützt werden wollen. Fast scheint es, als ob in jeder emanzipierten Frau ein verzweifeltes, bedürftiges, unsicheres kleines Mädchen steckt, das von Papa verwöhnt und umsorgt werden möchte. Und da die meisten Frauen nicht zugeben können, daß sie die Männer (unbewußt) weiterhin die Beschützerrolle übernehmen lassen wollen, und nicht erkennen, wieviel emotionale Sicherheit ihnen dies gibt, ist es beinahe unmöglich für sie, den Männern Gefühle zuzugestehen, die ihr Sicherheitsbedürfnis gefährden könnten.

Die Unfähigkeit der Frauen, wirklich alle männlichen Gefühle anzunehmen, wurzelt in der Tatsache, daß Männer sie natürlich nicht vor allen Tragödien des Lebens schützen können. Frauen wollen, daß die Männer ihnen Sicherheit gewähren; und ihre Unfähigkeit, die sensible Seite der Männer anzunehmen, verbirgt nur ihre Unwilligkeit, ihrer eigenen Situation ins Auge zu blicken. Wir neigen dazu, die Männer als unser existentielles Schutzschild zu betrachten, das sich zwischen uns und den Steinen und Pfeilen des Lebens befindet. Das Leben ist voller Schmerz, Leid und Tragödien und übersteigt unsere Fähigkeit, es zu verstehen. Irgendwie wollen wir, daß die Männer uns das abnehmen und uns die Illusion geben, daß das Leben eigentlich doch nicht so schlimm ist.

Da das Gefühl, über nichts die Kontrolle zu haben, so verwirrend ist, suchen wir ständig nach Auswegen aus diesem existentiellen Problem. Wir Frauen erwarten bequemerweise häufig von den Männern, daß sie alles unter *ihre* Kontrolle bringen, damit *wir* dieses beunruhigende Gefühl nicht länger ertragen müssen. In Wahrheit kann aber niemand die Welt für einen anderen sicher machen. Aber bis heute sind die Frauen nicht bereit gewesen, der Tatsache ins Auge zu sehen, daß sie genau dies – wenn auch oft unterschwellig – von den Männern erwartet haben.

So haben wir die Männer in eine unlösbare Situation gebracht. Einerseits sagen wir: „Ich möchte, daß du sensibel bist, mir deine Gefühle zeigst, weinst." Andererseits sagen wir: „Erwarte nicht, daß ich dich für einen richtigen Mann halte, wenn du es tust."

Auf der Achterbahn der unbewußten Ambivalenz der Frauen können die Männer nicht gewinnen. Sie können nicht gewinnen, wenn sie sich wie die Männer der Vergangenheit verhalten, still leiden und die Welt erobern, denn dann werden sie als unbewußte, gefühllose Rohlinge verurteilt. Aber sie können auch nicht gewinnen, wenn sie den Frauen ihre Gefühle zeigen, weil diese in ihrer eigenen Transformation noch nicht weit genug fortgeschritten sind, um sich damit wohl zu fühlen.

Da so viele Frauen ihre unterschwellige Ambivalenz leugnen, fühlen sich die Männer ständig aufs Glatteis geführt, besonders wenn sie ihrer Meinung nach heroische Anstrengungen unternehmen, verletzlich zu sein. Man hat versprochen, sie dafür zu lieben, daß sie ihre Gefühle offenbaren. Aber sobald sie es versuchen, kommen sie sich häufig nicht nur dumm vor, sondern sind auch noch isolierter als in der Vergangenheit, als emotionale Isolation der „natürliche" Zustand des Mannes war. Ihre Bemühungen, emotional transparenter zu werden, scheint sie den Frauen nicht näherzubringen, sondern führt nur zu weiterer Kritik. „Es gibt nichts, was ich mir sehnlicher wünsche", sagte mir ein Mann mit einer unbeschreiblichen Sehnsucht in der Stimme, „als einer Frau gegenüber meine Gefühle auszudrücken. Aber ehrlich gesagt ist es mir nicht gelungen, eine solche Frau zu finden. Damit ein Mann weich sein kann, muß auch die Frau verletzlich sein. Frag mich, welchen Heiligen Gral der Mann der Neunziger sucht, und ich werde es dir sagen: eine Frau, die wirklich zuhören kann, mit ihrem Verstand, ihrem Körper und ihrem Herzen. Zeig mir eine solche Frau, und dieser kriegsmüde Ritter wird singend nach Hause reiten."

Wie die Männer selbst, so haben auch die Frauen nicht erkannt, wie sehr die Unterdrückung ihrer Gefühle die Männer tatsächlich schmerzt. Was die Frauen erkannt und worüber sie sich beklagt haben, ist, was ihnen auch weiterhin fehlt: die emotionale Begegnung, die sie tief und freudig mit Männern verbinden könnte. Aber statt Mitgefühl mit den Problemen der Männer zu haben – wodurch sich die Situation verbessern ließe –, sind Frauen weiterhin wütend darüber, daß Männer scheinbar keine Gefühle haben.

Obwohl wir uns darüber beklagen, daß Männer nicht fühlen können, verlassen wir uns – ohne uns dessen bewußt zu sein – auch darauf. Jetzt ist es an der Zeit, demütig und ehrlich zuzugeben, daß wir – obwohl wir das Gegenteil wollen – den Status quo des von seinen Gefühlen abgeschnittenen Mannes nicht nur aufrechterhalten, sondern sogar mit erschaffen haben. Denn auch wir verlassen uns darauf, daß Männer ohne auszuflippen in den Krieg ziehen, daß sie ohne zu jammern jeden Tag ihres Lebens zur Arbeit gehen, daß sie, ohne mit der Wimper zu zucken, nach einer Scheidung die Hälfte ihres Einkommens und das Sorgerecht für die Kinder abgeben und daß sie im täglichen Leben alle Gefühle unterdrücken, die uns nicht passen.

Das Traurigste dabei ist, daß die Frauen immer noch diese unbewußten Erwartungen haben und nicht erkennen, daß dies nur ein Ergebnis haben kann: die Männer in der Situation, die Frauen so sehr frustriert, einzuzementieren. Erschöpft durch die ausweglose Lage, in die die Hoffnungen und gleichzeitigen Ängste der Frauen sie gebracht haben, fühlen sich die Männer so oder so als Verlierer. Sie riskieren es daher nicht, Gefühle zu zeigen, selbst wenn sie mit ihnen in Kontakt kommen. Und solange die Frauen sich darauf verlassen, daß „Männer Männer sind", solange können die Männer genau das nicht fühlen, was sie den Frauen näherbringen könnte.

6
Empfindsamer als wir glauben: Der Mythos vom gefühllosen Mann

Manchmal ist ein Mann so empfindlich, daß er sich völlig unempfindlich machen muß, um zu überleben.

Hotelier, 53

Da Jungen schon früh lernen, daß es inakzeptabel ist, Gefühle zu haben, werfen sie sie eines nach dem anderen auf den Müllhaufen ihres Unbewußten und begeben sich auf die lange unerbittliche Reise, an deren Ende sie zu Männern geworden sein werden. In einem Prozeß, der Verdrängung genannt wird (vergessen und dann vergessen, daß man vergessen hat), entwickeln sie die Eigenschaften, die ihre Gefühle abtöten und durch die sie sich als Männer definieren.

Also überzeugen sie sich allmählich – und gründlich –, daß ihnen das, was weh tut, nicht weh tut, daß sie sich nicht vor dem fürchten, wovor sie Angst haben, und daß ihre Sehnsucht und ihr Leiden nur halb so schlimm sind. Aber nur weil Männer irgendwann *vergessen,* daß sie Gefühle haben, bedeutet das nicht, daß sie tatsächlich keine mehr *haben.*

In diesem Prozeß der Verdrängung erschaffen Männer nach und nach ein Unterbewußtsein, das von einer Unzahl unterdrückter Gefühle bevölkert wird, während ihr Bewußtsein immer linearer und eindimensionaler wird. Je mehr das Unterbewußtsein durch die unterschiedlichsten Gefühle belastet wird, desto begrenzter wird das Gefühlsspektrum der nach außen hin sichtbaren Persönlichkeit. Aber verdrängen löst das Problem nicht. Es gelingt den Männern zwar, ihre Gefühle kurzfristig aus dem Weg zu räumen, aber in Wirklichkeit verstärkt der Prozeß der Verdrängung diese nur.

Es ist eine der Grunderkenntnisse der Psychologie, daß ein Gefühl, wenn es unterdrückt wird, nicht schwächer wird oder verschwindet, sondern im Gegenteil an Kraft gewinnt. Wie geschmolzene Lava, die zwischen zwei Felsen eingeschlossen ist, verstärkt sich ein verdrängtes Gefühl, bis es schließlich auf die eine oder andere Weise hervorbricht. So führt Wut, die zum Zeitpunkt ihres Entstehens lediglich als direkte Aussage oder lautstarke Beschwerde geäußert worden wäre, nun zu einer furchterregenden Explosion; die Trauer eines Kindes über den Verlust eines Elternteils, die weder durch Worte noch durch Tränen ausgedrückt werden konnte, entwickelt sich in einem Erwachsenen zu einer Depression gewaltigen Ausmaßes; und aus der Freude an einer bestimmten Begabung, die nicht unterstützt und gewürdigt wurde, entsteht später eine chronisch sarkastische Sicht der Welt.

Statt echte emotionale Erleichterung zu verschaffen, hat das Verdrängen schlimme Konsequenzen. Verdrängte Gefühle ähneln tollwütigen Hunden, die schlafend im Keller liegen, aber jeden Augenblick aufwachen können und sich mit Schaum vorm Maul auf alles stürzen, was sich in ihrer Nähe befindet.

Verdrängung und ihre Folgen

Sie: „Du fühlst genauso viel wie ich, du bist genauso sensibel wie ich, du kannst es nur nicht ausdrücken."
Er: „So 'n Scheiß' aber auch!"

Da Männer im Laufe ihrer Sozialisation den psychologischen Abwehrmechanismus der Verdrängung weitaus häufiger einsetzen als Frauen, fällt es ihnen wesentlich schwerer, Dinge emotional zu verarbeiten. Verarbeitung wird hierbei als psychologischer Prozeß verstanden, bei dem Gefühle bewußt wahrgenommen, deutlich ausgedrückt und schließlich aufgelöst werden, woraufhin wieder ein ausgeglichener Zustand erreicht wird. Dieser aktive Prozeß der Verarbeitung, der die Grundlage persönlichen Wohlbefindens und zwischenmenschlicher Intimität bildet und der Frauen leichterzufallen scheint als Männern, ermöglicht es, alte Gefühle loszulassen, so daß der betreffende Mensch die gegenwärtigen ohne den störenden Einfluß aufgestauter Emotionen wahrnehmen kann. Frauen besitzen diese Fähigkeit zur Verarbeitung und sind in der Lage, das emotionale Gleichgewicht durch verbalen Austausch wiederherzustellen. Frauen wissen, wie man so lange über etwas spricht, bis es einem bessergeht, aber Männer kommen aufgrund des Verdrängungsprozesses nur selten in den Genuß, ihre Gefühle zu verarbeiten und unbelastet einen Neuanfang zu wagen.

Als Folge davon befinden sie sich ständig in einem Zustand äußerster Anspannung. Da Männer ihre Gefühle so wirksam verdrängen, schließen Frauen daraus, daß sie überhaupt keine haben, während Männer in Wahrheit nicht nur die Gefühle fühlen – oder sich dagegen sträuben, sie zu fühlen –, die durch die jeweilige Situation ausgelöst werden, sondern auch all die ähnlich gearteten, die sich unverarbeitet in ihrem Unterbewußtsein angesammelt haben. Das bringt die Frauen in eine schwierige Lage, denn sie haben oft nicht die leiseste Ahnung, was ihnen in der Kommunikation mit Männern eigentlich fehlt. Und für die Männer macht es die Situation schwierig, weil sie, wenn sie ihre gegenwärtigen Gefühle zulassen, auch dem gewaltigen Arsenal der Emotionen ausgesetzt sind, die sie in der Vergangenheit verdrängt haben.

Im Gegensatz zu Frauen, deren Sozialisation es ihnen gestattet, Gefühle auszudrücken, und die sich danach sofort besser fühlen, setzen sich Männer – wenn sie anfangen zu fühlen – einem Ansturm von Emotionen aus, der sie völlig überfordert. Immerhin müssen sie sich nicht nur mit den aktuellen Gefühlen auseinandersetzen, sondern auch mit all denen, die sie durch den Prozeß der Verdrängung so lange erfolgreich vermieden haben. Gefühlsmäßig befinden sich Männer nie auf dem neuesten Stand. Dadurch sind sie emotional gesehen wesentlich verletzlicher als Frauen.

Der Verdrängungsprozeß scheint Männer zu eindimensionalen Ausschneidefiguren zu machen, aber es stimmt nicht, daß sie nichts fühlen, wie Frauen so häufig vermuten. Ich bin sogar davon überzeugt, daß eines der größten psychologischen Geheimnisse darin besteht, daß Männer weitaus sensibler sind als Frauen – nicht weil sie mehr fühlen können, sondern weil sie von ihren Gefühlen so sehr abgeschnitten sind, daß diese sich in ihrem Unterbewußtsein anhäufen und eben weil sie nicht ausgedrückt werden, stärker werden als die der Frauen.

Obwohl es viele Männer und Frauen bestreiten werden, ist es doch meine Erfahrung, daß sich Männer wesentlich leichter als Frauen durch die kleinste Bemerkung, einen Blick oder die bloße Empfindung, vernachlässigt zu werden, verletzt fühlen. Das liegt einfach daran, daß das gewaltige Potential ihrer bis dahin unerkannten und ungeliebten Gefühle in ihrer Psyche schlummert und durch einen entsprechenden Reiz zum Ausbruch gebracht werden kann.

Die meisten Frauen können sich das Ausmaß des Schmerzes, den viele Männer seit ihrer Kindheit mit sich herumtragen, überhaupt nicht vorstellen. Ein erfolgreicher Geschäftsmann aus Los Angeles, der um die verlorene Intimität trauerte, die er einmal mit seiner Frau gehabt hatte, erzählte mir unter Tränen: „Das ist ein so alter, alter Schmerz. Als ich klein war, kam meine Mutter vor dem Einschlafen immer in mein Zimmer und streichelte mein Gesicht auf eine ganz bestimmte Weise. Dann eines Tages, als ich sechs war, hörte sie damit auf. Ich hatte die schreckliche Befürchtung, etwas getan zu haben, dessentwegen sie damit aufgehört hatte. Es fühlte sich an, als hätte man mir das eine weggenommen, das ich zum Leben brauchte. Es brach mir das Herz. Ich habe mich immer gefragt, ob mein Bruder es auch so sehr vermißt hat, mich aber nie getraut, ihn zu fragen."

Gerade weil ihre Gefühle so intensiv und das Ausmaß der Verdrängung, mit der die Männer ständig leben, so groß ist, tun sie, als ob sie tatsächlich unverwundbar wären. Da sie intuitiv spüren, wie stark die Gefühle, die sie verdrängt haben, wirklich sind, fürchten sie, einem Wirbelsturm von Gefühlen ausgeliefert zu sein, wenn sie ihr Verhalten ändern und Gefühle zulassen. So müssen sie sich weiterhin von ihren Emotionen abschneiden, um sich vor den unabsehbaren Folgen zu schützen, die ihre Freisetzung unweigerlich mit sich brächte. Ihr bester Schutz besteht daher darin, den Verdrängungsmechanismus zu verstärken.

Wenn die Stärke des Schutzes dem Ausmaß der Verletzlichkeit entspricht – und ich bin überzeugt, daß dies der Fall ist –, dann hätte uns das Ausmaß ihrer Verdrängung schon lange einen Hinweis darauf geben müssen, wie äußerst sensibel Männer tatsächlich sind. Sie erinnern sich, was der Begriff „Reaktionsbildung“ bedeutet: Da das eigentliche Gefühl als zu gefährlich eingestuft wird, wird genau das gegenteilige Gefühl ausgelebt. Forsches Auftreten kann beispielsweise ein versteckter Ausdruck von Schüchternheit sein, Angeberei überspielt die eigene Unsicherheit, und durch übertriebene Liebenswürdigkeit wird ein nicht akzeptables Gefühl der Abneigung kompensiert.

Der Mythos, Männer seien gefühllos, nicht unterzukriegen und hart wie Kruppstahl, ist eine der größten Lügen aller Zeiten. Tatsächlich tun wir einzig und allein aus einem Grund alle so, als ob Männer hart wären: weil sie so sensibel sind. Und bis vor kurzem haben sowohl Männer als auch Frauen unbewußt geleugnet, daß die Sensibilität der Männer in Wahrheit ein solches Ausmaß hat, daß ihnen keine andere Wahl bleibt, als sich davor zu schützen.

Es sollte eigentlich keine große Überraschung sein, daß Männer so empfindsam sind, denn ihre Sensibilität zeigt sich in ihrer Physiognomie überdeutlich. Der empfindsame und intelligente Penis eines Mannes weiß alles, zeigt alles und sagt alles: Erregung und Angst, Interesse oder Desinteresse, Schuldgefühle und Leidenschaft. Im Gegensatz zu einer Frau kann ein Mann sexuelles Interesse oder einen Orgasmus nicht vortäuschen, und zumindest im Bereich des Sex zeigen sich seine Gefühle eindeutig. Was sein Herz nicht weiß und was sein Verstand nicht ausdrücken kann, offenbart sein Penis unmißverständlich.

Trotz dieser ziemlich eindeutigen physiologischen Tatsachen haben Männer ihre emotionale Verletzlichkeit so lange verleugnet, daß heute beide Geschlechter davon ausgehen, daß sie nicht existiert. In dem Maß, in dem die Männer für die Leugnung ihrer Sensibilität selbst verantwortlich sind, sind die Frauen durchaus im Recht, wenn sie deswegen frustriert sind und sich beklagen, wie unerreichbar fern Männer sind. Es stimmt, daß Männer unnahbar sind; es stimmt, daß sie sich nicht artikulieren; es stimmt, daß sie sich wie Statuen, Barbaren, Besserwisser oder herablassende Idioten verhalten, und manchmal kann sich eine Frau mit ihnen wie in einem Ein-Mann-Kasperletheater vorkommen.

Wir sind auch deswegen so frustriert, weil wir wissen, daß Männer zu einfühlsamen emotionalen Reaktionen fähig sind. Wir wollen an den komplexen Gefühlen und den reichen Erfahrungen, die mit Männern möglich sind, teilhaben. Irgendwo im Hinterkopf ahnen wir, daß sie uns verschaukeln. Deshalb sind wir zu Recht wütend. Wir sind wütend, daß Männer uns ausschließen und so tun, als ob sie keine Gefühle hätten. Denn jede Frau weiß intuitiv: je länger ein Mann sich selbst verleugnet, desto länger wird sie warten müssen, um ihm wirklich zu begegnen.

Aber obwohl wir Frauen uns zu Recht darüber beklagen, daß die Männer ihre Sensibilität verleugnen, existiert tragischerweise auch in uns ein Teil, der nicht bereit ist anzuerkennen, daß Männer tatsächlich sensibel sind. In mancher Hinsicht würden auch wir Frauen gerne weiterhin an den Mythos glauben, daß Männer nicht viel fühlen und daß es ihnen nur um Sex und / oder Macht geht.

Einer der Gründe, aus denen Frauen an dieser Illusion festhalten, ist der, daß Männer ihren Panzer so selten ablegen, daß es für eine Frau wirklich schwierig ist, sich überhaupt nur vorzustellen oder sich ständig bewußt zu sein, wie verletzlich ein Mann tatsächlich ist. Von Zeit zu Zeit stellen sie schockiert fest, daß auch Männer kompliziertester und feinster Gefühle fähig sind, daß Männer von einer Vielzahl scheinbar völlig unwichtiger Dinge gedemütigt, verwirrt oder tief berührt werden.

Eine Frau erzählte mir, daß sie Schlafstörungen hatte, weil ihr Mann schnarchte. Deshalb nahm sie oft eine Decke, ging ins Wohnzimmer und schlief auf der Couch. Eines Morgens sagte ihr Mann beim Frühstück zu ihr: „Es macht mich fertig, wenn du das tust. Ich kann es nicht ertragen. Ich fühle mich ohne dich so einsam, daß ich nicht wieder einschlafen kann."

„Ich war völlig überrascht", sagte sie. „Er ist immer so ausgeglichen, daß es mir nicht im Traum eingefallen wäre, daß ihm so etwas weh tun könnte." Offenbar konnte sich diese Frau nicht vorstellen, daß unter dem kontrollierten Äußeren ihres Mannes Gefühle von solcher Zartheit verborgen lagen; sie hatte nicht geahnt, daß er eine derartige Angst vor dem Verlassenwerden hatte.

Mir wurde vor vielen Jahren klar, wie zerbrechlich Männer wirklich sind, als ich gerade eine schmerzvolle Scheidung durchmachte und mit einem Versicherungsvertreter verabredet war, der sein Leben scheinbar völlig im Griff hatte. Während er systematisch die verschiedenen Versicherungsbedingungen durchging, dachte ich voller Selbstmitleid: „Der Kerl hat keine Ahnung, was Leiden bedeutet.“ Dann erzählte er mir nach einer an sich bedeutungslosen Frage seine Lebensgeschichte: Seine Frau hatte eine Affäre mit seinem Bruder gehabt, wurde schwanger und gebar einen Sohn; er vergab ihr nach einiger Zeit und zog den Kleinen wie seinen eigenen Sohn auf; der Junge, den er sehr liebgewonnen hatte, starb mit siebzehn an Leukämie; der Tod des Jungen überwältigte ihn und hinterließ ihn völlig verwirrt. Als der Mann, „der sein Leben im Griff hatte“, zu Ende erzählt hatte, weinte er ungeniert, und ich auch. Selbst ich hatte geglaubt, daß Männer sich über, neben oder jenseits des menschlichen Leidens befinden, nur weil sie ihren Schmerz meistens nicht offen zeigen.

Uns fehlt emotionale Ehrlichkeit

Ich würde so gerne mit jemandem über Liebe reden. Es scheint aber in dieser Gesellschaft für Männer nicht angebracht zu sein, ihre wahren Gefühle zu zeigen. Das ist so schade.

Oberschüler, 17

Männer lassen sich nichts anmerken, sie gestatten uns nicht, ihr Leiden zu sehen, sie helfen uns nicht, ihnen in ihrem Schmerz zu helfen. Statt mit Worten zu sagen, was in ihnen vorgeht, handeln sie, verdrängen und vermeiden, wehren ihre Gefühle ab oder wandeln sie um. Diese endlose Pantomime, in der alles getan wird, außer Gefühle verbal auszudrücken, macht Frauen wütend, verwirrt und hilflos.

Elizabeth, die von ihrem Geliebten darin bestärkt worden war, eine Reise zu unternehmen, verstand die Welt nicht mehr, als sie zurückkam und er „zu viel um die Ohren hatte“, um sich mit ihr zu treffen. Als sie sich endlich trafen, gab er zu, daß ihm ihre Abwesenheit „unerträglich“ gewesen war. „Ich weiß, daß ich gesagt habe, du sollst fahren“, sagte er, „aber als du weg warst, konnte ich es nicht ertragen. In der Minute, in der du die Stadt verlassen hast, brach für mich eine Welt zusammen. Es ging mir so schlecht, daß ich beschloß, dich nie wiederzusehen.“

Elizabeth hatte Glück, denn ihrem Geliebten gelang es, seine Gefühle auszudrücken. Aber nur zu oft verheimlichen Männer die eine entscheidende Information – ihre innere Wahrheit –, die offenbaren würde, wie sensibel sie eigentlich sind. Die meisten Männer antworten zum Beispiel auf die Frage „Stimmt was nicht?“ mit der Beschreibung körperlicher Symptome, wie „Ich bin müde“ ... „Ich habe Rückenschmerzen“ ... „Meine Schulter tut weh“, statt sich mit ihren Gefühlen auseinanderzusetzen: „Ich mache mir Sorgen, weil ich die Gehaltserhöhung nicht bekommen habe.“ ... „Ich habe Angst, daß der Knoten in meiner Achselhöhle bösartig sein könnte.“ ... „Es bricht mir das Herz, wenn ich mir vorstelle, dich nie wiederzusehen.“ ... Derartige Enthüllungen kommen aber oft nur zum Vorschein, wenn es der fragenden Frau gelingt, sie mit einer genialen Mischung aus Feingefühl und Beharrlichkeit aus ihm herauszulocken. Denn wenn es um ihre Emotionen geht, sind Männer so verschlossen wie Austern. Und solange die Frauen es nicht lernen, die emotionalen Austernscheren auf einfühlsame Weise zu handhaben, werden Männer auch so bleiben.

Im geschützten Rahmen der Psychotherapie, in dem Männer endlich damit beginnen, sich ihre Gefühle anzuschauen, geraten alle Klischees über Männer ins Wanken. Das männliche Herz ist äußerst zart und leicht zu verletzen – und oft durch ganz unerwartete Dinge. Ein Mann war beispielsweise am Boden zerstört, als er eine frühere Freundin auf einer Party mit einem anderen Mann sah. Obwohl er zwei Jahre zuvor mit ihr Schluß gemacht hatte, konnte er es nicht ertragen, durch einen anderen Mann „ersetzt" worden zu sein. „Ich weiß, es ist lächerlich", vertraute er mir an, „aber irgendwie hatte ich tatsächlich geglaubt, sie wäre für immer mein. Der Gedanke, nicht derjenige zu sein, der sie jeden Morgen aufwachen sieht und ihr Gesicht streichelt, ist einfach unerträglich."

Ein anderer Mann erzählte, wie schwierig es für ihn war, Vorarbeiter zu sein, denn er war so sensibel. „Es ist furchtbar für mich, wenn ich jemanden feuern muß", sagte er. „Ich muß immer daran denken, was er dann durchmacht. Ich stelle mir vor, was er wohl seiner Frau und seinen Kindern sagen wird, und es macht mich völlig fertig." Ein Mann, der traurig war, weil die Ehe seines besten Freundes gescheitert war, konnte aus Sympathie wochenlang nicht schlafen. „Was kann ich sagen? Was kann ich tun? Ich sehe, daß er am Ende ist, und ich frage mich immer, wo die richtigen Worte bleiben. Was kann ich nur sagen, um durch seinen Schmerz zu ihm durchzudringen?"

Alex, ein achtundvierzigjähriger Großvater „und endlich erwachsen geworden", wie er sagte, war völlig mit den Nerven fertig, als seine Mutter zu Weihnachten nicht zu ihm, sondern zu seinem Bruder zum Essen ging. Als er davon erzählte, brach er in Tränen aus. „Er hat immer das bekommen, was ich von ihr wollte", sagte er. „Irgendwie hoffe ich immer noch, daß sie einmal meine Mutter wird."

Max bekam einen Tobsuchtsanfall, als seine Schwester ganz nebenbei erwähnte, daß sie nicht zur Taufe seiner Tochter kommen könne. „Ich flippte total aus", erzählte er mir. „Jetzt kommt mir meine Reaktion natürlich verrückt vor, aber mein kleines Mädchen ist für mich ein lebendes Wunder. Bei der Geburt wäre sie beinahe gestorben; sie ist das Wertvollste, was ich in meinem Leben je gehabt habe. Ich wollte so sehr, daß meine Schwester an meiner Freude teilhat."

Diese Männer berichten über die erstaunlichen Kämpfe, die auf dem Kriegsschauplatz ihrer Psyche ausgetragen werden, über die Steinwürfe und Pfeile, die sie so sehr verletzen. Ebenso wie Frauen regen sich auch Männer über die kleinsten Dinge auf, wenngleich sie – und wir – es nicht wahrhaben wollen. Und wenn es um die großen Dinge wie Krieg, Steuern oder lebensbedrohende Krankheiten geht, fühlen sich Männer häufig ebenso überfordert wie Frauen, obwohl diese auch hier annehmen, daß Männer festen Boden unter den Füßen behielten und damit umgehen könnten.

„Kurz bevor unser Sohn an Aids starb, saß meine Frau stundenlang an seinem Bett, schüttelte die Decke auf, fütterte ihn mit Pudding oder wischte sein Kinn ab. Und ich? Ich ging eine Minute rein, sah ihn an und war völlig fertig. Also rannte ich wieder auf den Korridor hinaus, damit er mich nicht weinen sah. Ich konnte nichts für ihn tun, wußte nicht, was ich ihm sagen sollte. Das ist jetzt über ein Jahr her. Sie hat seinen Tod so ziemlich verwunden, aber mir geht es immer noch sehr schlecht. Wenn ich nur an ihn denke, fange ich sofort an zu heulen."

Ob es nun ein schwerkrankes Kind ist oder die Trennung von einem Partner oder unverarbeitete Gefühle bezüglich des Todes der Eltern – immer fällt es Männern schwer, wieder auf die Beine zu kommen. Da sie sich nicht ständig mit ihren Gefühlen auseinandersetzen, ähneln sie Schiffbrüchigen, die auf einem emotionalen Wrack ausharren.

Dieses Phänomen wird noch deutlicher, wenn sie in ihrem Leben traumatische Erfahrungen machen. In einer Krise werden Männer plötzlich in die Löwengrube ihrer Emotionen geworfen und sehen sich ohne jede Vorbereitung dem aufgerissenen Maul des Löwen – ihrer Empfindsamkeit – gegenüber. Für viele Männer ähnelt das einer Reise zu einem anderen Stern, einer Erkundungsfahrt in den Weltraum, von der sie vielleicht nie wieder zurückkehren werden.

Tatsächlich ist es für Männer schon schwer, sich von den kleinsten Kränkungen zu erholen. Ich kann gar nicht sagen, wie viele Männer mir erzählt haben, wie kaputt sie sich nach einem Streit mit ihrer Freundin oder Frau fühlen. „Sie regt sich auf, schreit und tobt herum, wird alles los und fühlt sich prima. Und ich fühle mich, als ob ich gestorben und in tausend Stücke zersprungen wäre. Tage und Wochen später ziehe ich mir immer noch die Dornen aus dem Herzen."

Es dauert nicht nur lange, bis Männer sich erholen, es schmerzt sie auch, wenn ihnen bewußt wird, wie unbeholfen sie im Umgang mit ihren Gefühlen sind. Beziehungen erscheinen ihnen hoffnungslos, weil sie im allgemeinen mit dem Prozeß der emotionalen Verarbeitung nicht vertraut sind. Daher halten sie sich für Opfer der Gefühle – entweder ihrer eigenen oder der anderer. Natürlich können sie dies meistens nicht artikulieren, und ihre oftmals unbeholfenen Versuche bestärken ihr Empfinden, sowieso nie gut genug zu sein, wodurch ihr instinktives Verhalten, sich von Gefühlen fernzuhalten, noch verstärkt wird.

Und vor diesem Gefühl der Unzulänglichkeit haben Männer die größte Angst. Daher sind sie nicht nur Opfer ihrer Unfähigkeit, Gefühle wahrzunehmen, sondern leiden auch wegen der Urteile, mit denen sie sich wegen ihrer Unfähigkeit, Gefühle auszudrücken, selbst fertigmachen: ein zweifacher Hammer!

Verschlimmert wird die Situation noch dadurch, daß es für die Frauen fast unmöglich ist zu glauben, daß Männer auf emotionaler Ebene tatsächlich solche Schwachköpfe sein sollen. Weil Frauen Männer als so gefühllos empfinden, kommt es ihnen überhaupt nicht in den Sinn, daß der Grund, aus dem Männer sich emotional abgeschottet haben, darin liegt, daß sie so verletzt sind und daher keine emotionalen Risiken mehr eingehen wollen.

Wenn Männer „dichtmachen“, meinen wir, daß sie eben so sind, und bedenken nicht, daß ihre nach außen zur Schau getragene Gefühllosigkeit aus Erfahrungen resultiert, die sie emotional überfordert haben. „Ich stand der maßlos übertriebenen Ordnungsliebe meines Chefs ablehnend gegenüber, bis ich herausfand, daß seine Eltern bei einem Flugzeugabsturz ums Leben gekommen waren, als er drei war. Seitdem habe ich irgendwie begriffen, daß er allen widrigen Umständen zum Trotz versuchte, das, was von seiner Welt übriggeblieben war, in Ordnung zu halten.“ „Ich habe meinen Bruder immer dafür verurteilt, daß er so still und zurückgezogen ist, bis ich erfuhr, daß er jahrelang von meinem Onkel sexuell mißbraucht worden war.“

Das ursprüngliche traumatische Ereignis muß nicht so dramatisch wie der Tod der Eltern oder sexueller Mißbrauch sein, aber für einen Mann kann jeder Verlust, jede Enttäuschung, jedes Versagen oder jeder Vertrauensbruch, wann auch immer in seinem Leben er geschehen ist, die gleichen tiefgreifenden Auswirkungen haben wie für eine Frau. Aber da er höchstwahrscheinlich seine Gefühle verdrängt, bleibt das Ausmaß, in dem es ihn berührt, für ihn selbst und die Menschen in seiner Umgebung unsichtbar.

Zwar sind einige Frauen bereit und in der Lage, die Sensibilität, die hinter der Betonfassade eines Mannes steckt, zu erkunden, aber die meisten Frauen haben diese Fähigkeit noch nicht entwickelt, und andere weigern sich, es zu tun. Dadurch sind sowohl Frauen als auch Männer gezwungen, sich mit dem Mythos des „Mannes ohne Gefühle" abzufinden oder ihn sogar noch zu verstärken. Männer unterdrücken ihre Empfindungen und zeigen sie nur auf symbolische Weise, wodurch die Frauen ewig dazu gezwungen werden, die männlichen Gefühle zu deuten. Dabei verarmen unsere Beziehungen immer mehr; sowohl Frauen als auch Männer fühlen sich einander entfremdet, und der Großteil der Energie einer Beziehung wird dafür vergeudet, sich mit dem gewaltigen Potential an fehlgeleiteten oder verborgenen Emotionen herumzuschlagen.

Ich bitte jede Frau, die einem Mann begegnet, der ihr die Tiefe, die Bandbreite und die Qualität des emotionalen Austauschs, den sie sich wünscht, noch nicht geben kann, nicht davon auszugehen, daß er ein gefühlloser Rohling ist. Statt dessen sollten wir uns – und ganz vorsichtig auch ihm – die Art von unschuldig-wißbegierigen Fragen stellen, die in sich schon ausdrücken, daß wir wissen, daß mehr in Männern steckt, als frau auf den ersten Blick erwarten würde.

Frauen müssen ihre Vorstellungen über Männer ändern. Wir sollten anfangen, uns dafür zu interessieren, was sie erlitten haben und aus welchen Gründen sie sich uns verschließen. Wir sollten uns auch daran erinnern – und zwar mit Mitgefühl, das unserer Frustration die Grundlage nimmt –, daß Männer einfach nicht wissen, wie sie eine emotionale Krise lösen können. Als Folge davon können sie in bestimmten Situationen jahrelang Warteschleifen fliegen, in denen Frauen schon längst gelandet wären. Und zu guter Letzt müssen wir endlich anerkennen, daß Männer weitaus sensibler und ihren Gefühlen weitaus stärker ausgeliefert sind, als wir bisher angenommen haben.

7
Taten sagen mehr als Worte: Die männliche Geheimsprache

Männer führen doch verrückte Gespräche, oder etwa nicht? Sie reden immer nur über Sachen. Technik und Sport, das ist alles, worüber sie reden. Ich bekomme nie mit, wie es ihnen eigentlich geht.

Frau eines Ingenieurs, 36

Nur weil Männer ihre Gefühle nicht artikulieren können, heißt das nicht, daß sie sie nicht auf die eine oder andere Weise ausdrücken. Auch wenn ihre Methoden den Frauen noch so mysteriös erscheinen mögen – Männer teilen mit, was sie fühlen. Im Gegensatz zu den Frauen, die sich bis zum „Abwinken" verbal mitteilen, besteht das emotionale Vokabular der Männer aus Taten. Für einen Mann sagen Taten mehr als Worte. Das liegt daran, daß – wie wir schon gesehen haben – er seinem Wesen nach ein „Mann der Tat" ist und er deshalb unterschwellig davon ausgeht, daß das, was er tut, ausdrückt, was er fühlt.

Aus diesem Grund kauft ein Mann seiner Frau, wenn sie sich über ihn geärgert hat, ein Geschenk, repariert den Wasserhahn, über den sie sich seit Monaten beklagt, oder bleibt die ganze Nacht über auf, um sie von der Wohnung ihrer Mutter, mit der sie einen fürchterlichen Streit hatte, abzuholen – aber er redet nicht mit ihr darüber, wie schrecklich es für sie sein muß, sich so mit ihrer Mutter gestritten zu haben. Wenn dann die Frau nach dem Erhalt des Geschenks, nach der Reparatur des Wasserhahns oder nach dem alptraumhaften Besuch bei ihrer Mutter immer noch verärgert oder verstimmt ist, kann er nicht verstehen, warum. Er hat doch alles getan, oder etwa nicht? Wieso geht es ihr trotzdem noch schlecht?

Das Problem besteht darin, daß Frauen nicht unbedingt *Taten sehen*, sondern *Worte hören* wollen. Sie wollen hören, was ein Mann fühlt, und sie wollen gefragt werden, wie es ihnen geht. Frauen wollen Empathie, sie wollen, daß ein Mann durch Worte mit ihnen fühlt. Aber Männer neigen dazu, etwas zu tun, statt über ein Problem zu reden. Diese Umsetzung von Gefühlen in Taten ist der entscheidende Faktor, dessentwegen Frauen in ihren Beziehungen zu Männern ständig frustriert sind. Frauen sind Geschöpfe, die durch Gespräche kommunizieren, Männer hingegen durch Taten. Für Frauen *sind* Gefühle Sprache. Was zählt, ist, was gesagt wird, und wenn wir etwas nicht hören, glauben wir es nicht. Weil wir so verbal orientiert sind, können oder wollen wir häufig nicht herausfinden, welche emotionalen Aussagen in den mysteriösen verbalen Versuchen der Männer stecken. Wir wollen nichts deuten müssen; wir möchten, daß uns die Männer mit den richtigen Worten auf dem uns vertrauten Territorium begegnen, und wenn sie dazu nicht in der Lage sind – oder scheinbar nicht wollen –, fühlen wir uns betrogen und verletzt.

Obwohl diese unterschiedlichen Formen der Kommunikation offensichtlich zu größeren Problemen führen müssen, gibt es in der Anfangsphase jeder Beziehung eine Zeit, in der Frauen es verstehen und sich sogar geschmeichelt fühlen, wenn Männer ihre Gefühle durch Taten ausdrücken. Sie sind durch die kleinen Aufmerksamkeiten, die sentimentalen Andenken und die Geschenke, das sprichwörtliche Dutzend roter Rosen, das Abendessen bei Kerzenlicht, die halbkarätigen Diamanten, die unvergeßlichen, leidenschaftlichen Liebesnächte, durch all diese Dinge, die die Männer tun, wie verzaubert – ganz zu schweigen von dem Versprechen der Sicherheit, das diese Dinge verheißen. In der Geburtsphase einer Beziehung akzeptieren Frauen, daß Taten mehr sagen als Worte, und sind bereit, das „Ich liebe dich“ hinter seinen Handlungen zu hören, gleichgültig ob er diese Worte tatsächlich sagt oder nicht.

Aber wenn die Zeit der Balz vorbei ist, wenn das „wirkliche“ Leben beginnt und der Mann immer noch handelt, statt zu reden, wenn er anfängt, die Hecke zu schneiden, das Auto zu reparieren, den Hund zum Tierarzt zu bringen oder eine neue Waschmaschine zu kaufen und von seiner Frau oder seiner Geliebten erwartet, daß sie weiß, daß dies ein Ausdruck seiner Liebe ist, ist die Frau häufig plötzlich nicht mehr verzaubert. Sie möchte etwas anderes, sie sehnt sich nach Worten und intimen Unterhaltungen, nach einem Gefühl ihrer selbst und des Mannes, den sie liebt, durch verbale Kommunikation.

Wir wollen einen Mann kennenlernen, ihn spüren, uns mit ihm unterhalten und romantische Abende mit ihm verbringen. Die Reparatur des Wasserhahns sagt „Ich liebe dich“ nun einmal nicht auf dieselbe Weise wie ein Dutzend roter Rosen, und die Vielzahl anderer Botschaften, die Männer uns durch das, was sie tun, zu übermitteln versuchen, sind für die meisten Frauen so schwer zu verstehen und etwa so romantisch wie Kreuzschlüssel und Schmiernippel. Deshalb wird der Raum, den die Frauen mit Worten gefüllt haben wollen, im Laufe der

Zeit durch ihre immer stärker werdenden und unerfüllten Erwartungen zu einem leerstehenden Zimmer – und das frustrierende Drama, das von Männern und Frauen in intimen Beziehungen handelt, kann beginnen …

Natürlich ist „Ich liebe dich“ nur ein Teil dessen, was die Taten der Männer symbolisieren und was sie mit Worten nicht sagen wollen oder können. Denn auch Trauer, Wut oder Angst werden durch Handlungen ausgedrückt. Wenn ihn die Trauer „übermannt“, geht ein Mann zum Beispiel los und hackt Holz, läuft, bis er umfällt, oder spielt wie ein Wilder Handball. Wenn ein Mann wütend ist, rast er auf der Autobahn, schlägt mit der Faust gegen die Wand, zerbricht die neue Lampe oder geht in die Kneipe, um sich zu betrinken. Vielleicht weiß er, während er seine Wut ausagiert, nicht einmal, warum er wütend ist, aber selbst wenn es eine eindeutig erkennbare Ursache gibt, wird ein Mann eher etwas tun, als über seine Gefühle zu sprechen. „Als ich erfuhr, daß meine Tochter Krebs hatte“, sagte Paul, „ging ich auf den Schießstand und ballerte auf die Zielscheibe, bis sie völlig durchlöchert war.“

Man könnte sagen, die Taten der Männer stellen eine Art Kode dar, ein ausgeklügeltes System, durch das sie ihre wahren Gefühle gleichzeitig offenbaren und verschleiern. Indem sie handeln, gelingt es ihnen, ein gewisses Maß ihres tatsächlichen Gefühls zu vermitteln – ausreichend, um den Kontakt aufrechtzuerhalten –, aber nicht genug, um sie emotional verletzlich zu machen. Männer tun etwas, das irgendwie mit dem zu tun hat, was sie fühlen, ohne sich selbst oder einen anderen Menschen ihren wahren Gefühlen auszusetzen.

Zur großen Enttäuschung der Frauen ersetzen Männer ihre Emotionen immer wieder durch Taten. Sie *tun* ihre

Gefühle, sie *sagen* sie nicht. Die Frauen beobachten dieses Verhalten, ahnen, daß etwas los ist, können aber nur raten, was es ist.

Obwohl Frauen dieses Verhalten hassen, haben die Männer aufgrund ihrer Sozialisation und des riesigen Unbehagens, das sie ihren Gefühlen gegenüber hegen, fast keine andere Wahl. Wenn beispielsweise ein Mann für seine Frau, die Jura studiert, abwäscht, müssen wir daraus schließen, daß er eigentlich ausdrücken möchte: „Ich liebe dich, ich unterstütze dich, du bist toll", obwohl er die Worte selbst nicht ausspricht. Ein Vater, der seiner Tochter zum Schulabschluß einen Sportwagen kauft, drückt damit aus, daß er stolz auf sie ist, obwohl es ihm nicht in den Sinn kommt, ihr das zu sagen. Der Mann, der das Motorrad seines toten Sohnes immer und immer wieder poliert, trauert, auch wenn er mit seiner Frau nicht darüber sprechen kann.

Unter Männern werden diese handlungsgeladenen Kryptogramme verstanden. Männer wissen, daß sie Zuneigung ausdrücken, wenn sie sich im Umkleideraum mit nassen Handtüchern auf den Hintern klatschen, daß sie anerkannt werden möchten, wenn sie mit ihrem neuen Wagen angeben (nicht wegen ihres Autos, sondern um ihrer selbst willen), daß sie als mächtig und einflußreich angesehen werden wollen, wenn sie mit einer schönen Frau an ihrer Seite auf eine Party kommen, daß sie sich nach dem Trost männlicher Solidarität sehnen, wenn sie sich zusammen eine Sportübertragung anschauen.

Selbst wenn Männer miteinander reden, dann über das, was sie tun, nicht darüber, wie sie sich fühlen. Ein Mann spricht über seine Erfolge und Leistungen, sein Gehalt oder seine Jacht, seine Familie oder den Urlaub, über das Abschiedsessen oder das Fußballspiel, ohne zu erwähnen, wie es ihm damit geht, was ihn daran bewegt oder was in ihm noch rumort. Und im allgemeinen fühlen sich Männer in diesem Verhaltensmodus wohl, da sie wissen, was eigentlich gemeint ist, oder so tun können, als ob sie eigentlich keine Gefühle bräuchten.

Aber die männliche Angewohnheit, zu tun statt zu artikulieren, verwirrt und frustriert die Frauen. Rebecca verstand das Verhalten ihres Mannes Frank selbst nach zehn Ehejahren nicht. Mitten in einem furchtbaren Streit schrie sie ihn an, daß er nie sage, daß er sie liebe. Da brüllte er zurück: „Verstehst du denn nicht, daß ich dir verdammt noch mal *zeige,* daß ich dich liebe, wenn ich jeden Tag zur Arbeit gehe, wenn ich die neuen Reifen auf deinen Wagen montiere, wenn ich die Heizung repariere? Warum würde ich das wohl sonst tun?" Sie war schockiert und konnte es nicht fassen, denn sie war immer davon ausgegangen, daß er diese Dinge einfach deshalb tat, weil sie nun einmal getan werden mußten. Sie fühlte sich zwar dadurch, daß sie nun seine Geheimsprache verstand, nicht mehr geliebt als vorher, sie begriff aber immerhin, daß dies seine Art war, sie zu lieben.

Die meisten Männer betrachten Geldverdienen als den sichtbarsten Ausdruck ihrer Liebe. Allein die Tatsache, daß sie jeden Tag aufstehen und zur Arbeit gehen, um Frau und Kinder zu ernähren, ist für sie der absolute Liebesbeweis. Deshalb regen sich viele Männer so auf, wenn die Frau, mit der sie ihr Leben teilen, zu ihnen sagt: „Aber du mußt mir auch *sagen,* daß du mich liebst." Dann denken sie, daß nichts, was sie getan haben, etwas bedeutet, und werden deprimiert. Sie kommen sich blöde vor, weil sie – ohne sich dessen bewußt zu sein – gehofft hatten, daß die acht oder zehn Stunden, die sie jeden Tag mit Arbeit zubringen, sagen würden: „Ich liebe dich." Und sie sind schockiert, wenn sie herausfinden, daß dem nicht so ist.

Männer bringen die Arbeitswelt mit nach Hause. Da sie in ihrem Beruf wegen ihrer Leistungen und Erfolge geschätzt werden, glauben sie, daß diese auch innerhalb der Familie den Ausschlag geben – ob sie sich nun verbal ausdrücken können oder nicht. Verbissen, dickköpfig und unerbittlich vertrauen Männer darauf, daß die Menschen, die sie lieben, verstehen, daß ihre Taten tatsächlich ihre Liebe ausdrücken. Statt zu erkennen, daß Handlungen nicht immer das passende Medium sind, um Gefühle zu vermitteln, halten sie sich an das ihnen Vertraute und verlassen sich ausschließlich auf die Sprache ihrer Taten.

Auf der Ebene des Unbewußten glauben Männer, daß all das, was sie für ihre Frauen tun – zur Arbeit gehen, durchhalten, den Mülleimer hinuntertragen, Dinge reparieren, die kleine Welt der Familie zusammenhalten –, diesen zeigt, daß sie sie lieben. Männer glauben tatsächlich, daß die Handlungen, die die männliche Rolle vorschreibt, ausreichen, ihrer Frau und ihrer Familie mitzuteilen, daß sie geliebt werden. Aber sie reichen eben nicht aus.

Viele Männer, deren Frauen sich scheiden ließen, weil sie sich von ihren Ehemännern nicht geliebt fühlten, weil diese „nicht kommunizierten", nie „die richtigen Worte fanden" oder „nicht einfühlsam genug" waren, sind entsetzt, wenn sie entdecken, daß der auslösende Faktor für den Fortgang ihrer Frau eine Affäre mit einem Mann ist, der „Verständnis hat", das heißt, der verbal mit ihr kommuniziert. „Aber ich habe dich doch geliebt, ich habe doch alles für dich und die Kinder getan." Das ist der Klageruf so vieler Männer, die ihr Leben auf dem Altar der Arbeit und der Treue zu ihren Familien geopfert haben. Im Einklang mit den gesellschaftlichen Normen glauben sie, genug getan zu haben – um am Schluß zu erfahren, daß es eben doch zu wenig war, daß ihre Frauen statt dessen wollen, daß sie mit ihnen reden und ihnen zuhören.

Für Frauen reichen Taten allein nicht aus. Wir brauchen Worte, um die Bedeutung von Handlungen zu verstehen. Da aber nur die wenigsten Männer in der Lage sind, mit uns zu sprechen, sind wir ständig frustriert und sind so sehr von den männlichen Kommunikationsformen abgeschnitten, daß Männer in einer emotionalen Isolierung leben müssen, die die meisten Frauen sich kaum vorstellen können.

Die Bedeutung des Nichtstuns

Er: „Liebe ist Tun."
Sie: „Miteinander reden ist Liebe."

Die männlichen Gefühle werden so stark durch Handlungen zum Ausdruck gebracht, daß nicht nur in ihren zielgerichteten Tätigkeiten, sondern auch in ihrer Untätigkeit Emotionen sichtbar werden, die eine entgegengesetzte, aber dadurch nicht weniger wichtige Bedeutung haben. Nichts zu tun, nichts zu leisten, nicht zuzuhören und nicht zu antworten sind sehr wirksame Formen der „Kommunikation". Das trifft besonders dann zu, wenn diese Nicht-Handlung in bezug zu einer in der Beziehung getroffenen Vereinbarung steht. Männer senden durch ihr Nicht-Tun sehr starke Signale aus:

wenn ein Mann zum Beispiel tausendmal gebeten wurde, seine Strümpfe nicht herumliegen zu lassen, und sie trotzdem nicht aufhebt, wenn er die Rechnung für die Kreditkarte erst dann bezahlt, wenn er bereits Zinsen zahlen muß, obwohl er seiner Frau versprochen hat, es vorher zu tun, oder wenn es ein Mann nicht schafft, sich endlich den Frack für die Hochzeit auszuleihen, obwohl er seiner Verlobten schon fünfmal gesagt hat, daß er es morgen ganz bestimmt tun wird.

Diese Männer sind das, was ich als passiv-aggressiv bezeichne. Sie drücken ihren versteckten Groll, ihre Wut oder Enttäuschung auf indirekte Weise aus. Sie sagen: „Etwas bereitet mir Schwierigkeiten", gehen aber nicht das emotionale Risiko ein, auszudrücken, was. Wahrscheinlich wissen sie nicht einmal, was sie fühlen – aber ob sie sich dessen nun bewußt sind oder nicht – sie kommunizieren durch ihr passiv-aggressives Verhalten.

Leider nimmt dieses Verhalten im emotionalen Repertoire der Männer oft den ersten Platz ein. Unbestimmte – und daher nicht ausgesprochene – Wut wird durch passives Verhalten ausgedrückt: nicht tun, nicht sagen und nicht teilnehmen. Das bedeutet, daß ein aggressives (wütendes, frustriertes oder negatives) Gefühl vorhanden ist, aber nicht direkt ausgesprochen wird – „Ich bin wütend auf dich", „Ich bin frustriert", „Ich bin irritiert" –, sondern durch Nicht-Tun und Nicht-Kommunizieren passiv mitgeteilt wird.

Passive Aggressivität ist eine mehr oder minder starke Form indirekter Feindseligkeit. Männer benutzen diese stille Form der Mißachtung häufig: Sie knallen mit der Tür, statt ihren Ärger auszudrücken, sie verschwinden plötzlich oder sind nicht da, obwohl sie versprochen haben, da zu sein. Die Frauen erleben dieses Verhalten als eine Art psychische Nadelstichtaktik, als ein „Irgend etwas ist los, aber ich weiß nicht was“-Phänomen, und fühlen sich attackiert, ohne identifizieren zu können, auf welche Weise.

Dieses weit verbreitete männliche Verhaltensmuster ist für Frauen deshalb so frustrierend, weil sie nie genau wissen, was Männer durch ihr Nicht-Kommunizieren mitteilen wollen. Ist er sauer auf mich, auf die Kinder oder auf seinen Chef? Oder ist er wütend wegen etwas, wovon ich nichts weiß? Manchmal weiß die Frau es, manchmal hat sie nicht die leiseste Ahnung. Und als ob diese Verwirrung nicht schon ausreichen würde, hat das passiv-aggressive Verhalten der Männer noch andere Folgen: Frauen drücken plötzlich Wut aus, die ursprünglich nicht ihre eigene war.

Daher kann es passieren, daß eine Frau explodiert – und so die Wut umsetzt, die der ihr nahestehende Mann nicht ausdrücken konnte –, wenn er ein Versprechen nicht hält oder sich plötzlich seltsam aufführt. Und als Ergebnis dieser Dynamik wird der Mann die Frau nachsichtig belächeln und etwa sagen: „Jetzt geht das schon wieder los, jetzt regst du dich schon wieder wegen nichts auf.“

Ersatzverhalten

Männer tun etwas für Frauen, weil sie nicht wissen,
wie sie für Frauen sein sollen.

Unternehmer, 38

Zu den unzähligen Gefühlen, die Männer auf symbolische Weise ausdrücken, indem sie etwas tun, was als

Ersatz für ihre wahren, aber schwer akzeptierbaren Gefühle steht, gehören ihre Ängste in bezug auf Altern und Tod. Da es Männern nicht gestattet ist zu fühlen, auf welch unsicheren Beinen ihre Existenz steht, finden sie andere Wege, ihre inakzeptablen Ängste hinsichtlich ihrer Sterblichkeit auszudrücken. Der vornehme Herr mit den graumelierten Schläfen mag zwar in Kitschfilmen das Abbild des erfolgreichen Mannes sein, aber im richtigen Leben versucht er oft panikartig, seine verlorene Jugend wiederzugewinnen und mit seiner Furcht vor dem unausweichlichen Tod fertig zu werden.

Aber statt sich diesen Gefühlen direkt zuzuwenden, versuchen viele Männer ihre Panik einzudämmen: sie fangen mit sechzig an, Marathon zu laufen, sie kaufen sich einen roten Flitzer, tönen ihre grauen Haare, segeln um die Welt oder versuchen eine neue Karriere zu beginnen. Ein Rechtsanwalt, der mit fünfundvierzig und nach zwölf Berufsjahren ein unbestimmtes Unbehagen verspürte, entschloß sich zu studieren, um Zahnarzt zu werden, weil er das als junger Mann hatte werden wollen, bevor er sich entschlossen hatte, in die Fußstapfen seines Vaters zu treten. Ein Arzt, der unglücklich darüber war, daß zwanzig Jahre „in Windeseile" vorübergegangen waren, verkaufte seine Praxis, zog in eine Kleinstadt im Mittleren Westen und eröffnete eine Eisenwarenhandlung. Ein Buchhalter, der mit seiner „sinnlosen" Tätigkeit über alle Maßen „frustriert" war, versuchte sich als Grundstücksmakler, Laienprediger und Bauunternehmer, bevor er wieder seinen ursprünglichen Beruf ergriff.

Eine weitere Form des emotionalen Ersatzverhaltens der Männer besteht darin, sich in der Lebensmitte scheiden zu lassen, eine bedeutend jüngere Frau zu heiraten und eine neue Familie zu gründen. Damit will ich nicht sagen, daß Scheidungen in der Lebensmitte nicht ihre Berechtigung haben, denn oft haben Beziehungen in dieser Zeit ihren Zweck erfüllt und sind daher abgeschlossen, aber in vielen Fällen drückt dieses „Anschaffen eines neueren Modells" viele unaussprechliche Gefühle aus. Statt zuzugeben, daß sie Angst vor dem Altern haben, versuchen manche Männer ihren Tod dadurch hinauszuzögern, daß sie wieder von vorne anfangen, symbolisch ihre eigene verlorengegangene Jugend heiraten und der Zeit trotzen, indem sie in den mittleren Jahren noch einmal das tun, was sie als junge Menschen getan oder nicht getan haben.

Männer ergehen sich beständig in diesem emotionalen Ersatzverhalten und drücken ihre Gefühle nicht nur dann durch Taten aus, wenn es um Leben und Tod geht. Männer tun dies eigentlich immer und überall. Es scheint ihnen überhaupt nicht in den Sinn zu kommen, Gefühle direkt auszudrücken.

Obwohl einige Frauen beginnen, sie dazu zu ermutigen, können es die meisten Männer nicht, weil sie oft genug nicht einmal wissen, was sie überhaupt fühlen. Vor kurzem kam ein junger Mann in meine Praxis und erzählte mir von einer großen beruflichen Enttäuschung. Dann sah er mich an und fragte: „Können Sie mir sagen, was ich fühle?" Auf diese geradezu komische Weise enthüllte er das große Problem der Männer, denn obwohl er in der Lage war, die Fakten seines Problems ausführlich darzustellen, konnte er seine Gefühle weder entdecken noch ausdrücken.

Da die Sprache der Gefühle den Männern noch immer so fremd ist, somatisieren sie sie oft, das heißt, sie drücken sie durch eine körperliche Reaktion wie Rücken-,

Kopf- oder Nackenschmerzen, Magengeschwüre oder Herzinfarkte aus. Männer nehmen Angst als ein flaues Gefühl in der Magengrube wahr, Trauer als zugeschnürte Kehle, Wut als ohnmächtiges Fäusteballen. Sie drücken ihre Gefühle durch ihren Körper aus. Das heißt, ihre Emotionen werden in Symptome oder Empfindungen umgesetzt, die sich auf der körperlichen Ebene manifestieren. Aber die Worte, die diese Gefühle ausdrücken könnten, werden nicht mit ihnen in Zusammenhang gebracht. Kurz gesagt sind Männer nicht fähig, ihre Rückenschmerzen als Zorn auf den Chef zu erkennen und die Kopfschmerzen als Wut auf ihre Frau. Oft wissen sie nicht, daß sie wütend sind – ihnen tut einfach irgend etwas weh.

Ob Männer ihre Gefühle nun durch Taten ersetzen oder sie somatisieren, immer drücken sie sie körperlich aus. Selbst wenn sie ihre Emotionen bis zu einem gewissen Grad artikulieren können, beinhaltet das fast immer auch eine körperliche Komponente. Männer reagieren im allgemeinen mit ihrem Körper. Wenn man einen Mann fragt, wie er sich fühlt, antwortet er wahrscheinlich: „Ich bin müde" oder „Ich habe wieder Rückenschmerzen", und nicht „Ich bin traurig", „Ich bin so niedergeschlagen" oder „Ich bin verliebt". Und da der männliche Körper im emotionalen Bereich das Medium *und* die Botschaft ist, sollte es nicht weiter überraschen, daß die stärkste Konversion von Gefühlen für Männer beim Sex stattfindet.

Männer, Sex und Gefühle

Männer suchen mit ihrem Schwanz nach Liebe,
weil sie nicht wissen, wie sie mit ihrem Herzen lieben sollen.

Geschäftsmann, 48

Angeblich spielt Sex im Leben eines Mannes eine überragende Rolle, und Frauen gehen im allgemeinen davon aus, daß Sex das einzige ist, was einen Mann wirklich interessiert. Dieses weit verbreitete Vorurteil läßt aber die Tatsache völlig außer acht, daß Sex für Männer viel komplizierter und emotional beladener ist, als sowohl Frauen als auch die Männer selbst üblicherweise annehmen.

In Wahrheit ist Sex für einen Mann nicht einfach eine biologische Entladung, auch nicht ihre Lieblingsbeschäftigung oder das einzige, woran sie Interesse haben. Aber aufgrund unserer gesellschaftlichen Konditionierung ist Sex tatsächlich das einzige Medium, das Männern zur Verfügung steht, um ihr Bedürfnis nach emotionaler Intimität zu befriedigen, um das ganze Spektrum ihrer unausgesprochenen Gefühle zu zeigen und zu verarbeiten.

In gewisser Weise benutzt ein Mann beim Sex seinen gesamten emotionalen Wortschatz. Unabhängig davon, ob ein Mann weiß, was er fühlt, was er sagen möchte, worum er bittet, wonach er sucht und was er geben möchte – beim Sex kann er all seine Zärtlichkeit, Angst, Wut, Erregung, Hoffnung, alle Gefühle, die er nicht in Worte fassen kann, ausdrücken; er kann seinen Hunger nach Intimität stillen, in seinem Kummer Trost finden, seinen Körper nähren und seine Seele erheben. Gerade weil Männer durch Sex soviel ausdrücken, kommen sie oft selbst nicht damit klar.

Es passiert beispielsweise, daß ein Mann – ohne den Grund dafür zu wissen – aufsteht und nach Hause geht, nachdem er gerade Sex mit einer Frau gehabt hat; daß ein Mann am Morgen danach mit schalem Geschmack im Mund aufwacht und sich ekelt, mit dieser Frau geschlafen zu haben, da das Erlebnis für ihn nicht so tief oder so stark gewesen ist, wie er gehofft hatte, weil er sich ihr nicht mitteilen konnte oder sich von ihr nicht verstanden fühlte. Daher ist er traurig, schämt sich, fühlt sich einsam oder verletzlich, weil er versucht hat, ihr etwas durch Sex mitzuteilen. Natürlich können Männer ihre Gefühle nicht durch Worte ausdrücken, denn sie wissen nicht einmal, was sie eigentlich versucht haben. Sie wissen nur, daß sie weg wollen, daß sie von dem Ort und vor dem Menschen fliehen wollen, dem sie ihre tiefsten Bedürfnisse nicht mitteilen konnten.

Dieses verborgene Bedürfnis des Mannes, ein so großes Spektrum an Gefühlen durch Sex auszudrücken, erklärt auch, warum ein Mann immer wieder bei einem bestimmten weiblichen Körper Trost sucht. Er tut dies, weil er sich von dieser Frau so tief empfangen fühlt, weil etwas in ihm erfüllt wird, wenn er sie liebt, weil seine unausgesprochenen Fragen beantwortet werden, seine Gefühle gefühlt und verarbeitet werden können, ohne bewußt identifiziert werden zu müssen. „Sie zu lieben ist jedesmal wie eine Wiedergeburt", sagte mir ein Klient, der sich gerade verliebt hatte.

Ohne mit anderen Männern oder mit Frauen darüber zu sprechen, weiß ein Mann intuitiv um die vielen Möglichkeiten, die Sex beinhaltet. Männer wissen, daß Sex mehr ist als nur die Lösung körperlicher Spannungen, mehr als ein Sichgehenlassen, mehr als das Ausleben von Aggressionen. Männer wissen, daß Sex der Bereich ist, in dem sie alle ihre unausgesprochenen Gefühle äußern können. Unbewußt wissen Männer, daß Sex ihre Sprache, ihr Allheilmittel ist, daß Sex die Liebe, die sie brauchen und die sie geben möchten, ausdrückt. Deshalb haben sie so viele unterschiedliche Worte für Sex – „ficken", „Sex haben", „lieben" –, und deshalb hängt ihr sexuelles Empfinden so sehr davon ab, mit welcher Frau und unter welchen Umständen sie ihn erleben. Selbst wenn Männer mit ihren sexuellen Eroberungen prahlen, haben sie ein vages, ungutes Gefühl dabei, denn sie wissen, daß es ihnen nicht gelungen ist, der Frau, mit der sie geschlafen haben, die vielen tiefen und einzigartigen Dinge mitzuteilen, die sie ausdrücken wollten.

Was ein Mann seiner Frau mit Worten nicht sagen kann, sagt er ihr mit seinem Körper; was er ihr nicht auf andere Weise geben kann, gibt er ihr, indem er mit ihr Liebe macht – und immer tut er es in der Hoffnung, daß sie ihn verstehen wird. Das Gefühl einer tiefen Verbindung, das ihm wegen seiner verbalen Unfähigkeit so häufig entgeht, erfährt er in der sexuellen Begegnung.

Unglücklicherweise benutzen viele Männer Sex, um mit schwierigen Emotionen umzugehen, um gewissermaßen Dampf abzulassen, da bestimmte Gefühle, die in negativem oder positivem Sinn zu intensiv sind, sie sonst aus dem Gleichgewicht bringen würden. Darin ähneln sie Rauchern, die zur Zigarette greifen, um Gefühle und bestimmte Situationen in den Griff zu bekommen. Wenn ein Mann im Büro einen furchtbaren Tag hatte, wenn er zum Vorstandsvorsitzenden gewählt wurde (oder wenn nicht), wenn sein Sohn einen Motorradunfall hatte, seine Tochter heiratet, wenn er in den Krieg zieht oder dagegen protestiert, wenn „seine" Mannschaft Fußballmeister wird (oder wenn nicht), wenn er glücklich ist oder es ihm schlecht geht, möchte er Sex haben. Ob ein Mann sich gerade besonders verletzlich oder unbesiegbar fühlt, er wird es wahrscheinlich durch Sex ausdrücken wollen.

Da Sex für den Mann beinahe die einzige Sprache ist, mit der er Gefühle ausdrücken kann, wird Sex zum Medium für ein Reihe von undifferenzierten, verdrängten Emotionen, besonders von unterschwelligen Aggressionen, Enttäuschung und Haßgefühlen. Sex kann für einen Mann ein Akt der Dominanz sein, sei es durch die Stellung oder die geistige Haltung oder durch die Absicht, durch Sex einen anderen Menschen – wenn auch nur vorübergehend – unter seine Kontrolle zu bringen.

Dominanter Sex ist besonders unter Männern verbreitet, die entweder von ihrem Vater oder ihrer Mutter emotional beherrscht wurden. Menschen, die beherrscht und mißbraucht wurden, wollen ihrerseits beherrschen und mißbrauchen und versuchen auf diese perverse Weise ein Gefühl der Einzigartigkeit und der Macht zu bekommen. Wenn dieses Bedürfnis durch Sex ausgedrückt wird, wird Sex aggressiv und ist eigentlich Vergewaltigung, wodurch das dem Sex innewohnende Potential, nämlich zu heilen und zwei Menschen miteinander zu verbinden, völlig mißachtet wird. Wenn dieses Muster unbewußt durchgezogen wird, fühlen sich Frauen beim Sex benutzt und zu Objekten degradiert. Es ist äußerst wichtig, daß sie sich dagegen wehren, bei solchen Akten verdrängter und versteckter Aggression mitzumachen.

Leider sind die ungelösten Konflikte und unterdrückten Aggressionen des Mannes häufig Bestandteil der sexuellen Begegnung. Deshalb beklagen sich Frauen so oft über die scheinbare Distanz beim Sex und den Egoismus der Männer. Eine Frau erzählte mir, daß ihr Mann, immer wenn er von einem Besuch bei seiner Mutter nach Hause kam, sie im Bett regelrecht „attackierte", obwohl er ansonsten ein liebevoller und zärtlicher Liebhaber war. Eine andere Frau berichtete, daß es ihr durch die Stellung und das Maß an Zärtlichkeit, mit der ihr Mann sie liebte, immer genau möglich war, sein momentanes Verhältnis zu seinem Chef zu bestimmen.

Männer benutzen Sex aber nicht nur als Ventil für ihre Aggressionen, sondern sexualisieren auch ihren Schmerz. Da sie keine Möglichkeit haben, ihn direkt mitzuteilen, machen sie Sex zum Medium, durch das sie Erlösung von ihrem häufig unerkannten Schmerz finden, sei es nun wegen eines Verlustes, aus Panik, blankem Entsetzen oder Unsicherheit. Im sexuellen Kontakt – Haut auf Haut – fühlt sich ein Mann vorübergehend von der unerträglichen Einsamkeit befreit, die er angesichts seines Schmerzes empfindet. Unbewußt spürt er auch das magische Potential des neuen Lebens, das im schöpferischen Liebesakt steckt, und gewinnt so neuen Lebensmut, ohne dies bewußt wahrzunehmen.

Da Sex das Medium ist, durch das Männer ein so großes Spektrum an Gefühlen ausdrücken, reagieren sie emotional häufig extrem – wenn auch unbewußt –, wenn sie sich sexuell unbefriedigt fühlen oder überhaupt keinen Sex bekommen. Dann werden sie zu streitsüchtigen, überkritischen, herablassenden kleinen Jungen, denen man etwas weggenommen hat und die sich nun rächen. Weil sie so viele Emotionen fast ausschließlich in den sexuellen Bereich übertragen, müssen Männer sexuelle Zurückweisung einfach als emotionale Ablehnung empfinden.

Wenn einem Mann der Sex verwehrt wird, ist dies für ihn nicht nur eine verpaßte sexuelle Begegnung, sondern eine absolute Zurückweisung seiner selbst. Er empfindet, daß seine tiefsten Bedürfnisse nicht anerkannt werden, daß er es nicht wert ist, empfangen zu werden, daß sein innerstes Wesen zurückgewiesen wird. Er wird unfähig, überhaupt noch zu sprechen, da es niemanden mehr gibt, der ihm zuhören könnte. Wenn ein Mann, der sich zu Hause sexuell unerfüllt fühlt, seiner Geliebten sagt: „Meine Frau versteht mich nicht", dann spricht er über die Zurückweisung seines wahren Selbst. Er meint nämlich nicht wirklich, daß seine Frau ihn nicht versteht. Er will sagen, daß er aufgrund seines sexuellen Mangels das Gefühl hat, emotional abgeschnitten zu sein und nicht zu existieren.

Da Sex für die Männer ein so machtvolles Kommunikationsinstrument ist, wollen sie auch etwas Wichtiges mitteilen, wenn sie keinen Sex haben wollen. Wenn Männer sich sexuell zurückziehen, drücken sie häufig passiv Wut aus. Aber es ist auch möglich, daß sie Angst haben, von ihren Gefühlen fortgerissen zu werden, oder daß sie sich bei einer Frau nicht sicher fühlen.

Ein Mann, der sich von den hysterischen Ausbrüchen seiner Frau terrorisiert fühlte, zog sich allmählich immer mehr von ihr zurück, bis er plötzlich erkannte, daß ihr Liebesleben quasi nicht mehr existierte. „Mir wurde endlich klar, daß ich emotional so angeschlagen war, daß ich mich nicht sicher genug fühlte, mich ihr sexuell zu nähern", sagte er. „Ich fragte mich immer, wann wohl die nächste Bombe hochgehen würde. Dahinter steckte wohl auch meine Angst, daß sie irgendwann meine sexuelle Leistungsfähigkeit in Frage stellen würde." Ein anderer Mann erzählte, daß er sich durch die kritischen

Bemerkungen, die seine Frau während und nach dem Liebesspiel machte, so abgewertet fühlte, daß er es einfach nicht mehr wagte, mit ihr zu schlafen. Erst Jahre später, als er eine Liebesaffäre mit einer Frau hatte, die ihm sagte, was für ein wunderbarer Liebhaber er sei, erlangte er sein sexuelles Selbstvertrauen zurück und begann sogar seine Gefühle verbal auszudrücken.

Sex ist – weitaus mehr, als wir gemeinhin zugeben – ein komplexes Phänomen mit vielen Facetten –, besonders für Männer. Deshalb sollten wir uns vor Augen halten, daß in der sexuellen Begegnung sehr viele Dinge mitspielen – auch wenn dies unseren Mythen, unseren Vorurteilen und sogar unserer Erfahrung widersprechen mag. Statt in unseren Liebesbeziehungen überkritisch oder naiv zu sein und uns in Schwarzweiß-Malerei zu ergehen, sollten wir neugierig darauf sein, was Männer uns durch ihr sexuelles Verhalten mitteilen möchten. Denn, wie Frauen schon lange wissen, ist Sex immer viel mehr als nur Sex.

Alles, nur das Eigentliche nicht

Er: „Hör auf, an mir rumzumeckern. Du hast mir das alles schon tausendmal gesagt."
Sie: „Ich weiß, aber du hörst nie zu."
Er: „Woher willst du das wissen?"
Sie: „Weil du nie darauf reagierst."
Er: „Woher weißt du das?"
Sie: „Weil du nie etwas sagst."

Sex statt verbaler Offenheit, Verdrängung von Gefühlen und passive Aggressivität sind verschiedene Formen der männlichen Geheimsprache. Aber selbst wenn Männer verbal kommunizieren, tun sie es indirekt. Vereinfacht gesagt: Männer sprechen nicht das aus, was sie meinen. Es mag sein, daß sie etwas Ähnliches sagen oder das genaue Gegenteil oder etwas, das sich nur symbolisch auf das bezieht, was sie meinen.

Als Beispiel mag der Fall eines Mannes dienen, der angesichts des Todes seines um nur wenige Jahre älteren Chefs völlig am Boden zerstört war. Durch den zu frühen Tod seines Arbeitgebers wurde ihm – ohne daß er sich dessen bewußt war – seine eigene Sterblichkeit klar. Er erkannte, daß es der Ehrgeiz gewesen war, der seinen Mentor umgebracht hatte, aber natürlich konnte er dies nicht seiner Frau sagen. Statt dessen begann er kurz nach dem Begräbnis, sich zu Hause über seine Arbeit zu beklagen. „Es ist einfach schrecklich in der Firma", jammerte er. „Alle hacken auf mir herum, und das Geschäft geht den Bach runter."

Diese Botschaften waren so indirekt, daß seine Frau sie trotz seines ständigen Klagens nicht entschlüsseln konnte. Das wirkliche emotionale Problem wurde nie enthüllt, denn er hatte nicht die geringste Ahnung, wie er es identifizieren konnte, und ganz sicher wußte er nicht, wie er es hätte in Worte fassen sollen. Selbst wenn er gewußt hätte, was er fühlte, hätte er als Mann, der die kleine Welt seiner Familie zusammenhalten mußte, wohl kaum nach Hause kommen können und sagen: „Ich habe das Gefühl, es bringt mich ins Grab, daß ich für dich und die Kinder sorgen muß. Alles, was ich angestrebt habe, wird zu meinem frühzeitigen Ableben führen." Seine Frau war frustriert und ermutigte ihn, seine Probleme mit seinen Kollegen zu besprechen, was er schließlich auch tat. Aber als er weiterhin deprimiert war, weil das eigentliche emotionale Problem dabei nicht angesprochen worden war, ermutigte sie ihn, eine Therapie zu machen, bei der im Lauf der Zeit das Problem ans Licht kam.

Wie diese Geschichte über die emotionale Unergründlichkeit der Männer zeigt, haben Frauen häufig Schwierigkeiten, auf die verschlüsselten Botschaften der Männer angemessen zu reagieren. Frauen sind nicht nur bereit, sondern geradezu versessen darauf, Männern das zu geben, was sie brauchen, aber ohne klare Aussagen bleibt ihnen nur die Rolle der in die Irre geführten Gedankenleserin, die verzweifelt nach Hinweisen sucht.

Tatsächlich rufen die manchmal geradezu primitiven indirekten Verbalisierungsversuche der Männer sowohl bei ihnen selbst als auch bei den Frauen eine immense Frustration hervor. Männer sind so ungeschickt im Umgang mit der Sprache der Gefühle, daß sie, selbst wenn sie direkt von einer Frau zu einem emotionalen Austausch ermuntert werden, diese Einladung nicht annehmen können. Ein leitender Angestellter im Marketingbereich, der, wie er mir später erzählte, von der liebevollen Karte, die ihm eine Frau, die er seit langem bewunderte, zum Geburtstag geschickt hatte, zu Tränen gerührt war, war nicht in der Lage, ihr zu sagen, wieviel ihm ihre Worte bedeutet hatten. Als er sie das nächste Mal sah, konnte er nur hervorbringen: „Das muß eine teure Karte gewesen sein." Er war nicht fähig, ihr zu sagen, was er wirklich gefühlt hatte: „Es haut mich um, daß du an meinen Geburtstag gedacht hast. Deine Worte haben mich tief berührt. Ich danke dir für deine Liebe."

Ein anderer Mann, der zu schüchtern war, eine Frau zu fragen, ob sie mit ihm ausgehen wolle, sagte statt dessen wiederholt zu ihr: „Zur Zeit laufen einige ganz gute

Filme. Haben Sie schon von dem und dem gehört?“ Dann erging er sich in einer längeren Erörterung der verschiedenen Filme, ohne sie jemals zu fragen, ob sie sich nicht einen davon mit ihm ansehen würde. Ihr zu sagen, wie sehr er sie mochte, war völlig ausgeschlossen. Er erzählte später, daß sein Herz brach, als er sie mit einem anderen Mann sah, und als ich ihn fragte, warum er ihr gegenüber nie seine Gefühle ausgedrückt hatte, antwortete er: „Ich habe sie zwar gefühlt, aber ich konnte sie nicht in Worte fassen.“

Da die männliche Kommunikation oft so erbärmlich indirekt ist, sind sich die Männer manchmal selbst nicht sicher, wovon sie eigentlich reden. In den Augenblicken, in denen sie am verletzlichsten sind, zeigen sie manchmal ihre Frustration über das männliche Problem, nur in einer Geheimsprache kommunizieren zu können.

Einem Mann tat es leid, daß er nie eine „echte Unterhaltung“ mit seinem besten Freund gehabt hatte, der an Leukämie gestorben ist. „Wir haben nur alte Filme auf Video angeschaut, und dann ist er gestorben.“ Ein anderer Mann hatte furchtbare Angst, seinen Nachbarn, die ihn während seiner Scheidung bei sich aufgenommen hatten, einzugestehen, daß er sich in ihrer Schuld fühlte. „Ich habe ihnen zu Weihnachten einen Korb mit Obst geschickt und die Karte nur unterzeichnet. Ich habe ihnen nicht einmal ein paar Zeilen geschrieben.“ Ein dritter Mann offenbarte mir weinend: „Mein Vater hat mir nie gesagt, daß er mich liebt, aber irgendwie bin ich immer davon ausgegangen, da ich derjenige war, den er immer zum Baseball mitnahm. Aber ich hatte ständig diese nagenden Zweifel, denn er hat es mir nie ausdrücklich gesagt. Ich wünschte, er hätte nur einmal gesagt: ‚Ich liebe dich.‘“ Egal, um welches Thema oder um welche Form der Beziehung es sich handelt: Männer fühlen sich wie gelähmt, weil sie die Dinge, die sie sagen möchten, nicht sagen können, und weil sie die Dinge, die sie hören möchten, nicht zu hören bekommen.

Taten oder Worte?

Wann immer ich einem Mann nahekomme, frage ich mich, wie es Frauen eigentlich schaffen, Beziehungen zu ihnen aufzubauen. Männer würden ein Gefühl doch nur dann erkennen, wenn sie es auf der Bank einzahlen könnten.

Bankangestellte, 42

Eine andere problematische Konsequenz der männlichen Unfähigkeit, Gefühle direkt auszudrücken, besteht darin, daß in Beziehungen eine Art Leere entsteht, die anscheinend nur mit den Gefühlen der Frau gefüllt wird. Da Frauen im allgemeinen einen leichteren Zugang zu Worten haben, die ihre Gefühle beschreiben, kommen sie leicht zu der Ansicht, daß nur sie überhaupt Gefühle haben. Sie scheinen davon überzeugt zu sein, daß Emotionen um so stärker und echter sind, je mehr man sie in Worte faßt. Daher vergessen Frauen nur zu leicht, daß Männer ihre Gefühle durch eine Geheimsprache ausdrücken – durch Taten, Untätigkeit, Ersatzverhalten, symbolische Kommunikation – und daß sie bis jetzt noch keine besonders fortgeschrittene Sprache für ihre Gefühle entwickelt haben, weil sie immer noch dabei sind herauszufinden, welche Gefühle sie überhaupt haben.

Zur Zeit sind Männer weder in der Lage, die Worte, die emotionale Erfahrungen ausdrücken, zu sagen, noch sie zu verstehen. Es ist, als hätten sie ihre Ohren mit Wachs verstopft, um nichts hören zu müssen, und sie haben niemals die richtigen Worte für ihre Gefühle finden können, da sie diese nach der Maxime „Indianerherz kennt kein' Schmerz" nicht einmal fühlen durften. Sie können uns tatsächlich nicht sagen, wie sie sich fühlen, denn sie wissen es einfach nicht.

Angesichts der vorherrschenden Unausgewogenheit zwischen sprachlosen Männern und emotional ausdrucksvollen Frauen lautet die eigentliche Frage, die sich beide Geschlechter stellen müssen: Welche Sprache eignet sich am besten, um Gefühle auszudrücken? Worte, was den Frauen am liebsten wäre, oder Taten, auf denen die Männer bestehen? Dieses Rätsel verwirrt Männer und Frauen seit Menschengedenken und kann als die entscheidende Frage in der Beziehung der Geschlechter bezeichnet werden.

Um diese verfahrene Situation zu lösen, müssen wir Frauen uns darüber im klaren sein, daß, wenn wir auf verbaler Kommunikation bestehen, wir die Männer im Grunde bitten, in ein Land zu kommen, das ausschließlich von Frauen bewohnt wird. Denn wenn wir einen Mann bitten, seine Gefühle direkt auszudrücken, bitten wir ihn eigentlich – zumindest vorübergehend –, weiblicher, das heißt mehr wie eine Frau zu werden. Professor Higgins fragte in *My Fair Lady*, wieso eine Frau nicht mehr wie ein Mann sein könne, und hatte dabei bestimmte Hintergedanken. Und die Frauen fragen in ihrem Bemühen, Männer dazu zu bringen, über ihre Gefühle zu sprechen: „Wieso kann ein Mann nicht mehr wie eine Frau sein?"

Die Frauen bitten die Männer also, eine im wesentlichen weibliche Verhaltensweise anzunehmen, nämlich sich verbal auszudrücken. Die Männer lehnen das nicht nur meistens ab, sondern sie geraten förmlich in Panik. Sie empfinden es normalerweise – und durchaus zu Recht – als ungerecht, daß nur sie sich ändern sollen. Warum können Frauen denn „nicht einfach verstehen“, was sie ihnen sagen wollen?

In gewisser Hinsicht stellt die verbale Kommunikation den größten gemeinsamen Nenner in menschlichen Beziehungen dar. Sowohl Männer als auch Frauen setzen Sprache täglich ein, sei es in Gefühlsdingen oder in Politik und Wirtschaft. Normalerweise wissen wir alle, was ein bestimmtes Wort bedeutet, und aufgrund dieser Übereinstimmung sind Worte im allgemeinen viel leichter zu interpretieren als Taten. Man könnte sagen, Worte sind ein universeller Kode.

Daher ist es zwar richtig, daß die männliche Form der verschlüsselten Kommunikation emotionale Inhalte vermittelt und daß die Frauen lernen sollten, diese zu entschlüsseln, aber es ist auch richtig, daß Männer lernen sollten, sich durch das Medium der Frauen, die Sprache, auszudrücken. Keine Form der verschlüsselten Kommunikation kann jemals das gesamte Spektrum einer gemeinsamen Sprache erfassen oder dieser in Schönheit, Detailliertheit und Wirksamkeit nahekommen. Wenn Männer wirklich befriedigende Beziehungen zu Frauen wollen, müssen sie beginnen, ihre Geheimsprache aufzugeben und die Kunst des direkten verbalen Austauschs zu erlernen, von der die Frauen bereits wissen, wie lohnend sie ist.

Und wenn wir die Kluft zwischen den Geschlechtern jemals überwinden wollen, müssen auch die Frauen erkennen, daß die Sprache der Bewegung, des Handelns, der Gestik und Mimik auch ihre Berechtigung und ihre eigene Bedeutung hat. Vielleicht werden die Frauen, wenn sie mehr und mehr in die traditionell von Männern beherrschten, handlungsorientierten Bereiche vorstoßen, zunehmend mit diesem Verhaltensvokabular vertraut und begreifen, daß emotionale Aussagen auch durch Taten gemacht werden können.

In dem Maß, in dem Frauen dazu fähig werden und in dem sie für sich selbst Handlungen entdecken, die emotionale Inhalte vermitteln, können sie auch das männliche Verhalten mit mehr Verständnis betrachten. Das wiederum wird dazu führen, daß die Männer sich ihnen öffnen und den schwierigen Prozeß beginnen, mit Worten umzugehen und die Sprache der Frauen zu sprechen. Aber solange Frauen und Männer nicht in der Lage sind anzuerkennen, daß der männliche Ausdruck eine Ursache und eine Berechtigung hat, und zu begreifen, daß Männer von der Last der verschlüsselten Kommunikation befreit werden müssen, wird sich die Kluft zwischen den Geschlechtern nur noch vergrößern, und die Intimität, nach der wir uns alle sehnen, wird uns weiterhin durch die Finger gleiten.

8
Nie gut genug: Die große Angst der Männer

Sie beklagt sich immer nur: über mich, über das Leben, über ihre Arbeit. Damit will sie natürlich sagen, daß ich etwas in Ordnung bringen soll. Immerhin bin ich ihr Mann. Von mir wird erwartet, daß ich die ganze gottverdammte Welt am Laufen halte. Versorgen und beschützen: wenn ich das nicht kann, bin ich zu nichts nütze.

Professor, 38

Männer *und* Frauen haben die Männer beständig und erfolgreich in ihre Rolle gedrängt, so daß deren wichtigster emotionaler Antrieb fast völlig verborgen bleibt. Die Männer halten zwar die Welt in Gang und unterdrücken ihre Gefühle in hervorragender Weise, aber sie werden von einer nur notdürftig verdeckten Angst beherrscht, die sie immer wieder heimsucht: die meisten Männer haben Angst, nicht gut genug zu sein.

Mehr als sich eine Frau jemals vorstellen könnte, fürchtet sich ein Mann davor, unzulänglich zu sein. Männer haben Angst, nicht stark, nicht schön oder nicht reich genug zu sein, als Liebhaber nicht zu genügen, nicht genug Erfolg zu haben, nicht ausreichend für ihre Familien zu sorgen, von ihren Kindern nicht respektiert zu werden, mit ihren Kollegen oder Freunden nicht mithalten zu können, als Väter zu versagen und am Ende festzustellen, daß ihr Leben keinen Sinn gehabt hat. In intimen Beziehungen haben Männer entweder

Angst, zu sehr zu lieben und dann verlassen zu werden, oder sie fürchten, die Liebe ihrer Frau nicht angemessen erwidern zu können und dadurch eingeengt und überfordert zu werden.

Tatsächlich entstammt ein Großteil des männlichen Verhaltens, das Frauen so verwirrt und verärgert, dieser männlichen Urangst, irgendwie nicht gut genug zu sein. Die meisten von uns wissen das nicht, denn die Männer verschleiern diese Tatsache sehr gut durch Reaktionsbildung, Verdrängung und passive Aggression. Ein Mann, der panische Angst davor hat, daß seine Freundin nicht mit ihm ausgehen will, wird daher zum Beispiel mit seinen sexuellen Abenteuern angeben; ein Mann, der befürchtet, von seiner Frau verlassen zu werden, wird vehement leugnen, daß ihm dieser Gedanke jemals gekommen ist; und ein Mann, der das Gefühl hat, als Versorger versagt zu haben, wird seiner Frau vorwerfen, daß sie zuviel Geld für Lebensmittel ausgibt.

Auch wenn es für Frauen kaum faßbar ist, erzählen mir Männer ständig, daß sie Angst haben, in irgendeinem wichtigen Lebensbereich nicht gut genug zu sein, und daß daraus die nächste Angst entsteht, nämlich, daß sie deswegen nicht länger akzeptiert werden und in den Augen der Frau als Mann versagt haben.

Aufgrund des männlichen Konkurrenzverhaltens haben Männer das Gefühl, sie müßten erfolgreich sein, alle Antworten parat haben, besser als alle anderen sein und alles richtig machen – und das jederzeit. Daher nagt an ihnen die ständige Angst, diese Erwartungen nicht erfüllen zu können. Das A und O der männlichen Identität ist aufgrund dieser ihr innewohnenden Angst der endlose Versuch zu genügen und die Angst, nicht zu genügen. Ein Mann glaubt, er existiere, um die Welt und seine

Familie zusammenzuhalten. Wenn er das Gefühl hat, daß es ihm gelingt, fühlt er, daß er okay ist, das heißt, er ist ein „richtiger Mann"; meint er aber, es gelinge ihm nicht, fühlt er sich unzulänglich, das heißt, er ist „kein richtiger Mann". Wie der Kaiser im Märchen „Des Kaisers neue Kleider" leben Männer in der ständigen Furcht, es könnte entdeckt werden, daß sie eigentlich völlig nackt dastehen, während sie versuchen, die Welt zu regieren.

Es fällt Frauen schwer, diese Angst der Männer zu verstehen – nicht nur weil die männliche Rolle es vorschreibt, daß sie unterdrückt wird, sondern auch weil es einfach keine weibliche Angst ist. Frauen dürfen Angst haben, sie sind seit alters her ermutigt worden, ihre Schwächen zu zeigen, sie dürfen ohnmächtig werden, wenn sie Spinnen sehen, und kreischen, wenn Blut spritzt. Obwohl diese Klischees allmählich ausgedient haben, wird von Frauen noch immer nicht erwartet, daß sie alles richtig machen. Wir können, ohne unser Gesicht zu verlieren, sagen: „Ich fürchte mich ... das kann ich nicht ... das will ich gar nicht erst versuchen." Angst und Rückzug aus Angst sind Verhaltensweisen, die bei Frauen akzeptiert werden, und wenn sie in einem Bereich versagen, mag das zwar zu Enttäuschungen führen, aber es stellt nie das Selbstwertgefühl einer Frau grundlegend in Frage.

Eine Frau zu sein bedeutet (im Guten wie im Bösen), sich den Luxus erlauben zu können, unzulänglich zu sein. Es ist in Ordnung, wenn eine Frau erzählt, wie unsicher sie sich fühlt. Es ist sogar eine der Lieblingsbeschäftigungen vieler Frauen, sich über ihre Unzulänglichkeiten zu unterhalten. Für uns ist es durchaus akzeptabel, über unsere fetten Oberschenkel und furchtbaren

Frisuren zu reden, über unsere Einsamkeit und unsere Sehnsucht nach einem Mann, unsere Angst vor Macht und unsere Enttäuschungen im Beruf: „Ich werde noch verrückt ... Ich kann es einfach nicht ertragen, noch länger allein zu sein ... Ich bin so deprimiert, ich weiß nicht, was ich mit mir anfangen soll ... Ich könnte nie allein in Urlaub fahren, dazu habe ich viel zuviel Angst ... In der Firma ist es einfach schrecklich, ich habe mich so über meinen Chef aufgeregt, daß ich geheult habe und eher gegangen bin."

Männer hingegen können diese Dinge nur selten zugeben, denn würden sie über ihre Ängste oder das Gefühl, nicht gut genug zu sein, sprechen, würde ihre Identität als Mann sofort in Frage gestellt.

Die Wurzeln der Unzulänglichkeit

Meine Angst bezüglich der Liebe? Ich habe Angst, daß ich einer Frau nicht soviel geben kann, daß sie mich genausosehr liebt, wie ich sie liebe. Und wenn sie mich nicht so sehr liebt wie ich sie, wird sie mich verlassen.

Lebensmittelhändler, 42

Die Angst der Männer, unzulänglich zu sein, hat ihren Ursprung in der unumstößlichen Gewißheit, daß sie keine Kinder gebären können. Unbewußt sind Männer von der Tatsache überwältigt, daß Frauen fähig sind, neues Leben in die Welt zu setzen, und sie selbst nicht. Sie sind sogar so sehr davon überwältigt, daß sie Angst haben, *nichts,* was sie jemals tun könnten, käme diesem Akt der Schöpfung auch nur annähernd gleich. Verglichen mit dieser unglaublichen Leistung verblaßt *alles,* was Männer tun könnten, und alle ihre Anstrengungen sind nur der Versuch, es den Frauen gleichzutun. Weil Männer nicht gebären können, versuchen sie durch eine endlose Aneinanderreihung von Leistungen endlich die Lücke zwischen dem, was sie leisten können, und der einen Leistung, die sie nicht vollbringen können, zu schließen. Dieser immerwährende Versuch erfordert natürlich gewaltige Anstrengungen und ist der wahre Grund dafür, daß Männer fürchten, nicht gut genug zu sein.

Daher erleben Männer in der Gegenwart von Frauen – ähnlich einer chronisch erhöhten Temperatur – jenes unbestimmte, aber störende Gefühl der Unzulänglichkeit. Allein die Tatsache, eine Beziehung zu einer Frau zu haben, scheint den Mann unterschwellig fortwährend daran zu erinnern, daß er keine Kinder bekommen kann, während sie dazu in der Lage ist. Und zusätzlich zu dieser grundlegenden Ursache seines Unbehagens tragen auch die Anforderungen, die an die männliche Rolle gestellt werden, zu dem Gefühl der Unzulänglichkeit bei.

Wegen ihres komplexen Gefühlslebens bleiben Frauen Männern ein unergründliches Geheimnis. Frauen scheinen auf eine Weise zu leben, die sich dem Mann auf ewig entzieht, die ihn verwirrt und durch die er sich häufig auch abgewertet fühlt. Die Gefühle der Frauen führen den Männern vor Augen, daß sie selbst nicht über ihr Gefühlsleben Bescheid wissen.

Wenn ein Mann eine feste Beziehung mit einer Frau eingeht, wird ihm eine Reihe von Verantwortlichkeiten abverlangt, die er glaubt nicht erfüllen zu können. In der Beziehung zu einer Frau wird dem Mann unterschwellig – aber deswegen nicht weniger frustrierend – klar, wo seine Grenzen liegen.

Mit *ihren* Gefühlen mithalten

Meine größte Angst in einer Beziehung ist, nicht angemessen auf die Bedürfnisse der Frau reagieren zu können.

Bodybuilder, 36

Zu den Schreckgespenstern des männlichen Minderwertigkeitskomplexes gehören auch die Ängste, deren Männer sich gewahr werden, wenn sie den Gefühlen einer Frau ausgesetzt sind. Frauen haben überhaupt keine Vorstellung davon, wie sehr sich Männer vor ihren Emotionen fürchten, denn sie glauben, daß Männer stark sind, alles aushalten können und daß sie sich durch nichts aus dem Gleichgewicht bringen lassen.

Dieses Fantasiebild wird natürlich dadurch unterstützt, daß Frauen nur selten erkennen, in welchem Maße Männer sich von ihren Gefühlen beeinflussen lassen. Ganz sicher sehen Frauen nicht, daß Männer sich auf dieselbe emotionale Weise verhalten, wie sie selbst es tun. Alles, was Männer zeigen, scheint ziemlich gedämpft zu sein – mit der Ausnahme von Wut natürlich.

Da sie so sehr in der Klemme stecken – stark sein zu müssen, um ihre männliche Identität aufrechtzuerhalten –, sind Männer nicht in der Lage zuzugeben, wie sehr sie die Gefühle der Frauen ängstigen. Da es nicht männlich ist, sich von Frauen einschüchtern zu lassen, können Männer nicht zugeben, daß es längst passiert. Wieder einmal verhindert die Definition von Männlichkeit genau die Form von Kommunikation, die nötig wäre, um eine Verbindung zwischen Männern und Frauen herzustellen.

Können Sie sich vorstellen, daß ein Mann sagt: „Du ängstigst mich zu Tode, wenn du so weinst. Ich kann damit nicht umgehen. Ich weiß nicht, was ich tun soll." Es wäre ihm peinlich, so etwas zuzugeben. Schließlich sollen Männer überhaupt keine Angst haben – und schon gar nicht vor Frauen. Aber die Wahrheit ist: Männer befürchten oft, die Kontrolle zu verlieren, und sind unterschwellig gleichzeitig verängstigt und aufgebracht, wenn Frauen ihre Gefühle ausdrücken und besonders wenn sie diese lautstark äußern.

Ein Mann, der sich jahrelang von den Gefühlsausbrüchen seiner Frau überfordert fühlte, erzählte mir: „Es dauerte vier Jahre, bis ich das Gefühl hatte, ich könnte es überleben. Anfangs, wenn sie so richtig vom Leder zog, stand ich nur da und dachte: ‚Mein Gott, das halte ich nicht aus.'"

Ein junger Mann, der zum ersten Mal einem Ausbruch seiner Braut ausgesetzt war, war verblüfft, wie stark sich ihre Depression auf ihn auswirkte. „Es haute mich völlig um", sagte er. „Ich konnte es nicht ertragen. Sie weinte und sagte all diese furchtbaren Sachen. Ich versuchte alles, um sie aufzuheitern, aber nichts funktionierte. Ich wollte nur noch die Hände über dem Kopf zusammenschlagen und brüllen: ‚Schluß mit den Gefühlen!'"

Männer haben aus mehreren Gründen Angst vor den Emotionen der Frauen. Erstens befürchten sie, es fehle ihnen etwas, um ein funktionierendes Gefühlsleben zu führen, da ihre Navigationskünste, mit denen sie an ihrer eigenen emotionalen Skylla und Charybdis vorbeisegeln könnten, nur schwach ausgebildet sind. Jemandem auf der Gefühlsebene zu begegnen, ist für einen Mann etwa so, als ob er sich auf der Suche nach einem Kontinent, der seiner Meinung nach nicht einmal existiert, aufs offene Meer wagen würde. Er ist sich nicht sicher, ob es ihm gelingen wird, diesen unbekannten

Ozean zu überqueren, und bezweifelt stark, daß er jemals einen schützenden Hafen erreichen wird. Außerdem inspirieren die Gefühle, denen sich die Männer häufig ausgesetzt sehen, sie nicht gerade dazu, die Kunst der verbalen Kommunikation zu erlernen. Also wäre es ihnen eigentlich lieber, die Frauen fänden eine andere Möglichkeit, mit ihren Gefühlen umzugehen, als diese verbal auszudrücken.

Einer Bedrohung sind Männer seit alters her mit reinem Kraftaufwand begegnet, oder sie ertrugen den Ansturm tapfer und geduldig. Aber ein Mann weiß instinktiv, daß diese beiden Strategien im Bereich des Emotionalen nicht funktionieren. Er darf keine Gewalt anwenden, weiß aber nicht, wie er sonst reagieren soll, und im Augenblick des Aufruhrs ihrer Gefühle weiß er nicht, ob er die Frau beruhigen kann oder wie er ihre Attacken sonst überleben könnte. Gleich für welche Strategie sich ein Mann entscheidet – Männer haben keine Ahnung, wie sie im Umgang mit den Gefühlen einer Frau die goldene Mitte finden sollen.

Also fühlen sich Männer doppelt machtlos: zum einen angesichts der weiblichen Fähigkeit, Leben hervorzubringen, und zum anderen, weil sie gezwungenermaßen im emotionalen Bereich mitspielen müssen. Ob sie es nun noch von außen betrachten oder sich bereits mittendrin befinden, fürchten sich viele Männer davor, in etwas hineingezogen zu werden, mit dem sie nicht umzugehen wissen.

Aus diesem Grund ist das eigentliche Thema einer Auseinandersetzung unwichtig – Männer haben Angst, daß sie mit keinem emotionalen Problem gleich welcher Art umgehen können. Wie sagte ein Mann? „Ich habe das Gefühl, ihre Emotionalität bringt mich um. Dabei ist es egal, ob ich eine Auseinandersetzung gewinne oder verliere."

Da Männer nicht wissen, wie sie ihre Gefühle ausdrücken sollen, und da sie befürchten, daß die Frauen dies entdecken, sagen sie oft gefühllose Dinge wie: „Es ist doch lächerlich, daß du dich so aufregst" oder „Beruhige dich, du mußt doch nicht gleich hysterisch werden". Die erste – und normalerweise unbewußte – Reaktion eines Mannes auf den Gefühlsausbruch einer Frau ist der Versuch, diesen zu unterdrücken, damit sie nicht merkt, daß er mit einer solchen hochgradig emotionalen Auseinandersetzung nicht fertig wird.

Männer tun die Gefühle der Frauen auch deshalb so schnell ab, weil sie befürchten, es würde offenkundig, daß sie mit den Forderungen, Beschwerden und Beurteilungen, die in den geäußerten Emotionen enthalten sind, nicht angemessen umgehen können. Wenn eine Frau also ihren Mann anschreit, weil er das Dach seit Jahren nicht repariert, macht er sich nicht nur Gedanken darüber, wie er ihre Schimpfkanonade überstehen soll, sondern er fragt sich auch, woher er die Zeit und das Geld nehmen soll, um das Dach zu reparieren. Wenn eine Frau sich bei ihrem Mann beklagt, daß er seit fünf Wochen nicht mehr mit ihr geschlafen hat, geht ihm nicht nur durch den Kopf, ob und wann sie endlich den Mund halten wird, sondern auch, ob und wann er sich jemals wieder sicher genug fühlen wird, um sich ihr sexuell zu nähern.

Auf jeden Fall hat ein Mann Angst, daß er nicht fähig ist, auf die emotionale Explosion der Frau zu reagieren oder die darin enthaltene Aufforderung zu erfüllen. Und das ist für Männer, die sich durch ihre Leistungsfähigkeit definieren, das Schlimmste, was ihnen passieren kann. Nun geht es grundsätzlich um ihre Identität als Mann.

Wenn wir diese Situation verändern wollen, sollte uns bewußt sein, daß Männer im Umgang mit Frauen nicht nur mit deren emotionaler Unberechenbarkeit konfrontiert werden, sondern auch ständig darum bemüht sind, das Monster ihrer versteckten Angst, nicht gut genug zu sein, in Schach zu halten. Auf dem Ozean der Gefühle versuchen Männer, so gut es eben geht, den Kopf über Wasser zu halten.

Die Angst des Mannes vor Bindung

Ein Mann zu sein heißt für mich Liebe und Macht, Verantwortung und Freiheit ins Gleichgewicht zu bringen.

Bauunternehmer, 53

Es ist nicht gerade eine weltbewegende Neuigkeit, daß Frauen eher als Männer bereit sind, emotionale Bindungen einzugehen. Schon junge Frauen sind nicht nur bereit, sondern brennen geradezu darauf, eine Ehe oder feste Beziehung einzugehen, was Männern eher schwerzufallen scheint. Im Gegensatz zu der Meinung vieler Frauen, daß Männer alle freischwebende Peter Pans sind, die sich weigern, erwachsen zu werden, oder Traumtänzer, die es geradezu lieben, Frauen mit ihrer Unentschlossenheit in bezug auf Heirat oder feste Beziehungen zu quälen, ist die männliche Abneigung gegen feste Bindungen eher eine Manifestation der männlichen Angst, die Frau könne entdecken, daß er nicht gut genug ist.

Unbewußt wissen Männer, daß sie sich in einer Ehe wieder in genau die Situation begeben, vor der sie sich am meisten ängstigen: eine enge Beziehung, in der sie den Gefühlen einer Frau ausgesetzt sind, mit denen sie wahrscheinlich nicht umgehen können. Deshalb fällt es einem jungen Mann natürlich schwer, sich in eine Situation zu begeben, die der ähnelt, der er erst in den späten Teenagerjahren entkommen konnte.

Denn es ist eine Tatsache, daß unzählige Männer durch den Tod oder die Abwesenheit des Vaters oder einfach, weil ihre Mutter sie dem Mann, den sie geheiratet hat, vorzog, frühzeitig in die Rolle des Ehemannes gedrängt wurden. Tatsächlich wurden viele Jungen auf diese Weise ausgenutzt und als Ersatzehemänner und emotionale Kindermädchen mißbraucht. Wenn dann als Erwachsene eine Frau von ihnen verlangt, eine Beziehung mit ihr einzugehen, haben sie das Gefühl, schon ihr ganzes Leben lang in einer festen Bindung gewesen zu sein. Wen wundert es da, daß sie nicht gerade versessen darauf sind, sich gleich wieder kopfüber in den Schlamassel zu stürzen.

Einem 38jährigen Mann, der von seiner Geliebten gedrängt wurde, sie endlich zu heiraten, platzte eines Abends der Kragen, als sie ihn bat, auf dem Nachhauseweg Salat einzukaufen. „Jetzt langt's mir aber, wir werden nicht heiraten! Du bist ja genau wie meine Mutter. Ihr mußte ich auch immer alles mitbringen. Wir haben direkt gegenüber vom Supermarkt gewohnt, aber sie ist in fünfzehn Jahren nicht ein einziges Mal einkaufen gegangen. Ich war ihr Sklave. Ich mußte alles für sie besorgen, sogar ihre Tampons und Strumpfhosen. Das werde ich nie wieder tun", tobte er und brach unkontrolliert schluchzend zusammen.

Ein anderer Mann, dem es schwerfiel, sich zu binden, sagte: „Meine Mutter war sehr ordentlich. Das war das einzige, was sie glücklich machte. Ich glaube, ihr Leben war so leer, daß Ordnung das einzige war, was sie interessierte. Sie inspizierte mein Zimmer. Sie war erst dann zufrieden, wenn alles sauber war – und ich meine wirklich alles. Wenn etwas nicht an seinem gewohnten Platz lag, faßte sie das als persönlichen Angriff auf. Ich hatte keine Privatsphäre. Sie wollte wissen, was ich besaß, warum ich es besaß, was ich damit tun würde, wann es kaputtgehen würde und wo ich es bis dahin aufzubewahren gedachte. Irgendwann gelang es mir, den Pappboden aus einer meiner Lampen zu entfernen. Dort bewahrte ich ein paar Kondome und andere Dinge auf. Also, ich weiß nicht, wie ich es ertragen habe, bis ich mit achtzehn endlich von zu Hause floh und zur Uni ging."

Ein dritter Mann sagte es ganz direkt: „Ich war immer der Mann meiner Mutter, derjenige, bei dem sie sich ausweinen konnte, ihr Begleiter, wenn mein Vater weg war, derjenige, bei dem sie sich über ihre Mutter beklagte. Es lag nicht daran, daß mein Vater nicht zu diesen Dingen bereit gewesen wäre. Sie mochte mich einfach lieber. Als ich klein war, gefiel es mir, ich hatte das Gefühl, etwas Besonderes zu sein. Aber als ich älter wurde, begann ich es zu hassen. Sie konnte mich nicht loslassen. Jedesmal, wenn ich eine Verabredung hatte, war das für sie ein traumatisches Erlebnis. Sie wollte, daß ich hinterher in ihr Schlafzimmer kam und ihr einen Gutenachtkuß gab. Es war richtig unheimlich. Heute kann ich es nicht leiden, wenn Frauen an mir hängen. Ich habe immer eine feste Freundin und dann noch ein paar nebenher. Der Gedanke, mich an eine Frau zu binden, ist für mich der reinste Horror."

Wie diese Beispiele zeigen, wehren sich viele Männer nicht deswegen gegen eine feste Bindung, weil sie eine

Frau nicht lieben, sondern weil ihre allererste Beziehung zum anderen Geschlecht nicht der schützende Zufluchtsort war, zu dem wir die Mutter-Kind-Beziehung häufig hochstilisieren, sondern eher einem Schlachtfeld glich, auf dem die körperliche und emotionale Stärke des Jungen wiederholt von der Mutter für ihre Zwecke mißbraucht wurde.

Viele Mütter sind weit davon entfernt, wirklich gute Mütter zu sein und ihren Kindern die selbstlose Liebe zu geben, wie es das Merkmal einer guten Mutter ist. Statt dessen sind sie selbst emotional äußerst bedürftig. Unabhängig davon, ob die Ursache dafür in den Entbehrungen der Kindheit zu suchen ist („Meine Mutter war ein Waisenkind, ihre Eltern haben sie im Stich gelassen, als sie zwei war") oder in den Enttäuschungen ihrer Ehe („Meine Mutter liebte meinen Vater, aber er war Arzt und nie zu Hause"), treten viele ihre Rolle als Mutter als liebebedürftige kleine Mädchen an oder als Frauen, denen die Erfüllung wahrer Liebe versagt blieb. Die Folge davon ist, daß viele Mütter ihre Söhne als Ehemänner, Liebhaber, Ratgeber, Sklaven und Beichtväter vereinnahmen und sie mit einer zwar undefinierbaren, aber nichtsdestotrotz brodelnden Wut auf alle Frauen ins Leben hinausschicken.

In ihren späteren Beziehungen suchen diese Männer dann nach dem Schutz, der ihnen ursprünglich verweigert wurde. Aber sobald sie ihn spüren, kommen sie auch in Kontakt mit ihrer unterdrückten Wut auf ihre Mütter. Deshalb wenden sie sich so häufig – und mit allen möglichen Entschuldigungen – von den Frauen ab, die eine feste Bindung mit ihnen eingehen möchten.

Die Situation wird noch dadurch verschlimmert, daß Frauen nicht verstehen, warum Männer sich so verhalten. Sie sind entweder über die Wut der Männer entsetzt, oder sie beobachten, wieviel „Aufmerksamkeit“ die Männer ihren Müttern schenken, wie sie ihnen voll abgöttischer Hingabe jeden Wunsch erfüllen und versuchen, dies für ihre Zwecke ausnutzen. („Er ist so gut zu seiner Mutter, ich dachte, da müsse er auch gut zu mir sein ... Er ruft seine Mutter jeden Abend an. Ich dachte, er würde einen tollen Ehemann abgeben ... Er hat die Zahnarztrechnung für seine Mutter bezahlt. Gerade erst hat er ihr eine neue Brücke machen lassen. Da wußte ich einfach, daß er ein guter Versorger sein würde.“) Ob Frauen sich nun von der unterdrückten Wut eines Mannes auf seine Mutter abgestoßen fühlen oder wegen seiner Hingabe von ihm verzaubert sind – sie wollen einfach das, was Frauen eben von Männern wollen. Und da sie nicht begreifen, welchen Schmerz die Männer durch diese ungelösten emotionalen Bindungen erleiden, sind sie enttäuscht, fühlen sich zurückgewiesen und verurteilen Männer, die Mühe haben, feste Bindungen einzugehen.

Vielen Frauen ist bewußt, welchen Druck ihre eigenen Mütter auf sie ausüben – indem sie von ihnen verlangen, sie zu trösten oder stellvertretend für sie ihre Träume zu verwirklichen (Schönheitskönigin zu werden, einen reichen Mann zu heiraten) –, und doch wissen sie oft nicht, daß die Männer unter ähnlichen Problemen leiden und daß diese Tragödien die Fähigkeit der Männer, Bindungen einzugehen, beeinträchtigen. Diese Thematik wirkt sich natürlich auf Männer und Frauen unterschiedlich aus, denn wenn eine Frau heiratet, entkommt sie der Frau, die zuvor ihr Leben bestimmt hat, während der Mann die Frau, die in seinem Leben bis dahin eine übermächtige Rolle einnahm (seine Mutter), durch eine andere, aber potentiell ebenso übermächtige Frau (seine Braut) ersetzt.

Für alles verantwortlich

Ich habe es so satt, der Boß zu sein; es langt mir, immer Gott spielen zu müssen. Ich bin nicht für die Erwartungen anderer Leute verantwortlich, ich bin einfach nur ein Mensch auf seiner Reise.

Stadtplaner, 43

Selbst Männer, die nicht so offensichtlich psychisch mißbraucht wurden, haben häufig Schwierigkeiten, eine feste Bindung einzugehen. Sie fürchten, in der Intimität einer Liebesbeziehung nicht nur mit ihren Ängsten bezüglich ihrer Unzulänglichkeit konfrontiert zu werden, sondern auch den tatsächlichen Anforderungen der männlichen Rolle ins Gesicht sehen zu müssen. Ein junger Mann drückte es so aus: „Ich habe eine Todesangst vor Beziehungen. Ich verliebe mich gerne, aber ich habe noch nie soviel Geld verdient, daß mich eine Frau gewollt hätte. Ich sehe ziemlich gut aus, deshalb verlieben sich viele Frauen in mich, aber wenn sie feststellen, daß ich nicht habe, was sie von mir wollen – Geld, ein Haus, einen sicheren Job –, verlieren sie das Interesse an mir. Ich bin für sie nur eine Abwechslung. Ich weiß, daß ich es verdient habe, um meiner selbst willen geliebt zu werden, und nicht nur wegen meiner Brieftasche, aber nach jeder dieser Liebesaffären komme ich mir wie ein Versager vor."

Den meisten Frauen ist nicht bewußt, daß ein Mann einem verborgenen psychischen Muster folgt, das seinem Unterbewußtsein die folgende Botschaft eingeprägt hat: Wenn er Interesse an einer Frau zeigt, übernimmt er sofort und auf ewig die Verantwortung für sie und wird zum Hüter ihrer Träume und zum Architekten ihrer Wirklichkeit.

Seit ewigen Zeiten sind die Männer sozial, biologisch und psychisch darauf gedrillt worden, die Welt für die Frauen sicher zu machen. Traditionell überantwortet eine Frau durch den Akt der Heirat ihr Leben der Obhut des Mannes; sie gibt sich ihm hin und wird von ihm beschützt. Er übernimmt die volle Verantwortung. Aber in dem Augenblick, in dem er sich dessen bewußt wird, tauchen auch seine Ängste auf. Wird er fähig sein, so für sie zu sorgen, wie sie es braucht und möchte? Wird sie glücklich sein? Wird er genug Geld verdienen, um die Hypothek abzubezahlen? Was passiert, wenn er seinen Job verliert? Was, wenn ihm alles zuviel wird? Da ist es kein Wunder, daß er wegläuft!

Obwohl es heute, in einer Zeit zunehmender Gleichberechtigung, nicht mehr uneingeschränkt zutrifft, daß Männer für Frauen verantwortlich sind, kommt dieser Gedanke in jeder beginnenden Liebesbeziehung zum Tragen. Jede Frau, die unglücklich ist, weil ein Mann nicht bereit ist, eine Beziehung einzugehen, sollte sich das klarmachen. Selbst heute, da die Rolle der Frau sich dramatisch verändert hat, erwarten die Frauen von den Männern, daß sie die Initiative ergreifen. Er soll das emotionale und finanzielle Risiko eingehen, eine Frau zu umwerben. Es ist in den meisten Fällen immer noch der Mann, der die Frau bittet, mit ihm auszugehen, der die Rechnung bezahlt, der beim Sex den ersten Schritt macht, der wieder anruft – oder nicht. Von ganz wenigen Ausnahmen abgesehen ist es der Mann, der der Frau

Blumen schickt. Die Frau schläft in seinen Armen, schmiegt ihren Kopf an seine Brust, weint sich bei ihm aus, stützt sich auf ihn, wenn sie den Halt verliert – auf der Skipiste ebenso wie im Leben.

In diesen Ritualen, die stattfinden, wenn der Mann der Frau den Hof macht, wird der Grundstein für die vielen Beschützerdienste gelegt, die Männer zu erfüllen haben. Die Zeit der jungen Liebe, die Ehe und das sogenannte „wirkliche Leben" stellen die Männer vor überwältigende Aufgaben, denen sich keiner von ihnen entziehen kann.

Trotz der äußerlichen Veränderungen gehen sowohl Männer als auch Frauen weiterhin unausgesprochen davon aus, daß Männer die Miete aufbringen, sich um das Auto, die notwendigen Reparaturen im Haushalt, die Steuern, die Zukunft und um ihre Schwiegermütter kümmern. *Natürlich* wird er auch Kinder wollen, und *selbstverständlich* wird er auch gerne für sie sorgen. Bevor ein Mann seine Angebetete auch nur über die Schwelle getragen hat, weiß er dies alles bereits und krümmt sich innerlich. Was, wenn er keinen guten Job findet? Was, wenn er gefeuert wird? Was, wenn seine Frau merkt, daß er nicht weiß, wie man ein guter Vater ist? Was, wenn er sich in Krisenzeiten als Feigling entpuppt? Natürlich denken die meisten Männer nicht bewußt über diese Fragen nach, aber unterschwellig werden ihre Entscheidungen durch sie bestimmt. Unbewußt fühlen sie ein unendliches Spektrum unausweichlicher männlicher Verantwortlichkeiten auf sich zukommen.

Das ist übrigens der verborgene Grund, aus dem Männer ihren Abschied vom Junggesellendasein feiern. In gewisser Hinsicht ist dieses Ritual ein Abgesang auf die Freiheit des Mannes. Männer feiern nicht nur das kommende Glück des Bräutigams und ergehen sich noch ein letztes Mal in den männlichen Kameradschaftsritualen, sondern sie verabschieden sich von der Unabhängigkeit des Mannes, von seinem Recht, unverantwortlich zu sein, von der Zeit, in der ihm die Welt zu Füßen lag. Wie sagte doch ein angeheiterter Teilnehmer eines dieser Zusammentreffen: „Wir trafen uns, wir betranken uns, wir lachten uns schief, und dann haben wir ihn zum Galgen geschickt." Dieser junge Mann drückte unbewußt aus, daß der Bräutigam nicht mehr frei und ungebunden sein würde, sondern die ungeheure Aufgabe übernommen hatte, eine Frau glücklich zu machen. Denn ob er sich dessen bewußt ist oder nicht, weiß jeder Mann, daß Heirat gleichbedeutend mit Verantwortung ist.

Im allgemeinen haben Frauen überhaupt keine Vorstellung davon – und ganz sicher kein Mitgefühl dafür –, was es psychologisch für einen Mann bedeutet, den Mythos leben zu müssen, daß er die ultimative Quelle der Sicherheit für eine Frau ist. Selbst in der heutigen Zeit, wo Frauen in fast jedem ehemals den Männern vorbehaltenen Beruf arbeiten, können sie sich kaum vorstellen, was es heißt, die jahrhundertealte männliche Rolle zu erfüllen und immer, unausweichlich und ohne Murren für eine Frau sorgen und sie beschützen zu müssen. Diese Rolle ist ein so stark verinnerlichter Teil des männlichen Bewußtseins, daß dies im allgemeinen weder Männern noch Frauen auffällt – so ist das Leben nun einmal.

Vor ein paar Jahren kampierten mein Freund und ich in der Wildnis. Eines Nachts machten sich ein paar Diebe über den Zeltplatz her. Sobald er den Krach hörte, sprang mein Freund auf – wie ich es von ihm erwartet hatte –, um die Eindringlinge zu vertreiben. Erst viel später wurde mir bewußt, daß mir nie die Idee gekommen wäre, daß er mich *nicht* beschützen würde. Tatsächlich waren wir beide sofort davon ausgegangen, daß er sich allein in Gefahr begeben würde. Er war der Mann, also war es seine Aufgabe. Und ob er nun eine Heidenangst hatte (wie er mir später erzählte) oder nicht, er war derjenige, der, aus dem Schlaf gerissen, lostorkelte, um uns zu beschützen. Es spielt keine Rolle, wer er ist oder was er tut, ob es Mitternacht ist, ob zu Hause oder im Urlaub in einem fremden Land, ob er wie Espenlaub zittert oder nicht: ein Mann ist da, um zu beschützen.

Der Mythos vom Mann als Beschützer, vom Mann, der zu allem bereit ist, ist so tief verwurzelt, daß er sich selbst in den kleinen Gesten der Männer gegenüber Frauen zeigt. Eine Frau erzählte mir, daß ihr neuer Freund darauf bestand, im Bett die Seiten zu tauschen. Der Grund dafür war, so erklärte er ihr, daß sie näher zur Tür hin gelegen hatte. Dort wollte er schlafen, denn sollte jemand einbrechen, wäre er zwischen ihr und der Gefahr.

Dieses instinktive Anbieten des männlichen Schutzes ist nur eines der alltäglichen Beispiele, die zeigen, wie sehr sich Männer verantwortlich fühlen. Tatsächlich ist die geistige Bereitschaft, alle Lasten zu tragen, so sehr zu einem existentiellen Bestandteil der männlichen Identität geworden, daß ein Mann, wenn er Angst hat oder diese Rolle nicht mehr spielen will, seine Gefühle entweder sublimiert oder sich selbst deswegen kritisiert. Männer verurteilen sich häufig wegen ihrer zwiespältigen Gefühle gegenüber der männlichen Rolle oder wegen ihrer Angst, diese Last und Verantwortlichkeit nur unzulänglich zu erfüllen. Dies geht so weit, daß sich Männer komisch vorkommen oder glauben, sie seien keine richtigen Männer, wenn sie nicht bei jeder Gelegenheit sofort aufspringen, um die Erwartungen, die an ihre Rolle gestellt werden, zu erfüllen. „Mit mir kann etwas nicht stimmen. Eigentlich möchte ich gar nicht heiraten", sagen sie, oder: „Irgend etwas ist mit mir nicht in Ordnung. Ich habe es satt, für meine Frau und Kinder zu sorgen."

Frauen erkennen oft nicht, daß Männer noch nicht von der psychologischen Last der Verantwortung befreit sind, obwohl sie selbst inzwischen in bestimmten Bereichen Verantwortung übernommen haben. (Heute tragen Frauen zum Familienunterhalt bei, manchmal sogar mehr als ihre Männer, Frauen bringen den Wagen zur Reparatur, rufen den Klempner an und mähen den Rasen.) Aber die Männer *fühlen* sich noch immer verantwortlich und funktionieren immer noch aufgrund der Vorstellung, es sei ihre Aufgabe, die Welt zusammenzuhalten. Wenn es darauf ankommt, bleiben die traditionellen männlichen Verantwortlichkeiten des Versorgens und Beschützens auch heute noch an den Männern hängen.

Das Gegenstück dazu ist die Rolle der Frau als Mutter, die letztendlich die Verantwortung dafür trägt, die Kinder physisch und emotional zu nähren. Dies ist eine typisch weibliche Aufgabe. Die Frau fühlt sich psychologisch auch dann noch wie die „eigentliche" Mutter, wenn der Mann die Windeln wechselt, Tränen abwischt, die Kinder in die Vorschule bringt oder ihnen bei den Hausaufgaben hilft.

So wie es die Männer verinnerlicht haben, zu versorgen und zu beschützen, so sind die Frauen seit jeher für die Erziehung der Kinder verantwortlich. Es ist die Mutter, die noch im Schlaf ein Auge offen hat, um jederzeit nach ihrem kranken Kind sehen zu können; sie weiß intuitiv, wann ihr Sohn einen schlechten Tag in der Schule erwischt hat oder daß ihre Tochter von Liebeskummer geplagt wird. Es sind die Frauen, die Beziehungen aufrechterhalten und Frieden stiften. Sie versöhnen ihre Männer mit den Kindern, die Kinder untereinander, die Kinder mit deren Freunden. Es ist die Aufgabe einer Mutter – das weiß jeder –, die Kinder glücklich zu machen. Die Mutterrolle zu erfüllen bedeutet für eine Frau, verantwortlich dafür zu sein, wie es ihrem Kind geht und was letzten Endes aus ihm wird.

Obwohl wir schon viel getan haben, um diese typisch männlichen und typisch weiblichen Pflichten gerechter zu verteilen, sind diese Veränderungen noch nicht in unser Unterbewußtsein integriert worden, so daß sie sich noch nicht in veränderten Sichtweisen äußern. Sowohl Männer als auch Frauen haben ihre traditionellen Aufgabenbereiche erweitert – Frauen arbeiten außerhalb des Hauses, und Männer wechseln die Windeln –, aber unser kollektives Unbewußtes ordnet uns noch immer die alten Verantwortlichkeitsbereiche zu. In unseren Herzen sind Frauen wie ehedem die Nährenden, während Männer noch immer für alles andere verantwortlich sind.

Wie das Gefühl der Unzulänglichkeit gefördert wird

Wenn ich doch nur einmal eine wirkliche Begegnung mit einer Frau haben könnte, ohne immer der Beschützer sein zu müssen.

Ingenieur, 38

Das Gefühl, für alles verantwortlich zu sein, haben die Männer aber nicht von ungefähr. Selbst heute, da viele Frauen die Verantwortung für sich selbst und oft auch für ihre Kinder übernommen haben, sind die Männer in unseren Augen immer noch Helden, die aus jeder Situation einen Ausweg wissen. Bewußt und unbewußt erwarten wir von den Männern nicht nur, daß sie uns die Sicherheit der Familie und der Finanzen garantieren, sondern auch, daß sie uns ein Gefühl für unsere eigene Weiblichkeit geben, indem sie uns lieben und für uns sorgen. Diese Erwartungshaltung schafft einen Rahmen, in dem Männer erfolgreich sein möchten, aber Angst haben, es nicht zu schaffen.

Trotz unserer Emanzipation erwarten wir Frauen unterschwellig immer noch von den Männern, daß sie uns jederzeit und unter allen Umständen retten und für uns sorgen werden. Ein Beispiel dafür ist Monica, eine erfolgreiche Schulleiterin, die sich endlos über ihren Mann, einen Universitätsprofessor, beklagte. Er sei kein Versorger, erklärte sie, weil sie immer noch arbeiten müsse. Dabei ließ sie völlig die Tatsache außer acht, daß sie Freude an ihrem Beruf hatte, daß sowohl sie als auch ihr Mann unglaublich hohe materielle Ansprüche hatten, daß sie viel reisten und daß sie sich aus Statusgründen ein Haus gekauft hatten, dessen Finanzierung ihre Mittel bei weitem überstieg. Mit anderen Worten, es interessierte sie überhaupt nicht, ob ihre immensen Ausgaben tatsächlich notwendig waren oder Ausdruck einer unglaublichen Zügellosigkeit. So oder so erwartete Monica von ihrem Mann, daß er die nötigen Mittel allein beschaffen würde.

Diese Erwartungshaltung ist in Wahrheit nichts weiter als eine nur notdürftig verkleidete Vater-Fantasie. Manche Frauen sagen ganz offen, daß sie einen „großen, starken Kerl" wollen, der sie so beschützt, wie ihr Papa es tat; aber selbst wenn diese Sehnsucht nicht so drastisch formuliert wird, ist sie doch Teil der unbewußten Wünsche vieler Frauen. Frauen hoffen und glauben, daß ein Mann – ebenso wie der mythische vollkommene Vater – alles für sie tun wird.

Die Entwicklung der Frau in den letzten Jahren hat viel dazu beigetragen, den Mythos des allmächtigen Mannes, der einer Frau jeden Wunsch erfüllt, zu zerstören. Sie hat sogar gelernt, für sich selbst zu sorgen und sich selbst zu beschützen. Aber in unserem kollektiven Unbewußten befindet sich immer noch ein Überbleibsel des Mythos, daß Papa plötzlich wieder für uns da ist und sich um alles kümmern wird. Gleichgültig, wie erfolgreich eine Frau sein mag, träumt sie in einer geheimen Kammer ihres Herzens doch von dem Millionär, der sie in seine starken Arme nimmt und für sie sorgt.

Ein Beispiel dafür ist Jane, eine 47jährige Witwe, die seit zehn Jahren sehr gut für sich und ihre beiden Kinder sorgt. Obwohl sie ein Eigenheim besitzt und Freude an ihrer Arbeit als Grundstücksmaklerin hat, wartet sie doch voller Hoffnung darauf, daß ihr Traummann auftaucht und sie vor dem „finanziellen Ruin" rettet. Interessanterweise wartet sie nicht darauf, daß ein Mann ihr

Liebe schenkt, ihr Gesellschaft leistet oder sexuelle Aufregung in ihr Leben bringt. Davon bekomme sie genug, sagt sie. Wenn es um ihre Lage geht und wie sie einen Ausweg daraus finden könnte, spricht sie unweigerlich über ihren Wunsch „wirtschaftlich gerettet" zu werden.

Es ist offensichtlich, daß sie trotz ihres beträchtlichen finanziellen Erfolges ihr Leistungsvermögen als eine Art Irrtum betrachtet, als etwas, das durch irgendeinen „Fehler da oben" passiert ist, und daß sie ihre Karriere sofort aufgeben würde, wenn der richtige Mann daherkäme. Obwohl eigentlich klar ist, daß sie keinen Mann braucht, der ihr finanzielle Sicherheit gibt, redet sie es sich ständig ein. Diese Fantasie teilt sie mit vielen Frauen, die das Bedürfnis nach männlicher Fürsorge zwar äußerlich überwunden haben, aber in ihrem Inneren noch immer dem Mythos verhaftet sind, daß ein Mann sie retten und versorgen muß.

Da ein gewaltiger Unterschied zwischen dem, was Frauen tatsächlich können, und dem, was sie sich insgeheim wünschen, besteht, erhalten Männer eine Doppelbotschaft. Ihre eigene Tendenz, sich für alles verantwortlich zu fühlen, wird so auch noch von den Frauen verstärkt. Und so tragen Frauen auch zu der Angst des Mannes bei, ein Versager zu sein.

Die tatsächlichen Errungenschaften der Frauen haben also bei den Männern wenig an dem übermächtigen Gefühl der Verantwortlichkeit und ihrer daraus entstehenden Angst, nicht gut genug zu sein, geändert. Also werden die Männer nicht frei dafür, sich selbst zu erforschen, ihre Sensibilität und ihre Gefühle kennenzulernen – was die meisten Frauen ja angeblich wollen. Statt dessen werden sie von den Frauen unbeabsichtigt in der Rolle des „Papa kümmert sich um alles" festgehalten.

Und da ein überentwickeltes Verantwortungsgefühl geradezu das Gegenteil von emotionaler Verletzlichkeit darstellt, ist es für die Männer nahezu unmöglich, ihre Gefühle zu erforschen.

Aber da die Komplizenschaft der Frauen so subtil ist, ist es so schwer zu erkennen, daß wir – ohne es bewußt zu wollen – von den Männern erwarten, weiterhin die Last der Verantwortung für alles zu tragen. Traurigerweise können wir den Männern nicht helfen, ihre Last abzulegen, da wir nicht sehen, daß und wie wir dazu beitragen. Statt dessen bürden wir sie ihnen immer wieder von neuem auf.

Und die Männer befürchten weiterhin, man könne entdecken, daß sie ihrer gewaltigen Verantwortung nicht gewachsen sind, daß sie die Aufgabe, eine Frau glücklich zu machen, nur unzureichend erfüllen und daß man sie für Versager hält. Da verantwortlich sein bedeutet, keine andere Wahl zu haben, als verantwortlich zu sein, können die Männer nicht einfach ihren emotionalen Rucksack öffnen und ihre Ängste vor allen ausbreiten. Daher befinden sie sich auf ewig in der Situation, vor sich selbst und den Frauen verheimlichen zu müssen, was wirklich in ihnen vorgeht. Ihnen bleibt keine andere Wahl, als ihre Ängste weiterhin zu leugnen, zu verdrängen und auf andere zu projizieren. Das trennt sie aber nicht nur von dem, was tief in ihrem Inneren vorgeht, es verhindert auch die reiche und nährende Verbindung, die sie zu Frauen haben könnten.

Da Männer sich immer verantwortlich fühlen, können sie auch nicht zusammenbrechen und zu sich selbst vorstoßen, und daher erleben Frauen nicht die Lebendigkeit und Sensibilität, die sie sich so sehr von den Männern wünschen. So bleibt das überwältigende Gefühl der Verantwortlichkeit für die Männer ein Alptraum, aus dem sie nicht aufzuwachen vermögen, und für die Frauen eine Tagträumerei, in der sie sich das Unmögliche erhoffen.

Gibt es einen Ausweg? Ja, aber sowohl Frauen als auch Männer müssen ihren Teil dazu beitragen. Um in unseren Beziehungen eine wirkliche Veränderung herbeizuführen, müssen die Frauen erwachsen werden, den Mythos vom allsorgenden Papa aufgeben und aufhören, ihren Teil zu dem Unsinn des „Jeder Mann ist ein potentieller Held“ beizutragen. Männer müssen ihren Stolz aufgeben, sie müssen aufhören, sich wegen ihrer Ängste zu schämen, und es riskieren, sich zu offenbaren. Dann können sie sich des Respekts und des Mitgefühls der Frauen sicher sein – vorausgesetzt, die Frauen erinnern sich daran, daß die Männer Angst haben, nicht gut genug zu sein. Denn erst wenn sowohl Männer als auch Frauen es wagen, mit den Minderwertigkeitsgefühlen der Männer zu leben, kann die Heilung beginnen, die die Voraussetzung für ein neues Zeitalter der Mann-Frau-Beziehungen ist. Dann werden wir nicht mehr durch unsere Geschlechtszugehörigkeit getrennt sein, sondern durch menschliches Glück und menschliches Leid wahrhaft miteinander verbunden. Diese Wahrheit anzuerkennen wird eine Atmosphäre schaffen, in der wir uns gleichberechtigt begegnen können, in der wir eine Intimität miteinander teilen, die unsere Verletzlichkeit mit einbezieht, eine Atmosphäre, in der unser Mitgefühl wachsen kann.

9
Mehr, als uns manchmal lieb ist: Männer brauchen Frauen

Männer brauchen Frauen, weil Frauen das,
was Männer noch suchen, schon haben.

Drehbuchautor, 39

Eines der bestgehüteten Geheimnisse der Männer ist, wie sehr sie Frauen brauchen. Unserer Sozialmythologie zufolge braucht aber die Frau den Mann. Wenn wir ihr glauben sollen, müssen Frauen Männer ständig hereinlegen, sie einfangen und davon überzeugen, daß sie mit ihnen zusammensein wollen, denn – so will uns der Mythos weismachen – Frauen brauchen Männer sehr, und Männer brauchen Frauen eigentlich überhaupt nicht. Eine Frau muß toll aussehen, sexy, intelligent, charmant, unterwürfig und unwiderstehlich sein, damit sie einen Mann abbekommt – einen Mann, der angeblich auch ohne sie gut zurechtkommt, aber ohne den sie nicht leben kann.

Dieser Sichtweise zufolge sind Männer robust, stabil und stark; sie tun, was sie wollen; sie haben das Geld, die Macht und alle Chancen. Sie bekommen jede Frau, die sie begehren; sie können jede Frau, derer sie müde geworden sind, verlassen und in fünf Minuten durch eine andere ersetzen, denn für einen Mann ist eine Frau lediglich ein Objekt, und es spielt eigentlich keine Rolle, an welche Frau er sich bindet. Soweit der Mythos. Aber in Wahrheit brauchen die Männer die Frauen viel mehr, als diese sich vorstellen können – und auf eine geradezu lebenswichtige Weise.

Ein Mann braucht eine Frau, um von ihr geliebt zu werden, um seinem Leben einen Sinn zu geben, um sich selbst zu beweisen, daß er ein richtiger Mann ist, um ein Heim zu haben, in das er abends zurückkehren kann. Ein Mann braucht eine Frau, um sich seiner eigenen Gefühle bewußt zu werden, um die nährende Verbindung, die einmal zwischen ihm und seiner Mutter existierte, wiederherzustellen, um den Schutz zu gewähren, den sein Vater ihm vorenthalten hat, um die Zuneigung zu seiner Schwester noch einmal zu empfinden, um den Konkurrenzkampf mit seinem Bruder zu vergessen.

Ein Mann braucht eine Frau, die ihn liebt, um sich nicht so einsam zu fühlen, um sie stellvertretend für sich seine Gefühle fühlen zu lassen, damit seine emotionalen Bedürfnisse befriedigt werden, ohne daß er sie in Worte fassen müßte, damit er sich mit einer höheren Macht verbinden kann, damit er Mensch sein kann. Männer sind nicht die allmächtigen, allgewaltigen Heroen, zu denen die Frauen sie hochstilisieren, sie sind im Gegenteil emotional äußerst verletzlich.

Mit Verletzlichkeit bezeichne ich das Gefühl, daß man schwächer ist als seine Umwelt und daß diese einen überwältigen kann, das Gefühl, daß man dem, was man tun soll, nicht gewachsen ist oder daß die eigene geistige und körperliche Kraft nicht ausreicht, um die Anforderungen, die an einen gestellt werden, zu erfüllen. Aus Verletzlichkeit entsteht der Wunsch nach Schutz. So wie der kleine Junge, der vor dem bellenden Schäferhund Angst hat, seine Mutter braucht, damit sie ihn zur Schule bringt, brauchen auch wir die Hilfe eines anderen Menschen, wenn wir uns verletzlich fühlen. Wenn wir krank sind, brauchen wir jemanden, der uns eine stärkende Suppe kocht, wenn wir körperlich geschwächt sind, jemanden, auf den wir uns stützen können, wenn wir entmutigt sind, brauchen wir einen Optimisten, der uns aufmuntert. Jeder Schüler, der befürchtet, die nächste Klassenarbeit zu versauen, weiß, daß er sich neben jemanden setzen sollte, der klug ist und eine gut lesbare Handschrift hat. Verletzlichkeit beinhaltet den Wunsch nach Hilfe.

Aber in bezug auf ihre emotionale Verwundbarkeit sind die Männer die Entrechteten dieses Planeten. Sie dürfen ihre Ängste und Grenzen nicht zeigen, denn das wäre nicht männlich. Weil sie ihre Verletzlichkeit nicht entdecken und artikulieren können, bleiben sie auf ihr wie auf einem Haufen dreckiger Wäsche sitzen, die sie dann wieder in den Schrank stopfen. Da Männer psychologisch gesehen immer mit dem Rücken zur Wand stehen, versuchen viele von ihnen sich ihre Verletzlichkeit auszureden oder dagegen immun zu werden. In dem verzweifelten Versuch, sich selbst zu beweisen, daß sie überhaupt nicht verwundbar sind, beschäftigen sich Männer lieber mit den Problemen anderer Menschen und hegen dabei die irrsinnige Hoffnung, daß ihre eigene Verletzlichkeit, ihre Bedürfnisse und Ängste verschwinden werden, wenn sie sich statt um sie um ihre Frau, Kinder und Schwiegermutter, den Chef und das Finanzamt kümmern.

Männer, die dieses Kernstück der männlichen Rolle ausleben, haben das – wie ich es nenne – „Alles außer"-Symptom. Wie der Blinde, der alles tut, außer die Blindenschrift zu lernen, der Übergewichtige, der alles tut, außer seine Ernährung zu ändern, und wie der Alkoholiker, der alles versucht, außer zu den Anonymen Alkoholikern zu gehen, arbeiten Männer zuviel, sagen zuwenig, weinen überhaupt nicht, trinken, rauchen und sehen zuviel fern – kurz, sie tun alles, außer zuzugeben, daß sie etwas brauchen.

Da es die männliche Rolle verbietet, um Hilfe zu bitten (denn es ist ja der Mann, der helfen soll), mußten Männer andere Methoden entwickeln, damit ihre wahren Bedürfnisse befriedigt werden. Eine dieser Methoden ist die bereits erwähnte passive Aggression, die männliche Variante emotionaler Manipulation. Eine andere besteht in einer Form des primitiven Ausdrucks, den man emotionales Grunzen nennen könnte oder den „Ekel Alfred"-Stil: nach Hause kommen und herumbrüllen, wenn das Essen nicht auf dem Tisch steht, und der Frau mit Scheidung drohen. Eine weitere Methode – und obwohl unbewußt ausgelebt, wahrscheinlich die gesündeste, um Bedürfnisse zu befriedigen – besteht darin, die emotionale Nähe zu Frauen zu suchen.

Ein Mann möchte einer Frau nahe sein, um dem nahe zu sein, was in ihm selbst unterentwickelt ist. Da Männer in bezug auf ihre Gefühle noch so ungeformt sind, fühlen sie sich von Frauen angezogen, denn sie spüren intuitiv, daß sie sich dem nähern, was sie noch entwickeln müssen. Denn nur durch die Nähe zu Frauen, denen es gestattet ist, ihre emotionale Verwundbarkeit zuzugeben, haben Männer den Hauch einer Chance, ihre eigene zu entdecken. Viele Männer hoffen, daß allein durch die Anwesenheit einer Frau ein osmoseartiger Prozeß ausgelöst werden wird, der sie ihre eigenen Gefühle wahrnehmen läßt.

Es hängt von dem Ausmaß dieses unterschwelligen emotionalen „Heimfindevermögens" ab, ob Männer die Nähe zu Frauen dazu benutzen, ihr Gefühlsleben zu entwickeln, oder – falls sie es vorziehen, faul zu sein – ob sie die Frau stellvertretend für sich ihre Gefühle ausleben lassen, damit sie selbst nichts zu fühlen brauchen. Historisch gesehen haben sich die Männer meistens für das zweite entschieden und wurden so zu emotionalen Spannern, die auf den weiblichen Gefühlen Huckepack reiten. Indem sie das emotionale Verhalten der Frauen beobachten, bekommen sie den Eindruck, beinahe selbst etwas zu fühlen.

Dieses Verhalten ist weit verbreitet und nicht ungewöhnlich. Jeder von uns hat eine Reihe von Eigenschaften und Talenten, die aus irgendeinem Grund nicht zur Entfaltung kommen. Doch wir können unser unerfülltes Potential zu einem Teil von uns machen, indem wir einem Menschen, der es verkörpert, nahe sind. Daher wählen wir unseren Liebespartner auch unter dem Gesichtspunkt aus, ob dieser etwas hat, was wir brauchen. In der Gegenwart eines Menschen, der das verkörpert, wonach wir suchen, haben wir entweder die Gelegenheit, es ihn stellvertretend erleben zu lassen, oder es uns in einem Prozeß des Erwachens und der Assimilation allmählich zu eigen zu machen und in unsere Persönlichkeit zu integrieren.

Diesen Prozeß beschreiben wir zum Beispiel, wenn wir sagen: „Er ist so witzig, daß ich auch witzig werde, wenn ich mit ihm zusammen bin.“ „Sie ist so einfühlsam. Wenn ich bei ihr bin, fühle ich mich plötzlich ganz zart.“ „Er ist so ruhig. In seiner Gegenwart werde ich ganz still.“ Langjährige Freunde ahmen die Verhaltensweisen und Sprachgewohnheiten des anderen nach; Paare, die seit langem verheiratet sind, sehen sich im Laufe der Zeit immer ähnlicher und passen ihre Sprache und ihr Verhalten immer mehr aneinander an.

Da die Männer meistens die weiblichen Aspekte ihrer Persönlichkeit unterdrücken – Sensibilität, Zärtlichkeit, das gesamte Spektrum ihrer Gefühle und die Sprache, durch die diese mitgeteilt werden könnten –, haben sie nur in der Gegenwart von Frauen, die diese Aspekte verkörpern, die Möglichkeit, diese wertvollen Teile ihrer selbst zuzulassen und zu integrieren.

Männer können einander diese Gelegenheit nicht geben – aus dem einfachen Grund, weil sie Männer sind. Sie können einander ein männliches Kameradschaftsgefühl vermitteln; sie können einander zeigen, wie man tapfer, mutig, unerschütterlich und stolz ist, aber sie können einander – angesichts dessen, was es heißt, in dieser Kultur Mann zu sein – nicht in die Feinheiten der Gefühlswelt einführen, da diese in unserer Gesellschaft nur von Frauen voll ausgelebt werden können.

Frauen haben das verwirklicht, was für Männer nur der Schatten einer Möglichkeit, ein nur vage erinnerter Traum ist. In der Gegenwart einer Frau kann ein Mann erfahren, was es heißt zu fühlen. Indem eine Frau ihre eigenen Gefühle auslebt und verkörpert, initiiert sie den Mann in seine eigene Gefühlswelt.

Einige wenige Männer haben sich zwar in die tiefen Wasser ihrer Sensibilität gestürzt, aber die meisten können noch immer nur in Verbindung mit einer Frau den ganzen Reichtum ihrer Gefühle erkunden. Durch eine Frau kann ein Mann die weichen Aspekte seiner Persönlichkeit kennenlernen und später auch verkörpern, durch sie kann er sich seiner einfühlsamen, weiblichen Seite, seinen Gefühlen, seinem wahren Potential an Zärtlichkeit zuwenden. In der Nähe ihrer Gefühle kann ein Mann den Reichtum und die Vielfalt seiner eigenen kennenlernen. Durch die Frau kann der Mann die verborgenen feinen Aspekte seiner selbst entdecken, ohne sie kann er sich nur den Geboten der männlichen Identität anpassen. Die Frau trägt das Licht, durch das der Mann sich selbst sehen kann; sie hält den Spiegel, in dem sich sein wahres Selbst in allen Feinheiten offenbaren kann. Durch die gelebten Emotionen der Frau kann der Mann endlich Zugang zu den tiefsten Tiefen seines Gefühlslebens finden.

Das eben Gesagte ist zwar theoretisch möglich, aber leider gibt es für Männer keine Garantie, daß ihnen diese emotionale Osmose durch die bloße Nähe zu einer Frau tatsächlich gelingt. Denn daß ein Mann seine Gefühle ausdrückt, widerspricht dem Mythos vom Mann, der nichts braucht. Darüber hinaus haben die Frauen ja eben wegen dieses Mythos nie gelernt, wie sie die Männer darin unterstützen können, sich bei der Erforschung der dunklen Höhlen ihrer Gefühlswelt sicher zu fühlen.

Daher ist es für Männer, die bewußt oder unbewußt danach streben, sich emotional weiterzuentwickeln, nicht genug, die weibliche Nähe zu suchen. Da sowohl Männer als auch Frauen Angst davor haben, die männliche Rolle grundlegend in Frage zu stellen, muß der Mann nicht nur den Mut aufbringen, sich in das emotionale Reich der Frau vorzuwagen, sondern sie muß auch stark genug sein, den emotionalen Boden unter den Füßen zu behalten, während der Mann seine verborgenen Gefühle entdeckt. Ein Mann, der lernen möchte, seine Verletzlichkeit zu zeigen, braucht eine Frau, die stark genug ist, ihm den sicheren Raum zu gewähren, der dafür nötig ist. In gewisser Weise muß die Frau vorübergehend wie ein Mann werden, das heißt, sie muß ihre eigenen Gefühle zurückstellen (wie es die Männer schon immer getan haben), damit ein Mann die seinen fühlen kann. Instinktiv wissen die meisten Männer, das dies die notwendige Vorbedingung ist, unter der sie ihre Gefühle erforschen können, aber zur Zeit wissen weder Männer noch Frauen, wie sie die nötigen Rahmenbedingungen dafür schaffen können.

Frauen als Zuflucht

Wenn ich bei ihr bin, komme ich mir wie ein König vor: entschlossen, stolz und heil.

Berater, 42

Männer brauchen Frauen aber auch, um ihre männlichen Kunststücke auf dem Drahtseil des Lebens vollbringen zu können. Um im Berufsleben zu bestehen, müssen Männer zähe, harte, durchtrainierte, konkurrenzfähige, herzlose und aggressive Maschinen sein. Ein Mann muß seine Männlichkeit wie eine Rüstung tragen, um den Erwartungen gerecht zu werden, die die Gesellschaft an ihn stellt, um seine Funktion in dieser Welt zu erfüllen. Aber mit einer Frau intim zu sein, gibt ihm die Möglichkeit, seine Rüstung abzulegen und mit seinem weichen Teil in Berührung zu kommen. Ein einflußreicher politischer Berater sagte zu seiner Frau: „Natürlich kann ich meine Gefühle nicht zeigen, wenn ich arbeite. Das wäre doch lächerlich. Kannst du dir vorstellen, daß ich tränenüberströmt vor dem Parlament stehe? Die würden mich sofort in eine geschlossene Anstalt einliefern lassen. Der einzige Ort, an dem ich zart sein darf, ist hier bei dir zu Hause."

Frauen sind häufig von der scheinbaren Schizophrenie eines Mannes überrascht. Der Mann, der sich in der

Öffentlichkeit wie ein brüllender Löwe aufführt, verwandelt sich zu Hause in ein niedliches, kleines Kätzchen. Eine Frau erzählte, daß es ihr immer peinlich war, mit ihrem Mann auf Parties zu gehen, weil er in der Öffentlichkeit – besonders gegenüber anderen Männern – so aggressiv und verletzend war. Er stritt sich mit ihnen, machte sie lächerlich und beleidigte sie. Sie war davon überzeugt, daß sich niemand, der ihn in der Öffentlichkeit gesehen hatte, jemals vorstellen konnte, wie liebevoll und zärtlich er zu Hause war.

Und eben weil sie in der Welt da draußen so grimmig sein müssen, brauchen Männer Frauen so sehr. In der männlichen Welt des Konkurrenzkampfes – von den Frauen abgeschnitten – müssen Männer Krieger und Helden sein. Nur zu Hause dürfen sie zu Schmusekätzchen werden. Nur zu Hause können sie aus sich herausgehen und sich entspannen. Nur durch den Kontakt mit einer Frau wird ein Mann daran erinnert, daß unter dem erdrückenden Gewicht seiner Rüstung die weichen, schönen Teile seines Selbst liegen.

Der weibliche Körper als Heiligtum

Ihr Körper war der Weiher, in dem ich schwimmen lernte,
in den ich meine Tränen strömen ließ.

Geiger, 75

Überraschenderweise kommen Männer häufig durch den Kontakt mit einem weiblichen Körper mit ihrer eigenen Sanftheit in Berührung. Für uns alle ist es heilsam, von einem anderen Menschen berührt zu werden. Der körperliche Kontakt ist für jeden von uns die erste

Erfahrung des Verbundenseins und gibt uns zum ersten Mal das Gefühl der Zugehörigkeit. Aber auch unsere Seele wird durch intime körperliche Nähe genährt, und wir fühlen uns geliebt. Den Trost zu empfangen, den ein anderer menschlicher Körper spendet, die simple Behaglichkeit des Leibes zu spüren, ist eines der grundlegenden Bedürfnisse des Menschen.

Durch den Kontakt mit dem weiblichen Körper findet der Mann auf einer ganz lebenswichtigen Ebene Trost. Er spürt nicht nur seine gegenwärtigen Gefühle, sondern er erinnert sich körperlich an die Verbindung, die er als Säugling zu seiner Mutter hatte, an eine Zeit, als es ihm – bevor er sprechen lernte und ihm die Schlinge der männlichen Rolle um den Hals gelegt wurde – noch erlaubt war, Gefühle zu haben.

Deshalb reden Männer so häufig über die Weichheit des weiblichen Körpers; deshalb ist die Umarmung und die Kommunion der Sinne, die ihm die Frau schenkt, für ihn wie ein Nachhausekommen. Wenn Männer von den körperlichen Eigenschaften einer Frau schwärmen, beschreiben sie damit nicht nur, was sie tatsächlich sehen, sondern auch, was sie metaphorisch wahrnehmen: Sie erkennen an, daß sie durch den körperlichen Kontakt zu einer Frau aus der Härte und Kälte des Lebens, in der sie sich als Mann immer befinden, zurückkehren zum Beginn ihres Lebens, als sie im Kontakt mit dem mütterlichen Körper noch fühlen konnten. In gewisser Hinsicht sind Sex und der liebevolle Kontakt mit dem Körper einer Frau die einzige Form der Tröstung, die sich ein Mann gestatten kann, um von seinem täglichen Leiden als Mann Erlösung zu finden.

Das Bedürfnis des Mannes nach körperlichem Kontakt wird auch in der männlichen Physiognomie deutlich.

Da sich der Penis außen befindet, fühlt ein Mann ständig: „Ich bin draußen und möchte rein." Man könnte sagen, daß er unentwegt nach einem Platz sucht, an dem er endlich seine Heimat findet. Ein Mann formulierte es so: „Wenn ich draußen bin, bin ich einsam, wenn ich drinnen bin, bin ich zu Hause."

Männer streben ständig nach Vereinigung, um das Gefühl der Isolierung, die Idee, sie müßten einsam, unabhängig und stark sein, abzumildern. Die Vereinigung mit dem weiblichen Körper versöhnt den Mann mit seiner durch die Fleischwerdung verursachten Einsamkeit.

Männer bemühen sich auch deshalb um die körperliche Vereinigung mit einer Frau, weil ihnen Sex – ob sie dies nun artikulieren können oder nicht – eine direkte Erfahrung des Weiblichen ermöglicht. Sie kommen mit der Kraft in Berührung, die das Männliche durch ihre Gegensätzlichkeit ergänzt. Im Liebesakt begegnet der Mann dem Weiblichen nicht nur, er wird sogar von ihm aufgenommen. Und dann erlebt er unmittelbar die Empfänglichkeit, die der Kern des Mystisch-Weiblichen ist. Sein Körper versteht, daß empfänglich zu sein bedeutet, aufzunehmen, tief zu fühlen und transformiert zu werden. Auf der spirituellen Ebene wird er eingeladen, an seiner eigenen Transformation teilzunehmen, denn in der Begegnung mit dem Weiblichen kommt ein Mann seiner eigenen weiblichen Seite so nahe, wie er es eben kann, ohne sich völlig in sie hineinfallen zu lassen.

Dies ist ein Geschenk. Der Körper der Frau wird dem Mann zum Vorbild und lädt ihn in sich ein. Männer sind sich dessen natürlich meistens nicht bewußt, und aufgrund ihrer eigenen Probleme bieten die meisten Frauen es ihnen auch nicht an. Sex kann sowohl spontan, körperlich und direkt sein als auch eine physische Metapher für den tiefsten Sinn des Lebens. Da Sex eine Verbindung schafft, die dazu einlädt, das Ego sterben zu lassen, ermöglicht er es uns, für kurze Zeit ein einziger Punkt reiner Bewußtheit in der spirituellen Realität zu sein. In diesem Sinne bringt uns Sex in Kontakt mit dem Transzendenten, dem Numinosen. Er zeigt uns unsere Macht in diesem Universum; er zeigt uns, daß wir die Fähigkeit besitzen, ein Medium für die Erschaffung von Leben zu sein, und er macht uns gleichzeitig unsere absolute Machtlosigkeit bewußt. Sex erhellt unsere Verbindung mit all denen, die vor uns hier waren, und mit all jenen, die nach uns kommen werden.

Daher verbindet der Liebesakt sowohl Männer als auch Frauen mit dem Leben selbst, mit ihrer Macht zu erschaffen, zu vollbringen und zu verwandeln. Sex stellt auch für Männer eine Verbindung zum innersten Kern des Lebens her. Männer spüren, daß Frauen einen direkten Kontakt mit der Lebenskraft haben, daß sie auf geheimnisvolle Weise mit dem Bauplan und den Elementen des Lebens verbunden sind und daß der Gipfel ihrer Macht in dem Wunder des Gebärens liegt. Im Zeugungsakt spüren Männer – wenn auch nur vorübergehend –, daß auch sie Teil des Schöpfungsaktes sind. Im Sex spüren Männer die Gegenwart des Göttlichen.

Der Ursprung der männlichen Bedürftigkeit

Unerklärlicherweise lag ich plötzlich auf dem Boden und jammerte: „Mami, Mami, Mami!“ Ich habe keine Worte für diesen Schmerz. Er brannte, war aber gleichzeitig heilend. Ich fühlte mich, als ob man mich vom Busen des Lebens selbst gerissen hätte.

Mann in therapeutischer Behandlung, 34

Daß Männer Frauen brauchen, wird schon im Mutterleib vorherbestimmt, denn es ist der Körper einer Frau, die den kleinen Mann nährt, noch bevor er überhaupt geboren ist. Männer nehmen die Welt vor ihrer Geburt durch den Körper einer Frau wahr und treten durch ihn in die Welt ein. Der kleine Mann wird von seiner Mutter zur Welt gebracht, von ihren Händen gehalten, in ihren Armen getragen und an ihrer Brust genährt.

In gewisser Hinsicht ist die erste Liebe eines Mannes seine Mutter. Ob ihn diese Liebe auf irgendeine Weise enttäuscht hat, weil er verlassen oder betrogen wurde, oder ob es die reine Glückseligkeit war – die Beziehung eines Jungen zu seiner Mutter prägt seine Vorstellung davon, was es bedeutet, mit einem anderen Menschen verbunden zu sein.

In den glücklichen ersten Lebensjahren darf ein Junge seine körperliche und emotionale Bindung an die Mutter nach Herzenslust genießen, er darf an ihrer Brust saugen, sie küssen und von ihr geküßt werden, er darf weinen, ohne sich deswegen schämen zu müssen. Er kann verzweifelt sein und sich bei ihr wegen eines kaputten Spielzeugs, eines aufgeschrammten Knies oder wegen der Hänseleien seiner Spielkameraden ausweinen. Ein kleiner Junge darf verwöhnt und genährt werden, er darf bei Mutters Körper Zuflucht suchen und ihr von seinen Problemen erzählen, ohne daß seine Würde in Frage gestellt wird. Es ist ihm gestattet, sie und den Trost, den sie spendet, ohne Skrupel haben zu wollen.

Aber von einem gewissen Zeitpunkt an wird von dem kleinen Jungen verlangt, daß er sich von seiner Mutter trennt, denn für ihn ist nun die Zeit gekommen, „ein großer Junge“ zu werden. Durch eine Reihe von subtilen Hinweisen darauf, welches Verhalten wünschenswert ist, wird er dazu gebracht, sich nach und nach körperlich und gefühlsmäßig von seiner Mutter zu entfernen, damit er die Eigenschaften entwickeln kann, die ihn zu einem richtigen Mann machen. Dieser Prozeß der Individuation ist für den kleinen Jungen und später für den jungen Mann sehr schmerzhaft, auch wenn er sich dessen normalerweise nicht bewußt ist. Von außen betrachtet tut er einfach all das, was Jungen und junge Männer eben tun: ohne Umarmung und ohne Kuß ins Bett gehen, Sport treiben, raufen, gewinnen, sich herumtreiben und Fensterscheiben einschmeißen, sich gegen Lehrer und Väter auflehnen. Das sind die kulturell festgelegten Rituale, durch die sich ein junger Mann, ohne es jemals zu merken, von seiner Mutter trennt.

Aber es sind nicht nur die Dinge, die *er* tun muß, um ein „großer Junge“ zu werden, die ihn von seiner Mutter trennen. Es spielt dabei auch eine Rolle, was seine Mutter ihm antut. Sie weiß, daß sie sich von ihm trennen muß, und den ungeschriebenen Gesetzen folgend, die aus ihm einen „richtigen Jungen“ machen werden, zieht sie sich allmählich von ihm zurück.

Ein Mann beschrieb das so: „Als ich noch sehr klein war, saß meine Mutter, wie es mir schien, stundenlang auf diese wundervolle Weise in einem großen Lehnsessel im Wohnzimmer. Ich ging zu ihr, legte meinen Kopf in ihren Schoß, und sie rieb meinen Nacken und kratzte meinen Rücken. Dann sagte sie eines Tages, daß ich nicht mehr zu ihr kommen dürfe, da ich jetzt ein großer Junge sei. Wenn ich heute die Fingernägel einer Frau auf meinem Rücken fühle, verspüre ich eine merkwürdige Mischung aus Genuß, Schmerz und Traurigkeit."

Ein anderer Mann erzählte, daß sein Vater arbeitslos wurde, als er selbst gerade zwei war, woraufhin seine Mutter anfing zu arbeiten. Eines Abends schlich er sich zum Bett seiner Eltern und legte sich quer über das Fußende. Er glaubte, daß seine Mutter nie wieder aufstehen und ihn allein lassen würde, wenn er auf ihren Füßen lag.

Wenn auch die Umstände verschieden sind, so wird doch jeder Junge in dieser Phase des Übergangs allmählich von seiner Mutter verstoßen. Es wird angenommen, daß diese Trennung sich nicht negativ auf ihn auswirkt – schließlich ist er ein Junge. Wenn er die Abwesenheit seiner Mutter aber doch als Verlust empfindet, muß er seinen Schmerz verstecken. Statt sie zu fühlen und in Worten auszudrücken, muß er seine Trauer und Wut in gesellschaftlich akzeptierte männliche Bahnen lenken – zum Beispiel, indem er ein guter Schüler oder Sportler wird – oder sie ausagieren, indem er beispielsweise straffällig wird.

Da diese emotionalen Rituale des Übergangs in unserer Kultur weder offiziell anerkannt noch offen diskutiert werden, kann ein Junge, der seinen Verlust nur vage spürt, nicht darüber reden, und der durch die Trennung verursachte Schmerz bleibt – weil er nicht artikuliert wird – auch im Erwachsenenalter als tiefe innere Wunde zurück. So ist die Trennung eines jungen Mannes von seiner Mutter immer von einem Geheimnis, einem nie ausgelebten Schmerz umgeben. Zwar müssen Jungen diese Trennung vollziehen und tun es meistens auch, aber es bleibt eine ständig vorhandene Traurigkeit zurück, die Männer immer wieder durch den intimen Kontakt zu Frauen zu überwinden suchen.

Wenn sie zu Männern werden wollen, haben die Jungen keine andere Wahl, als diesen Trennungsprozeß zu durchleben, in dessen Verlauf sie ihre Verbindung zum Weiblichen aufgeben müssen. Im Erwachsenenalter, nachdem der Individuationsprozeß abgeschlossen und die männliche Identität etabliert ist, wollen Männer die enge Verbindung zu einer Frau wiederherstellen, um gleichsam in den schützenden Hafen zurückzukehren. Instinktiv wissen sie, daß etwas in ihrem Leben fehlt, daß ihr Funktionieren in Frage gestellt ist, wenn sie sich nicht wieder mit dem nährenden Weiblichen verbinden.

Und immer wieder werden sie verlassen

Ich suche mir immer Frauen aus, die ständig irgendwo hin müssen – zu geschäftlichen Besprechungen, zu ihren Freunden, zu ihren Müttern. Und ich bin jedesmal wütend, wenn sie gehen.

Masseur, 29

Aber wenn sie die ersehnte Liebe gefunden haben, entstehen neue Probleme, denn da die Mütter diejenigen waren, die Liebe gaben und wieder entzogen, haben Männer ein sehr ambivalentes Verhältnis zu Frauen. Einerseits sucht ein Mann Wärme, Liebe und das Gefühl des Genährtwerdens, das er von seiner Mutter bekam (oder sich zumindest von ihr gewünscht hat), andererseits trägt er in sich die Wut darüber, daß ihm diese Dinge weggenommen (oder nie gegeben) wurden.

Diese furchtbare Ambivalenz wird in die Beziehung zu der geliebten Frau mit eingebracht. Ein Mann möchte zwar das Gefühl des Genährt- und Beschütztwerdens durch die Beziehung zu einer Frau wiederherstellen, aber gleichzeitig haßt er es, daß sie die Macht besitzt, ihm die Liebe wieder zu entziehen. Ein Mann lebt ständig in der furchtbaren Angst, daß sich das Drama, das ihm in der Kindheit das Herz gebrochen hat, mit der geliebten Frau wiederholen wird, und unterschwellig ist er deswegen wütend.

Der Mann sagt gewissermaßen zu sich selbst: „Ja, ja, ich weiß schon, wie die Geschichte laufen wird. Zuerst fühle ich mich ihr nahe und sicher. Sie liebt mich, ich kann meinen Kopf in ihren Schoß legen, und alles ist wunderbar. Und dann wache ich eines Tages auf, und alles wird mir wieder genommen." Dadurch, daß er sich diese Geschichte einredet, schafft ein Mann die beste Voraussetzung dafür, daß er sie in seinen Liebesbeziehungen und Ehen tatsächlich immer wieder erleben wird. Weil er davon ausgeht, daß er früher oder später sowieso verlassen wird, verhält er sich auf eine Weise, durch die er die Distanz und die Trennung, vor der er sich so fürchtet, überhaupt erst kreiert.

Diese Angst vor dem Verlassenwerden, die aus der Kindheit mit ins Erwachsenenalter verschleppt wird, ist einer der Gründe, aus denen Männer in bezug auf Frauen so frustriert sind und aus denen Frauen ihnen so mächtig und unberechenbar erscheinen. Männer gehen davon aus, daß Frauen sie verlassen, und wenn sie es noch nicht getan haben, werden sie es wahrscheinlich bald tun. Da der Mann nie weiß, ob die Frau geht oder bleibt oder was er tun kann, um sie zu beeinflussen, erscheint sie ihm allmächtig, und er muß sein Verhalten ständig ihr anpassen, damit sie ihn nicht verläßt.

Aber die Ambivalenz der Männer gegenüber Frauen und die daraus resultierende Angst, verlassen zu werden, hat noch einen anderen wichtigen Bestandteil. Wenn ein Kind verlassen wird, denkt es immer, es trage die Schuld daran. Es ist nicht in der Lage, sich vorzustellen, daß bestimmte Umstände wie sein eigener Reifungsprozeß oder die Geburt eines Bruders oder einer Schwester, die Krankheit der Mutter oder wirtschaftliche Probleme der Grund dafür sein könnten. Es kann sich nur vorstellen, daß ihm die Mutter ihre Liebe entzogen hat, weil es selbst etwas falsch gemacht hat, nicht gut genug oder böse war. Viele Männer gehen daher unbewußt davon aus, daß sie selbst die Schuld dafür tragen, von ihrer Mutter im Stich gelassen worden zu sein. Da sie sich wegen ihrer eingebildeten Verantwortung für den Rückzug ihrer Mutter schuldig fühlen, leben sie als Erwachsene ständig mit der Angst, wieder etwas zu tun oder nicht zu tun, das dazu führt, daß sie wieder verlassen werden.

Daher ist es für einen Mann das Allerwichtigste, einer Frau etwas bieten zu können. Er tut und versucht alles, um eine Frau glücklich zu machen. Wenn er sie nur glücklich machen kann – so redet er sich ein –, wird sie ihn nicht verlassen, werden ihre Gefühle nicht erkalten, wird sie nicht verschwinden, sich zurückziehen, ihm ihren Körper entziehen. Ist die Frau gut und nett zu ihm, verhält er sich auf diese Weise, damit sie bei ihm bleibt und ihm ihre weiblichen Schätze schenkt, aber er verhält sich auch so, wenn sie kalt und abweisend ist. Selbst wenn eine Frau bereits die schlimmsten Befürchtungen eines Mannes verkörpert oder eine Reinkarnation seiner emotional distanzierten Mutter ist, versucht er, sie für sich zu erwärmen, sie in die Frau zu verwandeln, von der er hofft, daß sie irgendwann in der Lage sein wird, ihn anzunehmen und zu nähren.

Aber diesem Bemühen liegt immer ein tiefes Gefühl der Unsicherheit zugrunde. Wird es ihm gelingen? Wird es von Dauer sein? Wird er genug tun können? In jedem Mann lebt ein kleiner Junge, der verlassen wurde und der in der Ecke hockt und sich nun fragt, ob das, was er tut oder ist, ausreicht, um ihm die liebevolle Zuneigung der von ihm geliebten Frau zu erhalten. Hinter allem, was er ihr bietet – finanzielle Sicherheit, körperlichen Schutz, sexuelle Treue, seine beruflichen Erfolge, seine hilflosen Versuche, Gefühle auszudrücken –, hinter allem, was er tut, um sie zufriedenzustellen, steckt die Erinnerung, daß er vor langer Zeit aus ihm unergründlichen Ursachen – vielleicht weil er etwas getan oder nicht getan hat – von seiner Mutter getrennt wurde. Daher befürchtet er, daß er diesen Verlust auch mit der Frau erleben wird, die er jetzt liebt.

Warum geht er eigentlich immer?

Erst ist er bei mir, ist zärtlich und verschmust, redet von den Bahamas und davon, daß er mich heiraten möchte.
Und am nächsten Tag hinterläßt er auf dem Anrufbeantworter eine Nachricht, daß er drei Wochen verreisen muß, und ich höre nie wieder etwas von ihm.

Lektorin, 34

Diese Angst vor dem Verlassenwerden erklärt auch einen großen Teil des männlichen Annäherungs- und Vermeidungsverhaltens. Wie viele Frauen aus eigener Erfahrung wissen, kann ein Mann einen sehr intimen Kontakt zu ihnen aufbauen und sich dann ohne jeden ersichtlichen Grund plötzlich zurückziehen. Er ruft nicht an, er will nicht mit ihr zusammenziehen, er benimmt sich feindselig, droht, sie zu verlassen, oder läßt tagelang nichts von sich hören. Eine Frau erzählte, daß ihr Mann immer, wenn sie ein besonders schönes Erlebnis mit ihm hatte, am nächsten Abend mit seinen Kumpels verschwand und erst so spät nach Hause kam, daß sie bis dahin total wütend geworden war. Wenn er sie dann aufweckte, schrie sie ihn an und schuf so die emotionale Distanz, vor der er unbewußt so große Angst hatte.

Eine andere Frau erzählte mir von einem herrlichen Tag auf dem Land mit einem wunderbaren Mann. Er verwöhnte sie nach allen Regeln der Kunst, trug sie ins Bett und liebte sie zärtlich ... dann rief er zwei Wochen lang nicht an. Als er es endlich doch tat, nannte er sie „Kumpel". Später, im Verlauf seiner Therapie, stellte sich heraus, daß seine Mutter gestorben war, als er drei Jahre alt war. Das einzige, woran er sich im Zusammenhang mit ihr erinnerte, war, wie er kurz vor ihrem Tod am Fußende ihres Krankenbettes gestanden hatte. Am Morgen nach jenem wunderschönen Erlebnis mit dieser Frau war er früh aufgestanden, und als er sie schlafend in seinem Bett liegen sah, stieg die Erinnerung an die schmerzhafte Begegnung mit seiner Mutter in ihm auf. Unbewußt ging er davon aus, daß er auch seine Geliebte bald verlieren würde, und hielt sich daraufhin von ihr fern.

Ein solch passiv-aggressives Verhalten kann entweder das befürchtete Verlassenwerden provozieren oder – indem der Mann die Frau als Kumpel betrachtet statt als

Geliebte – die Intimität so stark reduzieren, daß sie ihn nicht länger ängstigt. Mit anderen Worten, der Mann reduziert die Intimität so weit, bis sie ihm nicht mehr so kostbar erscheint und er es daher als weniger schmerzhaft empfindet, wenn sie ihm genommen wird. Indem er die Intensität der Erfahrung abschwächt, löst er die emotionale Verbindung auf und verhindert so, daß er unerwartet zum Opfer wird, wenn sie in die Brüche geht. Solange ein Mann das Gefühl hat, gehen zu können, ohne daß es ihn umbringt, fühlt er sich in einer Beziehung sicher.

Eine andere Möglichkeit, seine Angst vorm Verlassenwerden zu kompensieren, besteht für einen Mann darin, eine seiner vielen Formen der Reaktionsbildung auszuleben, das heißt zum Tyrannen oder zum Macho zu werden, damit zu drohen, sie zu verlassen, um sich so vor einem möglichen Verlust zu schützen. Wieder einmal drücken die Männer ihre Angst nicht direkt aus, sondern wandeln sie in einen Angriff auf die Frau um, tun so, als ob sie keine Angst hätten, und versuchen sie dazu zu bringen, stellvertretend für sie ihre Angst zu fühlen. Solange die Frau Angst hat, kann sich der Mann sicher fühlen, denn sie wird ihn nicht verlassen, wenn sie fürchtet, daß er sie verlassen will.

Eine Frau berichtete, daß ihr Mann nach jedem Streit in seinen Wagen gesprungen und mit quietschenden Reifen davongerast sei. Jahrelang lag sie oft aus Angst, daß er nicht wiederkommen könnte, zitternd im Bett. Schließlich hatte sie sein Verhalten, von dem sie immer geglaubt hatte, daß es eine reale Bedrohung darstelle, satt und beschloß, ihn zu verlassen. Er verwandelte sich auf der Stelle in ein verzweifeltes, wimmerndes Baby, flehte sie an, nicht zu gehen, sagte ihr, daß er ohne sie nicht leben könne, daß er nie die Absicht gehabt habe, sie zu verlassen.

Wie die passive Aggression trägt auch dieses Kompensationsverhalten nicht dazu bei, das eigentliche Problem zu lösen; vielmehr verstärkt es oft die Angst der Männer, weil die Frauen sich abgewiesen fühlen und sich zurückziehen. Frauen sollten sich aber darüber im klaren sein und sich entsprechend dieser Einsicht verhalten, daß – wie auch immer ein Mann mit seiner Unsicherheit umgeht – er jedesmal, wenn er seinen Bedürfnissen folgt und sich einer Frau nähert, innerlich mit seiner uralten Angst kämpft, sie wieder zu verlieren.

Es ist zwar für Männer wie auch für Frauen nicht besonders angenehm und auch irgendwie beunruhigend, um das Ausmaß der männlichen Ängste zu wissen, aber es ist höchste Zeit, die Vorstellung aufzugeben, daß nur Frauen vor dem Verlassenwerden zittern. Auch Männer haben Angst vor Trennung und befürchten, im Stich gelassen zu werden. Auch für einen Mann kann der Verlust des Partners das Ende der Welt bedeuten und ihm wie ein emotionaler Tod erscheinen. Damit Männer und Frauen einander näherkommen können, sollten wir uns alle daran erinnern, daß die Angst vor dem Verlassenwerden nicht das ausschließliche Vorrecht der Frau ist, sondern eine der grundlegenden menschlichen Emotionen.

Männer möchten etwas geben, das Frauen annehmen können

Wenn sie annimmt, was ich ihr gebe, weiß ich, daß sie glücklich ist. Dann bin ich auch glücklich, denn ich weiß, daß sie mich nicht verlassen wird.

Verkäufer, 36

Weil sie Frauen so sehr brauchen, wollen Männer der geliebten Frau etwas geben. Wenn eine Frau das, was der Mann ihr gibt, annimmt und wertschätzt, erkennt sie gewissermaßen an, daß sie auch ihn braucht, und er weiß, daß er einen Platz in ihrem Herzen hat. Dadurch sieht er seine Verbindung zu ihr bestätigt, er fühlt sich sicher und wert, das zu empfangen, was er von ihr braucht. Deshalb schenkt ein Mann einer Frau Blumen, kauft ihr einen Pelzmantel oder bucht eine Urlaubsreise nach Amerika, deshalb fühlt sich ein Mann wohl, wenn er seiner Frau ein Haus bauen oder seiner Geliebten ein Auto kaufen kann.

Ein Mann erzählte: „Meine Mutter nahm nie meine Hilfe an. Ich durfte nichts für sie bezahlen, sie nicht vor meinem betrunkenen Vater beschützen oder ihr die Last ihrer vielen Kinder abnehmen. Sie hatte zehn Kinder und war immer erschöpft und deprimiert. Sie schuftete bis zum Umfallen und starb, als ich achtzehn war. Ich schloß daraus, daß eine Frau, wenn es einem nicht gelingt, ihr das zu geben, was man ihr geben möchte, sterben wird, daß sie einen verlassen wird. Wie kann ich eine Frau dazu bringen, das anzunehmen, was ich ihr schenken möchte, damit sie nicht geht? Das ist meine ewige Frage."

Männer wissen instinktiv, daß es in Liebesbeziehungen ein ungeschriebenes, im Verborgenen wirkendes Gesetz des Gleichgewichts gibt. Nur wenn sie die von ihnen geliebte Frau zufriedenstellen, bekommen sie das, was sie ihrerseits brauchen: Sex, Gespräche, Kameradschaft, ein Heim.

Männer möchten Frauen auch deshalb etwas geben, das sie annehmen können, weil sie sich selbst als liebevoll erleben wollen, als fähig, eine zärtliche Verbindung zu kreieren. Das trifft ganz besonders auf den sexuellen Bereich zu, denn wenn eine Frau durch ihren Orgasmus ausdrückt, daß sie das empfängt, was der Mann ihr gibt, fühlt der Mann sich potent, würdig, fähig und mit ihr verbunden. Da ein Mann immer Angst hat, die Verbindung zur Frau zu verlieren, ist er nicht nur glücklich, sondern auch erleichtert, wenn er ihr etwas geben kann, das sie annimmt. Er spürt – zumindest eine Zeitlang –, daß er wirklich mit ihr vereinigt ist, und in dem Maß, in dem eine Frau das akzeptiert, was er ihr bietet – Sex, Geschenke, körperlichen Schutz, finanzielle Unterstützung –, ist er frei von seiner Furcht vor dem Verlassenwerden.

Jede Frau sollte wissen, wie sehr es einen Mann entzückt und befriedigt, wenn er sie – seine Freundin, Frau oder Geliebte – nähren, verwöhnen, verhätscheln, beschützen und verteidigen kann. Wenn die Frau, die er liebt, annimmt, was er ihr gibt, ist er mit sich und der Welt zufrieden und überglücklich. Ein Mann drückte es sehr treffend aus: „Warum ich sie liebe? Weil sie meine Liebe annimmt." Ein Mann fühlt sich erkannt und akzeptiert, wenn eine Frau seine Geschenke annimmt.

Immer noch draußen vor der Tür

Intimität, Intimität, Intimität: Das ist alles, was ich will. Aber ich weiß nicht wie, und ich weiß nicht einmal, ob ich es merken würde, wenn sie da wäre. Nur eine Frau kann mir zeigen, was Intimität ist.

Boutiquebesitzer, 33

Es ist paradox und traurig, aber der Hunger eines Mannes nach einer Frau bleibt trotz seiner scheinbar endlosen Bemühungen ungestillt. Das liegt daran, daß er sowohl von den Männern als auch von den Frauen nicht ausreichend gewürdigt wird. Eine Frau kann ihr Verlangen nach einem Mann offen zeigen; Frauen können untereinander offen darüber sprechen, daß sie „auf der Suche nach dem Traumprinzen" sind, daß sie möchten, daß jemand für sie sorgt, oder daß sie sich verzweifelt nach einer Beziehung sehnen. Aber Männer müssen ihren Hunger immer noch verstecken. Einer Frau ist es erlaubt, zu weinen, wenn sie Freitag abend keine Verabredung hat, wenn sie keinen Mann findet oder von dem, den sie hat, nicht bekommt, was sie braucht, aber von einem Mann wird erwartet, daß er so tut, als ob ihn solche „unwichtigen" Dinge nicht weiter berühren. Frauen ist es gestattet, ihre Bedürfnisse offen zu artikulieren, wodurch ihnen gewissermaßen bestätigt wird, daß es legitim ist, sie zu haben. Außerdem fühlen Frauen sich emotional erleichtert, wenn sie die Frustration über ihre unerfüllten Bedürfnisse äußern; aber da Männer noch nicht einmal zugeben können, was sie wirklich brauchen, bleiben ihre Bedürfnisse verborgen und können daher auch nicht erfüllt werden.

Ein Bedürfnis, das nicht ausreichend beachtet wird, wird grundsätzlich von einem Gefühl der Panik begleitet und dadurch verstärkt, denn der betreffende Mensch spürt nicht nur seinen Hunger, sondern auch die Angst, daß dieser nie gestillt werden könnte. So wird ein unerfülltes Bedürfnis nicht schwächer, sondern immer stärker. Deshalb brauchen Männer, je mehr sie sich einreden, nichts von Frauen zu brauchen, paradoxerweise immer mehr von ihnen.

Trotz des großen Hungers eines Mannes nach einer Frau befinden wir uns heute leider in einer Situation, in der Männer sich den Frauen besonders stark entfremdet fühlen. Auch wenn sie es nicht gerade herausschreien, möchten sie uns doch wirklich und aufrichtig lieben. Männer möchten auf einer ganz essentiellen Ebene ins Nest zurückkehren, hin zum Herzen, zurück in die emotionale und spirituelle Zufluchtsstätte, die ihnen nur Frauen bieten können. Die Männer haben so lange draußen vor der Tür gestanden, daß sie nur dann ihren Weg zurück nach Hause finden können, wenn die Frauen hinausgehen und sie liebevoll bei der Hand nehmen.

10
Das Sehnen nach Ganzheit: Männer und weibliches Bewußtsein

Im Grunde können Männer mit Beziehungen überhaupt nichts anfangen – es sei denn, sie haben ihre weibliche Seite entwickelt.

Leitender Angestellter einer Computerfirma, 36

In den neunziger Jahren des letzten Jahrhunderts stellte Sigmund Freud die unvergessene Frage: „Was wollen die Frauen?“ Diese Frage findet in den neunziger Jahren unseres Jahrhunderts ihr Gegenstück durch: „Was brauchen die Männer?“ Ich glaube, der bis heute andauernde Versuch, Freuds Frage zu beantworten, entspringt der unbewußten Hoffnung der Männer, sie würden ihre eigenen Bedürfnisse entdecken, wenn es ihnen nur gelänge herauszufinden, was Frauen wollen und wie deren Bedürfnisse erfüllt werden können. In gewisser Weise haben die Männer bisher in tiefster emotionaler Armut gelebt, da ihre kollektiven und individuellen Bedürfnisse weitgehend unerkannt, unerforscht und unerfüllt blieben.

Was also braucht ein Mann? Er will emotional geheilt werden. Er muß aus der Rolle des Frauenfeindes und -retters erlöst werden. Ein Mann möchte Zugang zu der Sensibilität finden, die die Frauen von ihm fordern. Er muß von seinen eigenen engen Vorstellungen davon, was es heißt, ein Mann zu sein, befreit werden. Ein Mann braucht nicht nur ein nach außen gerichtetes, sondern auch ein Innenleben, er will nicht nur handeln, sondern auch fühlen, er will nicht mehr unterdrücken, sondern sich ausdrücken, er will nicht nur etwas leisten, sondern auch Zeit und Raum für die Kontemplation finden. Kurzum, Männer brauchen ein Gefühlsleben. Sie wollen durch Worte, Tränen und zärtliche Gesten Frauen und auch anderen Männern mitteilen, wie reich und wie schwierig ihr Leben ist.

Wie wir schon gesehen haben, wird den Männern der Zugang zu ihrer Gefühlswelt weder geschenkt, noch werden sie auf kundige Weise in sie eingeführt. Statt dessen sind sie in der Rolle des Versorgers und Beschützers, des Helden und des Roboters gefangen und wissen tatsächlich nicht, wie sie Zugang zu den Emotionen finden sollen, die sie so dringend brauchen. So wie es zur Zeit aussieht, geben sie alles, was ihr begrenztes Repertoire hergibt, und allein die Tatsache, daß sie bereit sind, einer Frau außer ihren Gefühlen alles zu geben, verdeutlicht, was ihnen fehlt.

Männer enttäuschen Frauen nicht, weil ihnen der gute Wille fehlt, es ist ihnen einfach unmöglich, etwas zu geben, von dem sie gar nicht wissen, daß sie es besitzen: jenen unsichtbaren Teil ihrer selbst, der immer vorhanden war, den sie aber nie integriert haben.

Diese geheimnisvolle Leere in der Psyche des Mannes bezeichne ich als das weibliche Bewußtsein. Damit meine ich jene Persönlichkeitsmerkmale – in Frauen und Männern –, die ihrem Wesen nach empfänglich, intuitiv, fürsorglich und visionär sind. Empfänglich sein bedeutet fähig zu sein, etwas anzunehmen, für äußere Einflüsse offen zu sein; intuitiv heißt, in der Lage zu sein, etwas in außergewöhnlicher und besonders in nonverbaler Weise zu erspüren; fürsorglich bedeutet, Bedürftigkeit oder Leiden wahrzunehmen und helfend zu reagieren; visionär heißt, fähig zu sein, das Unsichtbare zu sehen, sich das Unmögliche vorzustellen, sich mit dem Universellen, dem Mysterium, dem Göttlichen zu verbinden. Das weibliche Bewußtsein ist ein feinfühliges Bewußtsein, das nach Vereinigung und Frieden strebt. Es sucht nach Gemeinsamkeiten, nicht nach Unterschieden – es verbindet, statt zu trennen, es ist bereit, sich zu wandeln, statt den Status quo aufrechtzuerhalten.

Diese Kraft existiert in jedem von uns. Aber früher ging man davon aus, daß sie den Frauen vorbehalten war, und deshalb bezeichne ich sie als weiblich. Und tatsächlich entspricht es der Wahrheit, daß die Frauen in der Vergangenheit die Träger des weiblichen Bewußtseins waren. Wir alle erwarten von den Frauen, daß sie unseren Körper nähren und unsere Seele erheben, daß sie uns in unseren dunklen Stunden trösten, unsere Kinder nähren, unsere kollektive Angst an der Klagemauer herausschreien und daß sie die intuitive Wahrheit, die jenseits von Sprache liegt, ausdrücken.

Die ganze Persönlichkeit

Von jetzt an treffe ich alle wichtigen Entscheidungen, indem ich auf meine Gefühle, meine Intuition, meinen Verstand und darauf höre, was in meinem eigenen besten Interesse liegt.

Geschäftsmann, 42, nach der Scheidung

Diese weibliche Dimension müssen die Männer heute integrieren. Um die eigene Verwundbarkeit zu wissen, trauern zu können, sich nach etwas zu sehnen, sich etwas zu wünschen, etwas zu wollen, sich anderer anzunehmen, andere zu trösten – all diese Aspekte des weiblichen Bewußtseins, die bisher ausschließlich den Frauen vorbehalten waren, müssen nun auch für die Männer zu vertrautem Territorium werden.

Die Gesamtpersönlichkeit eines Menschen besteht – einer alchimistischen Formel ähnlich – aus einer Reihe von Eigenschaften, von denen wir einige männlich und andere weiblich nennen. Jeder von uns besteht aus einer Mischung aus männlichen und weiblichen Anteilen, wobei ein Mann natürlich mehr männliche und eine Frau mehr weibliche besitzt.

Ein Mann, der das männliche Bewußtsein verkörpert, drückt dies durch die männlichen Aspekte seines Ichs aus, durch seinen männlichen Stolz und seine durch die Arbeit bestimmte Identität, durch die Unterdrückung und Verdrängung seiner Gefühle, mittels seines logischen Verstandes und durch den Einsatz körperlicher Kraft. Ein Mann, der auch seine weiblichen Aspekte integriert hat, kann weinen, seine Gefühle verbal ausdrücken und sich auf seine Intuition verlassen.

Obwohl sich mittlerweile vieles verändert hat, bewegen wir uns auf der Gefühlsebene noch immer in den alten Klischees. Die meisten Männer haben sich darauf versteift, nur ihre männlichen Anteile zu leben, und sind so wenig mit ihren weiblichen Aspekten vertraut, daß sie versuchen, sie zu verstecken oder zu leugnen. Die Männer aber, die diese Anteile bereits integriert haben – was ein Segen, aber auch ein Fluch sein kann –, bemühen sich, kulturell annehmbare Wege zu finden, um diese ausdrücken zu können, ohne dafür bestraft zu werden.

Ein Ingenieur formulierte es so: „Daß meine Sensibilität in meinem Beruf nicht anerkannt wird, ist für mich wie eine lebenslängliche Verurteilung, weil ich irgendwie ‚kein richtiger Mann‘ bin.“ Ein Designer drückte es folgendermaßen aus: „Ich bin nun einmal so verletzlich. Alles wirkt sich auf mich aus. Manchmal wünsche ich mir, es wäre anders, denn dann wäre mein Leben viel einfacher." Ein anderer Mann erzählte mir eine furchtbare Geschichte: Ihm war vorgeworfen worden, einen kleinen Jungen sexuell belästigt zu haben. Er hatte ihn, als er beim Begräbnis seines Vaters in Tränen ausgebrochen war, in den Arm genommen, um ihn zu trösten.

Es ist aber eine traurige Tatsache, daß die meisten Männer – gleich ob sie ihre weiblichen Aspekte bereits in einem gewissen Maß wahrnehmen, dies aber eher als anomal betrachten, oder ob sie sich dieser Anteile überhaupt noch nicht bewußt sind – noch keinen Weg gefunden haben, das Weibliche in ihre Persönlichkeit zu integrieren. Die meisten Männer sind noch immer von ihrer inneren Weiblichkeit abgeschnitten, und die meisten Frauen sind deswegen nach wie vor wütend auf sie.

Einigen Männern wird dies langsam bewußt. Aber Erkenntnis allein ist noch meilenweit von Transformation, Heilung und Veränderung entfernt. Selbst wenn jemand weiß, was ihn verletzt hat, und dies sogar artikulieren kann, ist er noch nicht geheilt und – mit all seinen Narben – wiedergeboren.

Wie sollen Männer also mit ihrem Schmerz umgehen? Das Problem fängt natürlich schon damit an, daß es sich um ein emotionales Phänomen handelt, also genau in dem Bereich liegt, in dem Männer sich eben nicht selbst helfen können. Emotionales Leid und das psychologische Gegenmittel, mit dem es geheilt werden könnte – die Gefühle auszuleben –, sind für Männer immer noch Tabuzonen. Wenn sie nur weinen könnten, dann ... aber Männer können nun einmal nicht weinen. Wenn sie nur einmal zusammenbrechen könnten, dann ... aber Männer dürfen eben nicht zusammenbrechen. So bleiben sie in ihrer Trauer gefangen.

Emotionale Heilung erfordert, daß einem Mann eine Vision gegeben wird, mit deren Hilfe er seine Verletzungen erkennen und benennen, um sie trauern und sie beweinen kann, um schließlich von ihnen geläutert zu werden. Dieser Prozeß des Benennens, des Trauerns und der Läuterung ist aber im Grunde weiblicher Natur. Er ist weiblich, weil er seinem Wesen nach mit Empfänglichkeit zu tun hat. Wenn ein Mensch geheilt werden will, muß er den Schmerz, der umgewandelt werden soll, zunächst annehmen. Er muß ihn so sehr in sich hineinlassen, daß er ihn fühlen kann, und wenn er ihn schließlich angenommen hat – und nur dann –, kann er anfangen zu trauern und ihn loszulassen. Nur wenn er genug getrauert hat, sind seine Augen so rein, daß er sein eigenes Leiden erkennen kann und nicht nur Mitgefühl mit sich selbst, sondern auch mit den Frauen hat.

Der Beginn des Wandels

Ich möchte mehr in Kontakt mit meiner Spiritualität und meinen Gefühlen kommen. Ich würde diesen Teil von mir gerne kennenlernen. Das ist ein guter Teil, und ich möchte, daß er zum Vorschein kommt.

Bandmanager, 45

Immer mehr Männer stehen wie auf Zehenspitzen, um über die Mauer der männlichen Rolle hinweg ihre eigene, bislang unerforschte weibliche Seite sehen zu können. Sie reden mehr, nehmen sich mehr Zeit für sich selbst und für andere Männer. Aber nirgends kommt die weibliche Seite der Männer deutlicher zum Vorschein als in der Kindererziehung, in der die Männer eine aktivere Rolle übernehmen und dabei von den Frauen unterstützt werden.

Diese Tendenz ist nur ein Zeichen dafür, daß wir alle intuitiv spüren, daß es für die Männer an der Zeit ist, ihre weibliche Seite zu integrieren. Obwohl es uns nicht bewußt ist, schaffen wir doch Umstände, unter denen dies geschehen kann, und in dem geschützten Bereich der Vater-Kind-Beziehung ermöglichen wir es den Männern, mit ihren weichen, verletzlichen Anteilen in Kontakt zu kommen. Ein Mann, der seine Kinder umsorgt, sie hält, wiegt und füttert, kann seine weibliche Seite ohne Scham, Verachtung oder Verlegenheit kennenlernen.

Trotz – oder vielleicht gerade wegen – dieser Veränderungen ist es nur schwer zu verstehen, wie groß die Angst der Männer vor ihren weiblichen Anteilen immer noch ist. Die meisten Männer können sich diese Angst nicht einmal eingestehen, und selbst jenen Männern, die um sie wissen und sich bemühen, sie zu überwinden, fällt dies schwer. Ein Freund vertraute mir an: „Ich möchte einfühlsam, warm und liebevoll sein, aber ich muß zugeben, daß es mich abtörnt, wenn ich sehe, daß sich Männer umarmen."

Es ist eine Tatsache, daß die meisten Männer, obwohl einige von ihnen in Männergruppen oder im Rahmen einer Therapie ihre Sensibilität erforschen, immer noch in der Wüste des männlichen Bewußtseins verdursten und noch eine lange Wegstrecke vor sich haben, bevor sie Frauen auf dem gemeinsamen Boden des bewußten Weiblichen begegnen können. Viele Männer haben zwar einen Blick in ihre Gefühlswelt riskiert, sind aber noch nicht genügend damit vertraut, um sich diese Welt als Medium ihrer Verbindung zu den Frauen zu erschließen.

Warum Männer feststecken

Irgendwie weiß ich, daß sich meine Fähigkeit zu fühlen verändern wird, wenn ich weiß, mit welchen Worten ich meine Gefühle beschreiben kann. Aber ich weiß nicht, wie ich das anstellen soll.

Hochschulabsolvent, 30

Die Männer sind deshalb nicht gleich wie die Wahnsinnigen losgerannt, um sich Eintrittskarten zum bewußten Weiblichen zu kaufen, weil die Vorstellung, das männliche Bewußtsein auseinanderzunehmen und es neu zusammenzusetzen, ihnen eine Heidenangst einjagt. Das Weibliche zu akzeptieren benötigt einen Prozeß, der eine gründliche Revision der männlichen Gefühlswelt und des männlichen Selbstbildes beinhaltet. Die Welt des Weiblichen anzunehmen bedeutet für einen Mann mehr, als sich nur ein anderes Kleidungsstück überzuziehen, auf dem das Etikett „weiblich“ steht. Es ist eben schwieriger, als sich einen Anzug anzuziehen, eine Nageltasche umzubinden, einen Helm aufzusetzen oder ein Gewehr zu schultern. Vom Mann wird verlangt, in die tiefsten Tiefen seiner Persönlichkeit zu schauen, er muß nicht nur fähig sein zu handeln und etwas zu leisten, wie es die Männer immer gekonnt haben, sondern er soll außerdem in der Lage sein zu fühlen, während er handelt, und wirklich zu fühlen, statt nur so zu tun als ob.

Männer werden entdecken, daß in ihnen eine empfängliche, weibliche, fühlende Seite ebenso existiert wie eine nach außen gerichtete, männliche, handelnde Seite – und daß die Integration des Weiblichen ihre Männlichkeit nicht beeinträchtigen wird. Sie werden erkennen, daß wahre Männlichkeit das Zusammenspiel beider Teile umfaßt, und sie werden sich der gewaltigen Aufgabe stellen müssen, mit einem ganz neuen Spektrum von Verhaltensweisen und Gefühlen umzugehen.

Den weiblichen Anteil zu integrieren bedeutet für einen Mann, daß er lernen muß zu fühlen statt zu handeln (natürlich nur, wenn Fühlen tatsächlich der Situation angemessen ist), er muß herausfinden, wann es angebracht ist, vom Fühlen zum Handeln überzugehen (und umgekehrt), und wann beides erforderlich ist. Die Integration des Weiblichen bedeutet im Innersten zu erkennen, daß Fühlen die Fähigkeit des Mannes, die Welt zusammenzuhalten, noch verstärkt.

Wenn ein Mann das Weibliche annehmen möchte, sieht er sich mit einigen seiner mächtigsten Ängste konfrontiert, denn emotional zu sein heißt vor allem, verletzlich, offen und verwundbar zu sein. Es bedeutet auch, sich einem Gefühl oder einer Erfahrung hinzugeben, sich davon beeinflussen und letzten Endes verwandeln zu lassen. Verletzlich zu sein heißt Veränderung zuzulassen.

Für eine Frau ist der höchste Ausdruck dieser Verletzlichkeit die Wandlung, die ihr Körper während der Schwangerschaft durchmacht. Zuerst nimmt die Frau den Mann in sich auf, dann erlebt sie die Umgestaltung ihres Körpers und verändert nach der Geburt des Kindes alle äußeren und inneren Bedingungen ihres Lebens.

Da das männliche Bewußtsein durch Handlungsfähigkeit und durch die Ausübung von Macht und Kontrolle definiert wird, sind Verwundbarkeit und Veränderung –

in welcher Form auch immer – eine erschreckende Vorstellung für einen Mann, denn Mann zu sein heißt Subjekt und nicht Objekt des Wandels zu sein. Männer wollen auf andere einwirken und über sie bestimmen, sich behaupten und durchsetzen. Das Wesen des Weiblichen besteht darin, sich berühren zu lassen, das Wesen des Männlichen hingegen ist es, zu versuchen, sich von nichts berühren zu lassen.

Es erschreckt die Männer, daß sie die scheinbar unbegrenzte Fähigkeit des Weiblichen, sich zu verändern, annehmen sollen. Aber genau dies erwarten die Frauen selbst in den oberflächlichsten Begegnungen von ihnen. Diese Erwartung steht aber im Gegensatz zu allem, was den Männern bisher beigebracht wurde. Für sie ist es eine völlig neue Herausforderung, ein solches Bewußtsein zu entwickeln, ein Bewußtsein (so kommt es ihnen vor), das ihre gesamte männliche Identität in Frage stellen wird. Kein Wunder, daß sie eine Heidenangst davor haben.

Wenn sich ein Mann seinen Gefühlen öffnen will, setzt das nicht nur voraus, daß er bereit ist, sich auf neue Erfahrungen einzulassen, sondern auch, daß er ein gewisses Maß an Sicherheit aufgibt. Will ein Mann emotional verletzlich sein, wird er die Idee aufgeben müssen, unverwundbar zu sein. Das aber erfordert die Entwicklung eines völlig neuen männlichen Archetypus. Aus der Sicht der Frauen ist Unverwundbarkeit eine defensive, zweitklassige Angelegenheit, während sie für die Männer die Schutz- und Trutzburg repräsentiert, von der aus sie funktionieren können – im Interesse der Frauen! In dieser Festung verschanzt, bleiben ihnen die quälenden Sorgen, die emotionalen Verstrickungen und die Gefühlsausbrüche, die immer im falschen Moment stattfinden, die die Frauen schon immer geplagt haben, erspart.

Ich möchte an dieser Stelle erwähnen, daß Frauen noch nie wahrhaben wollten, daß es nicht nur Nachteile hat, nicht zu fühlen – aber es ist tatsächlich so. Es ist nämlich für den Mann – von dem sowieso nichts anderes erwartet wird – und für die, die von seiner sogenannten Gefühllosigkeit profitieren, von Vorteil, daß er auch unter herzzerreißenden Umständen weitermachen kann, ohne durch den störenden Einfluß von Gefühlen aus der Bahn geworfen zu werden, daß er, ohne hysterisch zu werden, in ein brennendes Haus stürmen kann, um ein Kind zu retten, daß er im Operationssaal das Skalpell sicher führen kann, ohne vor Angst zu erstarren, daß er zwölf Stunden am Tag für seine Frau und Kinder arbeiten kann, ohne vor Selbstmitleid zu zerfließen. Instinktiv weiß ein Mann, daß das, was er den Frauen gibt, indem er sich von seinen Gefühlen abschneidet, einen großen Wert besitzt.

Jede Entwicklung verlangt ihre Opfer. Und ein Mann, der verletzlicher werden möchte, spürt irgendwie, daß er dadurch etwas Wichtiges verlieren wird, etwas Wertvolles, das er schätzt, und er hat Angst, daß an dessen Stelle etwas treten könnte, das nicht denselben Wert besitzt.

Diese Angst wird noch verstärkt, weil er instinktiv erkennt, daß er, wenn er ein Gefühlsleben entwickelt, nicht nur positive Gefühle kennenlernen wird, sondern auch Angst, Wut und Trauer. Er befürchtet, das Unmögliche könnte ihm gelingen – verletzlich zu sein, die Kontrolle aufzugeben –, und dann wird er nicht nur seiner Freude begegnen, sondern auch einer schockierenden Vielzahl von ungeheuerlichen, negativen Gefühlen. Ein Mann sagte es so: „Es ist auch ohne all diese Traurigkeit schon schlimm genug, verwundbar zu sein. Wenn ich schon fühlen soll, dann möchte ich wenigstens angenehme Gefühle haben."

Männer ahnen unterschwellig, was Verletzlichkeit wirklich bedeutet, und verletzlich zu sein ist das letzte, was sie sein möchten. In der Tat würden die meisten Männer lieber alles andere tun, als mit ihren Gefühlen in Kontakt zu kommen. Statt dessen würden sie ihre Bemühungen in den Bereichen, mit denen sie schon vertraut sind, lieber verdoppeln oder verdreifachen. Lieber würden sie arbeiten, versorgen, beschützen und bezahlen – und damit dem „Alles außer"-Symptom Rechnung tragen. Sie würden lieber die Frau, die ihr Leben mit ihnen teilt, enttäuschen, indem sie ihr klipp und klar sagen, daß sie nicht das Bedürfnis haben zu kommunizieren; sie würden sich lieber selbst belügen, indem sie sich einreden, sie wären sich ihrer Sensibilität bereits ausreichend bewußt; sie würden ihre emotionale Verletzlichkeit lieber lächerlich machen, sie leugnen oder verdrängen oder daran festhalten, daß sie sich überhaupt nicht zu verändern brauchen. Auf der Ebene des männlichen kollektiven Unbewußten ist es für die Männer so unglaublich bedrohlich, sich die von ihnen geforderten Veränderungen auch nur vorzustellen, daß sich die meisten von ihnen, trotz der Vielzahl der von den Frauen ausgesprochenen Bitten, immer noch verstecken und herausreden.

Auch wenn es für einen Mann sehr schwierig ist, sich seiner Verletzlichkeit hinzugeben, muß er es doch tun, wenn er ein Gefühlsleben entwickeln will. Die Männer sollten sich bewußt sein, daß Verletzlichkeit, wie sie von den Frauen vorgelebt wird, auch Stärke bedeutet, denn wenn eine Frau sich sehr stark verändert hat, zum Beispiel durch eine Schwangerschaft, befindet sie sich auch auf dem Höhepunkt ihrer Macht.

Wenn die Männer ihre weiblichen Anteile integrieren wollen, bedeutet das auch, daß sie zugeben müssen, daß sie bisher unvollkommen gewesen sind. Sich dies einzugestehen ist für einen Mann besonders schwer, denn Männer glauben ja, daß sie alles für jeden sein müssen, und haben Angst, nicht gut genug zu sein. Zu erkennen, daß er in gewisser Hinsicht tatsächlich nicht gut genug ist, ist das Furchtbarste, was sich ein Mann vorstellen kann. Zuzugeben, daß ihnen etwas fehlt – in diesem Fall die Fähigkeit zu fühlen –, ist für die meisten Männer eine alptraumhafte Angelegenheit, und so haben sie einen weiteren Grund dafür, sich gegen die Integration des Weiblichen zu wehren, auch wenn sie es sich noch so sehr wünschen. Kurz gesagt: Männer hassen es, sich bewußt zu machen, daß ihnen etwas fehlt.

Aber der Augenblick der größten Angst birgt eine Chance. Und hier zeigt sich das Wunder des Paradoxen, denn der Mut, der erforderlich ist, um das Weibliche anzunehmen, beweist die Männlichkeit des Mannes, denn nur ein sehr starker Mann kann es sich leisten, so verletzlich zu sein. Wenn er seine Angst, schwach zu sein, zugibt, wird ein Mann auf wunderschöne Weise stark; wenn er offen und empfänglich wird, ist er tatsächlich sicher. Der Mann, der zugeben kann, daß er Angst hat, kann sofort die Tröstung empfangen, nach der er sich sehnt, denn nun steht er ja mit seiner Angst nicht mehr allein da. Der Mann, der sich seiner Zartheit bewußt wird, gewinnt wahre Stärke.

Der Mann, der seine weibliche Seite integriert, wird auf ganzheitliche Weise männlich, denn nun ist er alles, was er sein kann. Er hört auf, nur ein Schatten seiner selbst zu sein, nur halb vorhanden zu sein, er läßt sein durch Gefühlsunterdrückung und passiv-aggressives Verhalten gekennzeichnetes „Ersatzleben“ hinter sich. Endlich wird er ganz. Ein junger Mann in psychotherapeutischer Behandlung, der sich auf dem Weg der Heilung befand, drückte es auf wunderbare Weise aus: „Ich habe eine Todesangst, hier zu sein, aber ich bin hier, weil ich mein Leben nicht mehr als jemand anders leben will.“ Er wußte intuitiv, daß er mehr war als das, was er bisher gelebt hatte, oder als das, was er jemals würde leben können, wenn er dem eng eingegrenzten Weg gefolgt wäre, der einem Mann vorgegeben ist. Derselbe junge Mann sagte nach seiner Heilung: „Ich fühle mich stärker, als ich mir jemals hätte vorstellen können, aber auch völlig anders. Jetzt weiß ich, was ich wirklich fühle – und das bedeutet für mich, ein Mann zu sein.“

Das Zeitalter des Androgynen

Manchmal glaube ich es nicht nur, manchmal weiß ich es mit jeder Faser meines Körpers, daß es im Herzen tatsächlich keinen Unterschied zwischen Männern und Frauen gibt.

Maler, 44

Wenn die Beziehungen zwischen Frauen und Männern überlebens- und wandlungsfähig werden sollen – und das müssen sie –, müssen es die Männer irgendwie schaffen, sich sicher genug zu fühlen, um diesen schwierigen Prozeß durchzustehen. Und sie müssen dies nicht nur für die Frauen tun, die sie dazu auffordern, sondern für sich selbst und damit Beziehungen überhaupt eine Zukunft haben.

Wir alle sehnen uns nach Vereinigung. Instinktiv wollen wir alle die Aussöhnung. Wenn die Männer anfangen, das Weibliche in ihre Persönlichkeit zu integrieren, werden wir alle gewissermaßen zu androgynen Wesen; wir werden uns einem Zustand nähern, in dem jeder Mensch seine weiblichen und männlichen Anteile vollkommen integriert hat und daher nichts auf das andere Geschlecht projizieren muß. Die Veränderungen, die von Frauen initiiert wurden, haben bereits einen Prozeß des Wandels eingeleitet, der sich nicht mehr aufhalten läßt. Ob es uns nun gefällt oder nicht, die Verlagerung von Eigenschaften, die einstmals geschlechtsspezifisch zu sein schienen, hat bereits begonnen. Die Veränderungen, die zur Androgynie führen, werden die Zukunft der männlichen und der weiblichen psychosexuellen Identität bestimmen.

Durch die Integration ihrer weiblichen Anteile müssen die Männer nun ein Gegengewicht zu den männlichen Aspekten schaffen, die sich die Frauen bereits angeeignet haben. Wenn sie das tun, werden sie den Frauen nicht nur im Grenzbereich der Androgynie begegnen, sondern uns alle unserer Spiritualität einen Schritt näherbringen. Wenn es den Männern gelingt, sich das weibliche Bewußtsein zu eigen zu machen, können sowohl Männer als auch Frauen machtvoll, logisch, durchsetzungsfähig und direkt und gleichzeitig intuitiv, fürsorglich, mitfühlend und einfühlsam sein.

Diese Eigenschaften führen aber weit über die psychologische Dimension hinaus. Sie weisen den Weg zu einer spirituellen Welt und verheißen nicht nur Dinge, die in unseren Beziehungen auf uns zukommen werden – Vereinigung, Kommunion, Heilung und Transformation –, sondern sind Ausdruck der höchsten Wahrheit, nämlich daß es im Kern allen Seins – und damit auch in uns – keine Trennung und keine Gegensätze, weder männlich noch weiblich gibt. Wir sind alle eins.

Panik in Androgynhausen

Männer bestimmen, versorgen, beschützen und vollbringen. Wir hinken den Frauen aber so sehr hinterher, daß wir noch viel tiefer in uns graben müssen, um uns zu öffnen.

Besitzer einer Videothek, 38

Dennoch flößt es uns unglaubliche Angst ein, wenn die Grenzen durchlässig werden, denn indem wir Unterscheidungen, besonders geschlechtsspezifische, aufrechterhalten, bewahren wir uns ein Gefühl der Ordnung. Im allgemeinen ziehen wir feste Regeln dem Zufall vor. Wir wollen lieber, daß alles so bleibt, wie es ist, statt Veränderung zuzulassen. Wir fühlen uns sicherer, wenn wir die Illusion aufrechterhalten, daß alles so weitergehen wird wie bisher, und vermeiden es, uns vorzustellen, daß unsere Grenzen sich verschieben, erweitern oder so sehr in Frage gestellt werden könnten, daß wir um tiefgreifende Veränderungen nicht mehr herumkommen.

Die Androgynie ist auf subtile Weise bereits Bestandteil unserer Kultur. Erste Hinweise darauf waren der Einzug der Unisex-Mode, Frauen mit kurzgeschnittenen Haaren und Männer, die ihre Haare bis zur Hüfte wachsen ließen. Heute sind Frauen in allen Berufen auf allen Ebenen zu finden, und Männer, die zu Hause bleiben und den Kinderwagen schieben, sind keine aufsehenerregende Ausnahme mehr. Dennoch herrscht in unserem kollektiven Unbewußten immer noch eine ungeheure

Angst vor dem Androgynen. Die gewaltige Aufregung, mit der jede neue Aufweichung der Geschlechterrollen zunächst aufgenommen wird – seien es nun gemischte Studentenwohnheime oder Frauen mit Glatzen, die Öffnung exklusiver Herrenklubs, das Eindringen von Frauen in die Arbeitswelt und Politik oder männliche und weibliche Homosexualität –, offenbart unsere Angst, unser tiefsitzendes Bedürfnis, alles so zu lassen, wie es schon immer war.

Obwohl die Androgynie bereits mit Riesenschritten auf uns zu marschiert, haben wir immer noch Angst vor ihrer Ankunft. Trotz der Tatsache, daß sowohl Männer als auch Frauen bei einer weiteren Aufweichung der Geschlechterrollen sofort größere Teile von sich selbst integrieren und einander näherkommen könnten, und obwohl dieser Prozeß uns den Weg zu einer neuen Spiritualität ebnen würde, fürchten wir uns davor.

Androgynie ist übrigens keinesfalls als Vermännlichung der Frau und Verweiblichung des Mannes zu verstehen. Ich bezeichne damit eher die Einladung an die Geschlechter, sich aus dem gesamten psychosexuellen und psychospirituellen Spektrum diejenigen Eigenschaften auszusuchen, die ihnen zusagen. Wenn ein Mensch sich mit der gesamten Palette seines Gefühlslebens wohl fühlt und weder seine männlichen noch seine weiblichen Anteile als unangenehm empfindet, läßt er sich mit viel mehr Freude auf das Leben ein und kann sich selbst und andere auf ekstatische Weise erleben.

Und nirgendwo wird sich das mehr auszahlen als in intimen Beziehungen. Denn in dem Maße, in dem die Grenzen zwischen den Geschlechtern durchlässig werden, können die Männer sich den Frauen auf der Gefühlsebene nähern und ihnen wirklich begegnen. Und die Frauen werden endlich das erleben, was sie sich so lange gewünscht haben, sie werden die Beziehungen führen, nach denen sie sich so sehr gesehnt haben und die sich die Männer nie zu erträumen gewagt hätten.

Denn je mehr sich Männer mit ihrer weiblichen Seite wohl fühlen, desto mehr Mitgefühl werden sie entwickeln, was bisher das Vorrecht der Frauen war. Dadurch wird es den Männern möglich werden, das Leiden der Frauen zu fühlen, statt es einfach für sie auflösen zu wollen. Wenn Männer erkennen, worunter Frauen leiden, was sie frustriert, was sie glücklich macht und erfüllt, werden sowohl sie selbst als auch die Frauen weniger einsam sein. Endlich werden die Männer den Frauen etwas geben können, das diese aus vollem Herzen annehmen können.

In einem umfassenderen, beinahe mystisch zu nennenden Sinn wird dadurch, daß die Männer ihr gesamtes Gefühlsspektrum integrieren, die Polarisierung zwischen den Geschlechtern abgeschwächt. Denn wenn ein Mann das Weibliche in sich selbst sehen kann, gleich wie es sich auch zeigen mag – durch Kreativität, indem er seine Gefühle artikuliert, in seinem Mitgefühl für seine Frau, seiner Zärtlichkeit gegenüber seinen Kindern, oder indem er sich seiner Angst vor dem Tod gewahr wird –, kann er diese Empfindungen auch in der Frau anerkennen und ehren.

Umgekehrt kann eine Frau, die ihren männlichen Teil akzeptiert hat, männliche Eigenschaften wie Durchsetzungsvermögen, Logik, emotionale Distanz und Machtstreben bei einem Mann würdigen. Statt diese Eigenschaften zu verteufeln, wie es viele Frauen tun – ohne sich dessen bewußt zu sein –, kann sie die

Ausdrucksformen der Männlichkeit vollständig ehren und akzeptieren.

Die Androgynie, das Sich-ineinander-Auflösen der Geschlechterrollen, dient uns ausgezeichnet als Spiegel. Denn wenn wir uns selbst im anderen sehen, beurteilen wir nicht mehr, sondern fangen an zu lieben. Das ist der Beginn der Heilung, die wir alle so dringend brauchen.

Grundvoraussetzung für die Beendigung des Geschlechterkampfes ist die Entwicklung des weiblichen Bewußtseins im Mann. Denn solange wir uns als Gegensätze betrachten, als Repräsentanten zweier unversöhnlicher Lager, werden wir einander nur durch die Stacheldrahtverhaue unserer emotionalen Schützengräben sehen können und Gefangene eines brutalen Krieges zwischen den Geschlechtern bleiben.

Die gewaltige Unzufriedenheit der Frauen wird erst dann ihr Endc finden, wenn die Männer so viel von ihrer weiblichen Seite integriert haben, daß Frauen damit in Kontakt treten können. Dann und nur dann werden die Frauen sich ermutigt fühlen, die Männer in ihrer Männlichkeit zu würdigen und in sich selbst sowohl die männlichen als auch die weiblichen Anteile noch stärker zu integrieren.

Zweiter Teil

Lieben statt dienen: die neue Rolle der Frauen

11
Unsere heilige Aufgabe: Die Initiation der Männer

Wer wird sich um die Männer kümmern, wenn der Schmerz aus ihnen hervorbricht?

Therapeut, 49

Es wird immer deutlicher, daß den Männern dabei geholfen werden muß, ihren Weg vom Männlichen zum Weiblichen zu finden, auf eine neue Weise zu leben, Frauen zu lieben, die sexuelle, emotionale und spirituelle Intimität zu kreieren, die jede Beziehung verbessert und transformiert. Sie werden das Weibliche aber nur dann erfolgreich integrieren können, wenn die Frauen ihnen die Sicherheit ihres Frauseins, ihrer eigenen vollständig integrierten Weiblichkeit anbieten und sie darin unterstützen, ihr Herz zu öffnen. Wären die Männer fähig, es allein zu schaffen, wäre diese Aufgabe bereits abgeschlossen und dieses Buch nicht geschrieben worden, denn dann hätten die Frauen längst aufgehört, sich über die Männer zu beklagen.

Frauen haben bislang übersehen, daß Klagen und Beschwerden allein niemanden dazu inspirieren, sich zu verändern. Da wirklicher Wandel seinen Ursprung immer im tiefsten Inneren eines Menschen hat, werden die Veränderungen, die die Frauen brauchen und so sehr wollen, nicht stattfinden, solange die Männer die Notwendigkeit des Wandels nicht selbst fühlen. Da die Männer leider noch immer sehr stark von ihren Gefühlen getrennt sind, können sie natürlich auch nicht fühlen, wie sehr sie sich in Wirklichkeit verändern wollen.

Da Mannsein auch heißt, sich innerhalb der bestehenden Umstände zu arrangieren und dadurch den Status quo aufrechtzuerhalten, waren und sind die Männer so sehr damit beschäftigt, sich vor Veränderungen zu schützen, daß sie die Wälder der männlichen Identität noch nicht gerodet haben, um Platz für den Wandel zu schaffen. Aber die Frauen haben ihnen auch nicht den Weg zur Lichtung gezeigt, auf der sie hätten herausfinden können, was sie eigentlich wollen. Denn diese Entdeckungsreise kann nur in einer geschützten Umgebung stattfinden, in einem Zustand emotionaler Sicherheit; und Männer, denen ständig damit die Ohren vollgejammert werden, daß sie sich endlich ändern sollten, können unmöglich den flexiblen Geisteszustand erreichen, der die unbedingte Voraussetzung für jede Transformation von Gefühlen ist. Da sich viele Männer terrorisiert fühlen, klammern sie sich zur Zeit noch an ihrer alten Identität fest. Das müssen die Frauen endlich und wirklich begreifen, denn nur dann werden sie sich dieser Aufgabe ganz widmen können.

Warum die Männer sich nicht selbst helfen können

Ihr Frauen wißt, wo es langgeht. Wir müssen von euch lernen.

Leitender Angestellter einer Ölgesellschaft, 56

Die Frauen werden nicht umhin kommen, sich dieser Aufgabe zu stellen, denn allein können die Männer es einfach nicht schaffen, da ihnen genau das fehlt, was im

Rahmen dieses Transformationsprozesses notwendig ist. Innerhalb des engen männlichen Rollenbildes, in dem nur begrenzte Ausdrucksmöglichkeiten wie Verdrängung, Konversion, passive Aggression und verschlüsselte Kommunikation möglich sind, würden sich die Männer – auf sich allein gestellt – endlos im Kreis drehen und niemals in die höheren Sphären der Gefühlswelt vordringen, um dort das weibliche Bewußtsein zu entdecken.

Männer sind in ihrem Bemühen auch schon dadurch behindert, daß sie im Gegensatz zu Frauen weder Erfahrung darin haben, ihre Gefühle auszudrücken, noch sich gegenseitig darin unterstützen können, das fehlende Weibliche in sich zu stimulieren. Bisher mußten sie sich an die ungeschriebenen Gesetze des Konkurrenzkampfes halten, die von ihnen auf jeder Ebene ihres Sozialverhaltens verlangten, Helden oder Gegner zu sein. Diesen Regeln zufolge mußten sie emotional auf der Hut sein und einander sogar helfen, jedes auftauchende Gefühl zu unterdrücken, indem sie sich darüber lustig machten oder sich gegenseitig darin bestärkten, „es wie ein Mann zu nehmen".

Männer können nicht wirklich miteinander sprechen, sie können einander nicht umarmen, sich gegenseitig die Tränen abwischen oder sich mit zärtlichen Worten trösten. Sie können nur die Zähne zusammenbeißen und einander darin unterstützen, die Zähne zusammenzubeißen und weiterzumachen.

Die mißliche Lage der Männer wird durch die weitverbreitete Homophobie und den tiefsitzenden männlichen Stolz noch verschlimmert. Nachdem ich einem Klienten vorgeschlagen hatte, an einer Männergruppe teilzunehmen, sagte mir dieser: „Ich soll an einem

Seminar nur für Männer teilnehmen? Kommt nicht in Frage. Ich will doch nicht hören, wie irgend so ein Typ über seine Probleme jammert. Und ganz sicher will ich einem Haufen Kerle nicht von meinen erzählen. Mit den meisten Männern würde ich mich nur langweilen, und vom Rest würde ich mich bedroht fühlen."

Wahrscheinlich paßt es den meisten Frauen nicht, daß die Männer ihre Hilfe brauchen, aber es ist nun mal eine Tatsache, daß sich die Männer allein nicht verändern können. Ein Mann gab mir gegenüber zu: „Sie möchten, daß wir Männer miteinander reden? Dann brauchen wir Frauen, die uns dabei helfen."

Auch das noch!

Sie möchten wissen, was ich von Männern halte? Sie kotzen mich an. Was haben die Männer je für uns getan?

Sekretärin, 44

Die vom Kampf erschöpften Frauen fragen sich natürlich zu Recht, warum – nach allem, was sie bereits für die Männer getan haben und für sich selbst tun mußten – nun auch noch die Befreiung der männlichen Psyche ihre Aufgabe sein soll. Warum müssen Frauen nach den langen schweren Wehen ihrer eigenen Geburt nun auch noch Geburtshelfer der Männer werden? Die Antwort ist schlicht und einfach und gleichzeitig furchtbar schwierig: weil nur die Frauen in dem Bewußtseinszustand leben, den die Männer im Zuge ihrer Ganzwerdung anstreben müssen, weil nur Frauen, die im Reich des Weiblichen zu Hause sind, in dem emotionale Lebendigkeit und zwischenmenschliche Intimität herrschen, wirklich beziehungsfähig sind, und weil nur Frauen, mit ihrer intuitiven Fürsorglichkeit, ihrer Vertrautheit mit der Sprache der Gefühle und ihrer Gabe, Leben hervorzubringen, die Fähigkeit besitzen, das zu erwecken, was den Männern fehlt.

Unsere Rolle als Initiatorinnen des weiblichen Bewußtseins mag uns nicht behagen. Das ist nur zu verständlich, denn wir sind müde, weil wir einiges hinter uns haben. Unsere Emanzipation war Schwerstarbeit, und wenn uns jetzt auch noch gesagt wird, daß wir eine weitere anstrengende Aufgabe vor uns haben – nämlich Männer zum weiblichen Bewußtsein zu führen –, ist es kein Wunder, daß wir uns nicht gerade voller Begeisterung darauf stürzen, sondern eher mit einer gehörigen Portion Unlust darangehen.

In der Vergangenheit waren wir Hausfrauen, Mütter, unbezahlte Hilfskräfte und ganz allgemein die Untergebenen der Männer. Aber wir haben uns doch nicht von dieser unterprivilegierten Ausgangsposition die männliche Erfolgsleiter hinaufgekämpft, um jetzt auch noch das Bewußtsein der Männer fördern zu müssen, die uns immer verunglimpft haben. Natürlich fühlen wir uns überfordert und sind außerdem wütend, daß die Männer ausgerechnet zu dem Zeitpunkt, an dem wir uns dem Höhepunkt unserer Macht nähern, wieder etwas von uns haben wollen.

Wir sind wütend, weil es an der Zeit ist, uns endlich unseres Lebens zu erfreuen und die Früchte unserer Mühen zu genießen. Wir haben unsere Arbeit getan. Werden wir uns denn niemals entspannen und einfach Spaß haben können? Wir haben den Männern ihr Studium ermöglicht, ihre Karriere unterstützt, sie über die Auswirkungen des mörderischen Konkurrenzkampfs mit ihren Vätern hinweggetröstet, sie bemuttert, wenn sie krank waren, ihnen erlaubt, sich wegen ihrer Exfrauen und Verflossenen bei uns auszuweinen. Wir haben es satt, die kleinen Helferinnen der Männer zu sein, und wir wollen sie einfach nicht schon wieder retten. Früher hatten wir das Essen pünktlich auf dem Tisch und hoben geduldig seine Strümpfe auf – nun sollen wir uns auch noch um sein Gefühlsleben kümmern?

Aber gerade durch unsere Widerstände hat der Wandel bisher noch nicht stattgefunden. Ich kann das kollektive Stöhnen der Frauen direkt hören: „Wir sollen noch mehr tun? Nun sollen wir die Männer auch noch ins weibliche Bewußtsein einführen? Das ist doch einfach nicht fair!" Diese Reaktion hat nichts mit Egoismus zu tun, denn die Situation ist tatsächlich nicht fair. Es wäre viel schöner – es wäre sogar herrlich –, wenn die Männer sich einfach an ihrem eigenen Schopf aus dem Sumpf ziehen könnten und uns als emotional Gleichberechtigte in einer wahrhaftigen Demokratie der Gefühle begegnen könnten. Aber dazu sind sie nicht fähig. Wir müssen ihnen tatsächlich helfen. Bis jetzt haben wir uns davor gedrückt, und deshalb ist die Lage immer schlimmer geworden.

Jede Frau, die annimmt, ein Mann könne aus sich selbst heraus ein Gefühlsleben entwickeln – und in dieser Annahme haben viele von uns die Männer dazu aufgefordert, sie darum gebeten und angefleht, es endlich zu tun –, verkennt die Tatsachen. Ebenso könnten wir einen Blinden darum bitten, den Sonnenuntergang zu sehen.

Die Integration des Weiblichen kann ein Mann nur in der Beziehung zu einer Frau lernen. Das bedeutet gewissermaßen, daß jede Frau, die sich wirklich eine Beziehung zu einem Mann wünscht, für ihn Wunder wirken muß. Sie darf sich nicht mehr als Bittstellerin sehen, sondern als Frau, die eine heilige Aufgabe zu erfüllen hat. Denn unglücklicherweise – und glücklicherweise – werden Frauen die tiefen und erfüllten Beziehungen zu Männern, von denen sie immer reden, nur dann haben, wenn sie sich dieser Aufgabe stellen und mit der Arbeit beginnen.

Je eher eine Frau bereit ist, diese Aufgabe in Angriff zu nehmen, und ihr Bild von dem, was zwischen einem Mann und einer Frau möglich ist, revidiert, desto schneller wird sie einen Prozeß in Gang setzen können, der sie letztendlich mit einer wahrhaften Beziehung zu einem wirklich fühlenden Menschen männlichen Geschlechts belohnen wird.

Ein Wort der Ermutigung

Ab und zu gelingt es mir, einen Mann dazu zu bringen, mit mir zu fühlen. Unglaublich! Denn dann erhasche ich einen Blick darauf, was eine echte Beziehung sein kann.

Leitende Angestellte im Marketingbereich, 37

Zwar scheint die vor uns liegende Aufgabe gewaltig zu sein, aber noch nie waren wir Frauen besser dafür gerüstet. Zunächst einmal wissen wir, was zu tun ist. Wir wollen Männer in die Welt ihrer Gefühle initiieren und sie darin unterstützen, beziehungsfähig zu werden. Untereinander haben wir das schon immer getan. Obwohl wir mit Männern wahrscheinlich nie die emotionale Intimität erlebt haben, die wir uns wünschen, hatten wir sie doch gewiß mit anderen Frauen. Unsere eigene

Geschichte ist Vorbild dafür, was wir mit den Männern erreichen möchten.

Außerdem sind wir dadurch, daß wir Zugang zu den männlichen Rollen gefunden haben, endlich in der Lage, etwas von der Einsamkeit, dem Druck und der Last nachzuempfinden, die für Männer „ganz normal" sind. Statt sie nur von außen zu beobachten, haben viele Frauen mittlerweile ein Gefühl für die Welt des Mannes bekommen. Wir wissen heute, was es bedeutet, die eigenen Gefühle zurückzustellen, um etwas zu erreichen. Wir wissen, was es heißt, die Zähne zusammenzubeißen und weiterzumachen, Tränen zurückzuhalten und Gefühle zu verbergen, zu lächeln, wenn uns nach Weinen zumute ist, und „unseren Mann zu stehen", wenn wir uns am liebsten verkriechen möchten.

Unser Mitgefühl für die Männer ist daher stärker als je zuvor. Immerhin haben wir gewissermaßen ein paar Jahre im Gefängnis des männlichen Leidens abgesessen. Aufgrund dieser neuen Erfahrung – und es gibt keinen besseren Lehrer als die unmittelbare Erfahrung – können wir die Männer besser verstehen und ihnen deshalb vielleicht das, was wir ihnen zu geben haben, auf eine Weise anbieten, die sie leichter akzeptieren können.

Die Herausforderung für uns besteht darin, diese Aufgabe mit reinem Herzen und voller Anmut anzugehen, ohne die Männer zu verurteilen und von ihnen sofortige Veränderungen zu verlangen. Es ist ungemein wichtig, die Männer in die Welt der Gefühle einzuladen, ohne ihnen ihre Würde zu stehlen, ohne sie wie dumme Jungen zu behandeln, ohne sie mit Worten zu traktieren oder darauf zu bestehen, daß sie weinen. Wir müssen ihnen den Luxus zugestehen, ihre Sensibilität vorsichtig und bedächtig zu erforschen, so daß sie nicht nur mehr

Mitgefühl für sich selbst entwickeln können, sondern es schließlich wagen, in ihren Beziehungen zu den Frauen und Männern, die sie lieben, mehr Intimität zuzulassen.

Um dies zu erreichen, müssen wir begreifen, daß Männer tatsächlich Gefühle haben und daß es ihnen bisher unmöglich war, diese auf ihre eigene Weise zu erforschen: vorsichtig, allmählich und so, daß sie sich dabei wohl fühlen, was nicht gleichbedeutend damit ist, daß auch wir uns wohl fühlen.

Die Veränderungen, die die Frauen durchgemacht haben, weisen bereits auf das hin, was in Zukunft möglich sein wird. Allein die Tatsache, daß wir so viel erreicht haben, macht dieses Jahrzehnt zu einem geweihten Augenblick der menschlichen Geschichte und fordert von uns, das Beste in uns hervorzubringen und trotz unserer Angst voller Optimismus voranzuschreiten.

Die Last auf uns nehmen

Wir Männer sind doch im Grunde wie Babys.
Wir möchten gewiegt werden. Warum auch nicht?

Geschäftsmann, 48

Wenn wir die Last auf uns nehmen, die Männer zu initiieren, ist das auch eine Chance, uns selbst zu verändern und unsere eigenen Mythen zu überdenken. Wir werden akzeptieren müssen, daß wir viel mehr sind, als wir uns jemals hätten vorstellen können. Und wir werden aufhören müssen, darüber wütend zu sein, was die Männer uns angetan haben, was uns Väter, Brüder, Onkel und Chefs mit ihren aus Unsicherheit, Sprachlosigkeit und Arroganz entstandenen Machtspielchen aufgebürdet haben, damit wir ihnen wirklich helfen können. Wir werden uns alle Übergriffe der Männer ins Gedächtnis rufen und ihnen vergeben müssen. Schon das allein bedeutet für die meisten Frauen eine gewaltige Anstrengung.

Diese Aufgabe ist nur zu ertragen, wenn wir mit einem anderen Bewußtsein an sie herangehen. Die Entdeckung, daß diese Aufgabe nicht nur unvermeidbar, sondern eine ausgesprochene Ehre ist, wird uns großzügig und wohlwollend an ihre Erfüllung gehen lassen. Denn als Trägerinnen des weiblichen Bewußtseins genießen wir nicht nur dessen Segen, sondern haben auch die heilige Verpflichtung, es in seiner ganzen Macht zu verkörpern und es zum Zwecke der emotionalen Evolution der ganzen Menschheit einzusetzen.

Darüber hinaus bietet uns diese Aufgabe aber auch die Möglichkeit, unsere Rolle als Frau neu zu definieren. Wir werden nicht mehr dienen, sondern lieben. Wir werden davon befreit, die langweilige Rolle der Hausfrau, Sekretärin und Gehilfin (die eine Stufe unter dem Mann steht) zu spielen, und werden statt dessen zu Heilerinnen, Mittlerinnen und Initiatorinnen.

Frauen hatten immer Zugang zum weiblichen Bewußtsein, aber weil es so sehr in unserer Natur liegt, war es für uns auch irgendwie unsichtbar. Was man im Überfluß besitzt – Geld, Schönheit, Intelligenz, Chancen –, ist fast nicht wahrzunehmen, da man völlig darin aufgeht. Daher ist es fast unmöglich gewesen, die Macht des weiblichen Bewußtseins, das so sehr Teil unseres Wesens ist, objektiv zu betrachten. Man könnte fast sagen, daß es uns gar nicht aufgefallen ist, daß wir es besitzen, und deshalb sind wir unbeabsichtigt in einer Weise damit umgegangen, als sei es Männern und Frauen gleichermaßen zugänglich. So haben wir die Männer im Grunde von ihren Gefühlen ferngehalten, statt ihnen zu helfen. Wir haben von ihnen erwartet, einfühlsam zu sein, statt die sichere Umgebung zu schaffen, die für die Entwicklung ihrer Gefühle notwendig ist; wir haben nicht nur die Entrechtung der Männer geleugnet, sondern auch die Macht unserer eigenen weiblichen Natur.

Seit ewigen Zeiten sind wir Frauen die Quelle emotionaler Freigebigkeit gewesen, und die heutige Zeit muß zum Höhepunkt unserer Großzügigkeit werden. Ohne uns zurückzuhalten, ohne etwas zu bedauern oder darüber wütend zu sein, was wir erlitten haben, ohne das zu kompromittieren, was wir in unserem langen und bitteren Kampf erreicht haben, müssen wir vorsichtig, geduldig und zielstrebig weiter voranschreiten und uns der komplizierten, schmerzhaften und heiklen Aufgabe widmen, die Männer in die Welt der Gefühle einzuführen. Denn nur, wenn wir mit den Gaben, die einzig und allein wir geben können, großzügig umgehen, werden die Männer, die wir lieben, geheilt werden können. Dann wird es ihnen nicht nur möglich, sich selbst wahrzunehmen, sondern auch uns.

12
Das ist doch das Letzte: Warum Frauen Männer nicht initiieren wollen

Wenn wir das Bewußtsein auf diesem Planeten verändern wollen, müssen wir die Kinder großziehen und die Männer.

Verwaltungsangestellte einer Universität, 40

Wenn es so offensichtlich ist, daß Frauen Männern dabei helfen müssen, das Weibliche zu integrieren, und daß diese Transformation für uns von Vorteil ist, warum haben wir dann so lange gezögert? Zum einen haben wir bisher deshalb nicht geholfen, weil wir tatsächlich nicht wußten, daß es unumgänglich ist. Wir hatten gehofft, daß die Männer ihre emotionale Entwicklung irgendwie – durch reines Glück, durch Osmose oder ihre eigenen Anstrengungen – ohne uns zustande bringen würden. Wir dachten ja, die Männer wüßten, wo es langgeht, und machten uns nur aus Dickköpfigkeit oder irgendwelchen seltsamen Gründen das Leben schwer. Es war uns wirklich nicht klar, daß sie auf dem Weg, den sie gehen müssen, nicht einmal wissen, wie sie den ersten Schritt machen sollen.

Außerdem sind wir zusätzlich zu unserem Unbehagen und unserer verständlichen Ungeduld auch von einem tiefsitzenden Groll erfüllt. Denn ohne uns dessen bewußt gewesen zu sein, helfen wir den Männern eigentlich schon seit langem, indem wir sie anflehen, mit uns zu reden, sie ermutigen, ihre Gefühle mitzuteilen, sie bitten, einfühlsamer zu sein. Aber die emotionale Entwicklung der Männer hat bisher auf einer völlig unbewußten Ebene stattgefunden, so daß weder Männer noch Frauen wirklich erkannt haben, worum es geht. Nun sind wir wütend, weil wir den Männern schon so viel gegeben haben, und wir haben keine Lust, ihnen noch mehr zu geben.

Paradoxerweise kann diese Situation aber dadurch verändert werden, daß wir uns bewußtmachen, was wir bereits getan haben. Denn wenn wir diese Aufgabe in dem Bewußtsein in Angriff nehmen, daß nur wir sie leisten können, werden wir ein völlig neues Verständnis entwickeln – und wahrscheinlich bessere Ergebnisse erzielen. Aber weil wir diesen Schritt bisher noch nicht gewagt haben, bleiben wir in unserer Wut und unserem Groll stecken.

Natürlich liegt es auch an unseren tief verankerten Ängsten, daß wir den Männern nicht helfen. Angesichts der möglichen Transformation der Männer sehen wir uns zwei entscheidenden Fragen gegenüber: Wollen wir wirklich, daß sie sich verändern? Was bedeutet es für uns, sie dabei zu begleiten? Wir glauben zu wollen, daß sie sich ändern, aber eigentlich wäre es uns aufgrund unserer eigenen psychischen Strukturen auch recht, wenn die Männer im emotionalen Niemandsland blieben. Frauen haben ebensoviel Angst vor der Transformation der Männer wie die Männer selbst.

Angst, sie könnten sich nicht ändern

Aber worin bestehen diese Ängste? Am allermeisten haben Frauen Angst davor, daß die Männer im Grunde unfähig sind, sich zu ändern. Trotz unserer Sehnsucht glauben wir doch in unserem tiefsten Inneren nicht daran, daß Männer wirklich Gefühle haben wollen oder daß sie sich bereitwillig auf den Weg der emotionalen Transformation machen werden. In zahllosen Büchern ist uns eingeredet worden, es sei neurotisch zu hoffen, daß Männer sich ändern werden, wir seien masochistisch, verachteten uns selbst und machten uns weiterhin von den Männern abhängig, wenn wir ihnen helfen wollten oder glaubten, sie könnten sich tatsächlich ändern. Da uns das so oft und so überzeugend eingetrichtert wurde und da wir sowieso nicht wissen, wie und wo wir anfangen sollen, bemühen wir uns erst gar nicht und bringen uns damit selbst um die Möglichkeit, jemals die Beziehungen zu haben, die wir uns so sehr wünschen.

Man könnte sagen, die Frauen haben die Männer aufgegeben. Und dadurch sabotieren sie jeden möglichen emotionalen Austausch in der Zukunft. Frauen müssen Männer durch eine liebevolle Erwartungshaltung unterstützen, sie müssen an dem Glauben festhalten, daß diese sich ändern können. Hoffnung ist die Erinnerung der Zukunft, die Überzeugung, daß das, was wir jetzt wollen, im Laufe der Zeit Wirklichkeit werden wird. Wir Frauen müssen den Männern diese Hoffnung schenken, wir müssen bereit sein, sie in diesem Prozeß zu unterstützen und aus tiefstem Herzen daran glauben, daß das, was wir uns in der Vergangenheit so sehr gewünscht haben, eingetroffen sein wird, wenn die Zukunft zur Gegenwart geworden ist.

Unabhängig davon, wie lange wir schon gewartet haben – und wir warten seit langem – oder wie schwer es sein wird – und es wird schwer werden –, müssen wir uns selbst daran erinnern, daß wir keine Närrinnen sind, wenn wir wollen, daß die Männer sich ändern. Unsere Sehnsucht, unser leidenschaftliches Wollen, unsere offensichtliche Ungeduld sind Ausdruck unserer tiefen Liebe für die Männer und unseres Verlangens nach ihnen. Wir wissen mit unserer ganzen Seele, daß wir ohne sie, die den Planeten mit uns teilen, nicht ganz Mensch sein können.

Angst, sie könnten sich anders verändern, als uns lieb ist

Viele von uns haben einfach aufgegeben und daher keine große Lust, die vor uns liegende Aufgabe anzugehen – und viele haben sehr starke Vorurteile über das „gefühllose Wesen" des Mannes. Diese Vorstellung drückt sich in Sätzen wie „Die können doch ums Verrecken nichts fühlen" oder „Ich kann mir nicht vorstellen, daß er in seinem ganzen Leben schon einmal etwas gefühlt hat" aus. Diese Vorurteile führen dazu, daß Frauen das Verhalten der Männer aufgrund verinnerlichter Klischees beurteilen. Statt die verschiedensten emotionalen Feinheiten eines Mannes zu erkennen (zum Beispiel die Gefühle, die sich hinter seinen Worten oder in seiner Körpersprache verbergen) oder ihn zumindest als einen individuellen Menschen zu betrachten, tun viele Frauen die Männer einfach als emotional zurückgeblieben und als im Grunde unfähig zu fühlen ab. Kurz gesagt verhalten sich Frauen gegenüber Männern genauso sexistisch wie umgekehrt. Wie die Vorurteile der Männer, so verschärft auch die klischeehafte Denkweise der Frauen die Probleme nur noch.

Und auch wenn wir es nicht offen zum Ausdruck bringen, so glauben wir doch, daß die Männer unfähig sind zu fühlen. Wir drücken dies indirekt aus, indem wir die für uns wichtigen emotionalen Begegnungen weiterhin ausschließlich mit Frauen haben. Da wir wissen, daß Männer noch nicht wirklich beziehungsfähig sind, wollen wir die Erfüllung unserer Bedürfnisse nicht dadurch gefährden, daß wir uns mit männlichen Anfängern abgeben oder mit „emotionalen Krüppeln“, wie wir sie in Augenblicken, in denen wir ihnen weniger freundlich gesonnen sind, bezeichnen. Da die emotionale Intensität, die zwischen Frauen herrscht, der Maßstab für eine „echte Begegnung“ auf der Gefühlsebene ist, nehmen wir alles, was diese Intensität nicht erreicht, überhaupt nicht wahr. Frauen können ihre Gefühle untereinander wunderbar austauschen – warum sollten sie da überhaupt noch versuchen, mit einem Mann etwas zu erleben, was nicht einmal halb so gut ist? Wie sagte doch eine Frau über ihre beste Freundin: „Sie ist einfach vollkommen. Ich wünschte, sie wäre ein Mann.“

Aber dieser Hang, die emotionale Gesellschaft anderer Frauen zu suchen, trägt nicht dazu bei, uns voranzubringen. Solange Männer die Sportschau sehen, während die Frauen miteinander telefonieren, kommen sich Männer und Frauen nicht näher. Es ist eine der grundlegenden Erkenntnisse der menschlichen Verhaltensforschung, daß die Häufigkeit einer Handlung zunimmt, wenn positiv auf sie reagiert wird, und daß die Häufigkeit abnimmt, wenn keine oder eine negative Reaktion stattfindet. Und da Frauen emotional so gut aufeinander reagieren, wird ihr Gefühlsleben weiterhin unterstützt und kann sich weiterentwickeln, während die Männer wie gehabt in ihrer Sprachlosigkeit dahinvegetieren.

Da Männer kaum jemals positive Reaktionen bekommen (weder von Frauen noch von ihren Geschlechtsgenossen), die sie darin unterstützen, ihr brachliegendes Gefühlsleben zu entwickeln, scheinen sie unfähig, es überhaupt zu entwickeln. Also ziehen es Frauen auch weiterhin vor, emotionale Beziehungen mit ihresgleichen zu haben. Kurzum, mit Frauen geht es leicht, mit Männern nur schwer, und wir alle haben uns damit abgefunden.

Aber wir Frauen müssen erkennen, daß wir den frustrierenden Status quo aufrechterhalten, solange wir glauben, daß Männer ihre Gefühle sowieso nicht ausdrücken können (und ihnen daher keine Gelegenheit zum Üben geben). So ziehen wir die Schlinge um den Hals unserer Gefühle immer enger.

Angst, unsere emotionale Vormachtstellung zu verlieren

Der vielleicht überraschendste Grund, aus dem Frauen Angst davor haben, daß sich die Männer tatsächlich ändern, besteht darin, daß sie ihren Status als das Geschlecht, das in Beziehungen den emotionalen Partner stellt, nicht wirklich aufgeben wollen. Sooft Frauen auch sagen mögen, sie hätten es satt, daß immer nur sie alle Gefühle ausdrücken, und wie sehr sie es sich auch wünschen mögen, daß die Männer emotionaler werden, wollen sie doch eigentlich ihre Vormachtstellung als die Herrscherinnen im Reich der Gefühle nicht aufgeben.

Da diese Rolle immer ein wichtiger Teil unseres Selbstbildes war (wir sind diejenigen, die Kontakt zu ihren Gefühlen haben; wir wissen, was in unseren Beziehungen wirklich los ist; wir sind die mit der Intuition), haben wir unbewußt Angst davor, diese Identität zu verlieren oder sie mit den Männern teilen zu müssen. Was wird von uns Frauen übrigbleiben, wenn wir noch nicht einmal mehr im emotionalen Bereich einen Vorsprung haben? Obwohl wir freudig viele männliche Wesensmerkmale angenommen haben, gefällt es uns, uns in Gefühlsfragen für *die* Expertinnen zu halten. Wenn Männer auch fühlen können, wenn auch sie sich ihrer Intuition bedienen, werden wir gewissermaßen arbeitslos.

Paradoxerweise haben wir unterschwellig eine höllische Angst davor, daß die Männer lernen könnten, mit ihren Emotionen umzugehen – auch wenn wir das Gegenteil behaupten. Deshalb klammern wir uns an die Überzeugung, daß wir im Bereich der Gefühle immer besser sein werden als die Männer. Wir haben sie zwar in gewisser Weise gebeten, uns ähnlicher zu werden, aber aufgrund unseres unbewußten Wunsches, ihnen den Zugang zu den heiligen Hallen der Gefühle zu verwehren, haben wir ihnen auch deutlich zu verstehen gegeben, daß sie sowieso nie so gut werden können wie wir. Unbewußt halten wir die Männer so in der Zwickmühle. Weitaus mehr, als wir zuzugeben bereit sind, haben wir Angst davor, daß die Männer in unseren Zuständigkeitsbereich eindringen und uns unsere weibliche Einzigartigkeit stehlen könnten.

Im Hinblick auf ihre emotionale Vormachtstellung haben die meisten Frauen sich selbst nie eingestanden, daß sie die Kontrolle überhaupt nicht aufgeben wollen. Aber solange wir auf unserer emotionalen Überlegenheit bestehen, werden wir unbewußt die Gefühlswelt des Mannes einschränken und so dafür sorgen, daß er weiterhin unfähig bleibt zu fühlen.

Unsere Unwilligkeit, im Königreich der Gefühle die Krone zu teilen, ergänzt hervorragend die männliche Ambivalenz, das Weibliche anzunehmen. So bleiben die Geschlechter Partner in einer gemeinsamen Verschwörung, durch die die emotionale Vormachtstellung der Frau verewigt wird. Den Frauen bleibt der Trost, daß sie die Macht behalten können, und den Männern die Hoffnung, daß die Transformation, die ihnen soviel Angst macht, noch etwas hinausgezögert wird. Um aber den Prozeß voranzubringen, müssen die Frauen bereit sein, die Privilegien ihrer traditionellen Rolle aufzugeben – um schließlich die emotionale Demokratie in all ihrem Reichtum genießen zu können. Sonst werden Männer und Frauen weiterhin gemeinsam dafür sorgen, daß die Veränderungen, von denen die Frauen behaupten, daß sie sie wollen, und die die Männer so dringend brauchen, niemals Wirklichkeit werden.

Angst, die Märtyrerrolle aufzugeben

Hinter der Weigerung, den Männern zu helfen, verbirgt sich noch ein anderes Geheimnis: Frauen haben Angst, ihre Märtyrerrolle aufzugeben. Bisher haben wir uns getreu dem Motto verhalten: Wenn dir das Elend in den Kram paßt, dann erhalte es dir. Märtyrer leben in der Vorstellung, daß die Lage aussichtslos ist und sich nie verbessern wird. Und im Hinblick auf die Männer ist dies genau die Vorstellung, die viele Frauen hegen.

So furchtbar die Märtyrerrolle auch ist, so jämmerlich sie auch belohnt werden mag – sie hat doch bestimmte Vorteile. Die Frau, die sich als Märtyrerin fühlt, kann sich auf ihre Identität als Fußabtreter konzentrieren, kann darüber jammern, wieviel sie ohne Gegenleistung gegeben hat, wer sie einmal war oder jetzt sein könnte, wenn *ihr Mann* oder *die Männer* sie nicht so ausgenutzt hätten. Indem sie sich ausführlich mit allen Aspekten ihres Fußabtreterdaseins befaßt, schafft sie dadurch ein Identitätsgefühl – so verzerrt es auch sein mag.

In der Vergangenheit opferten sich Frauen für ihre Männer und Familien auf: „Ich habe sechzehn Hemden gebügelt, und er hat nicht einmal danke gesagt." ... „Die Kinder haben alles schmutzig gemacht und es nicht einmal gemerkt." Heute stöhnen wir unter der zweifachen Knechtschaft von Arbeit und Familie: „Ich habe den ganzen Tag gearbeitet, und dann mußte ich auch noch Essen kochen." ... „Mein Chef hat mich angeschnauzt, weil ich zu spät zur Arbeit gekommen bin, und mein Mann ist sauer, weil wir heute morgen keinen Sex hatten."

Solange die Frauen sich weiterhin elend fühlen und solange die Männer nicht in der Lage sind, ihnen ihre Bedürfnisse zu erfüllen, können Frauen sich als unterprivilegierte Menschen zweiter Klasse fühlen, deren Bedürfnisse sowieso nie befriedigt werden und deren Träume auf ewig unerfüllt bleiben. Würden die Frauen den Männern aber helfen, ein eigenes Gefühlsleben zu entwickeln, bestünde doch immerhin die Möglichkeit, daß diese ihre Bedürfnisse endlich erfüllen könnten. Aber was soll dann aus den Frauen werden? Irgend etwas anderes, irgend etwas, womit sie nicht vertraut sind und das ihnen Angst einflößt.

Aber warum wollen wir Frauen Märtyrerinnen sein, und warum ist es so schwer, diese Rolle aufzugeben? Die Märtyrerrolle ist ein Abwehrmechanismus gegen unsere Angst, nicht das zu bekommen, was wir brauchen – eine

Art Versicherung gegen die Möglichkeit, von unseren Ehemännern und Liebhabern ebenso enttäuscht zu werden wie von unseren Vätern und Brüdern. Unterschwellig hegen viele Frauen die Befürchtung, daß es ihnen kein Mann jemals rechtmachen wird. Frauen tun beinahe alles, um nicht enttäuscht und somit verletzt zu werden. Eine Frau beschrieb es so: „Ich habe ihn vor einer Woche extra nicht an meinen Geburtstag erinnert, weil es absolut verheerend für mich gewesen wäre, wenn er es dann trotzdem vergessen hätte. Da ich mir jetzt einreden konnte, daß er es gar nicht wußte, war es nicht so schlimm. Ich bekomme von ihm sowieso nie, was ich brauche."

Sollten Frauen sich tatsächlich der Vorstellung öffnen, daß ein Mann sie glücklich machen kann, könnten sie noch stärker enttäuscht werden. Es liegt ein gewisser Trost darin zu wissen, daß man sowieso nie bekommt, was man möchte, denn so schützt man sich vor Enttäuschungen: „Ich würde nie von ihm erwarten, daß er mir einen Diamanten schenkt." ... „Natürlich kann er nicht mit Kindern umgehen." ... „Natürlich tue ich nur so, als ob ich einen Orgasmus habe. Was soll ich denn sonst tun?" Dieses Selbstmitleid – ich tue alles für die anderen, und keiner tut jemals etwas für mich – bietet vielen Frauen, die sich lieber ständig benachteiligt fühlen, als einmal so richtig enttäuscht zu werden, wenn sie es riskiert haben, sich etwas zu erhoffen, einen sicheren Zufluchtsort. Die Märtyrerin sagt: „Ich möchte nicht herausfinden, daß Männer meine emotionalen Bedürfnisse nicht befriedigen können, deshalb beschütze ich mich, indem ich davon ausgehe, daß sie dazu ohnehin nicht in der Lage sind. Es ist besser, ständig ein bißchen enttäuscht zu sein, als einmal zu Tode enttäuscht zu werden."

Paradoxerweise sorgt genau das, was als Schutz vor Enttäuschungen gedacht war, dafür, daß wir nie das bekommen, was wir möchten. Denn wenn Bedürfnisse befriedigt werden sollen, müssen sie artikuliert werden. Aber solange Frauen an ihrer Märtyrerrolle festhalten und aufgeben, bevor sie es überhaupt versucht haben, solange sorgen sie dafür, daß selbst die Bedürfnisse unbefriedigt bleiben, die die Männer mit Leichtigkeit erfüllen könnten. Da die Frauen im Grunde nicht daran glauben, daß Männer fähig sind, sich zu ändern, sind sie bisher auch nicht willens gewesen, die Märtyrerrolle aufzugeben und ihr Glück in intimen Beziehungen zu versuchen.

Aber jetzt müssen wir diese Rolle aufgeben, für uns selbst – und für die Männer. Denn solange wir nicht bereit sind, unsere Bedürfnisse offen zu artikulieren, können wir dies auch nicht von den Männern erwarten. Wir müssen es wagen, direkt um das zu bitten, was wir wollen, und es ertragen, wenn unsere Bitten nicht erfüllt werden. Außerdem müssen wir stark genug sein zuzuhören, wenn die Männer ihre Bedürfnisse artikulieren.

Mit dem, was ich über die Märtyrerrolle geschrieben habe, möchte ich nicht andeuten, daß Frauen nicht wirklich leiden, oder das Ausmaß ihres tatsächlichen Leidens herunterspielen, aber wir alle sollten uns gewahr sein, daß wirkliches Leiden etwas anderes ist, als die Märtyrerin zu spielen. Es wird uns – und den Männern – besser gehen, wenn wir lernen, unseren Schmerz mitzuteilen, und die wenigen Vorteile, die die Märtyrerrolle bietet, zugunsten der wahren Belohnungen aufgeben, die wir ernten, wenn wir es auszusprechen wagen, was wir wirklich brauchen.

Angst vor unserer männlichen Seite

Ein anderer Aspekt unserer Unwilligkeit, den Männern den Weg zu ihren Gefühlen zu zeigen, ist die Angst vor dem männlichen Teil in uns. Intuitiv wissen wir nämlich, daß es in jeder Beziehung ein Gleichgewicht zwischen dem Männlichen und dem Weiblichen gibt. Dieses Gleichgewicht kann dergestalt sein, daß der Mann den männlichen Aspekt verkörpert und die Frau den weiblichen. Es kommt aber auch vor, daß die Partner die weiblichen und männlichen Aspekte unabhängig von ihrem biologischen Geschlecht in verschiedenem Ausmaß verkörpern, so daß sie zusammen ein androgynes Ganzes bilden.

Ein Mann kann zum Beispiel achtzig Prozent der männlichen Eigenschaften verkörpern und die Frau die restlichen zwanzig, aber es ist auch möglich, daß die Frau zu sechzig Prozent Trägerin der männlichen Energie ist und der Mann nur zu vierzig Prozent. Doch unabhängig davon, wie die männlichen und weiblichen Energien in einer Beziehung verteilt sind, verkörpern Mann und Frau zusammen immer deren Gesamtheit. Instinktiv wissen wir, daß in einer funktionsfähigen Beziehung entweder Männer Männer und Frauen Frauen bleiben müssen oder daß beide Geschlechter die weiblichen und männlichen Eigenschaften zu ausgewogenen Teilen verkörpern müssen. Damit die Männer mehr mit ihrer weiblichen Seite in Kontakt treten können, ist es demzufolge notwendig, daß die Frauen mehr von ihrer männlichen Seite annehmen.

Ohne sich dessen bewußt zu sein, haben die Frauen Angst davor, mehr Rationalität in ihre Gefühlswelt integrieren zu müssen, wenn die Männer tatsächlich Zugang zu ihren Emotionen finden. Emotionalität erfordert nämlich immer den ausgleichenden Einfluß der Rationalität, und je mehr Männer ihre Gefühle ausdrücken, desto mehr werden Frauen ihre rationale Seite entwickeln müssen, um die Beziehung im Gleichgewicht zu halten. Damit die Männer emotional werden können, müssen Frauen die immer ausgeglichene, rationale Position der Stärke einnehmen, die die Männer bisher innehatten.

Für uns Frauen stellt dies natürlich eine Art Verlust dar, denn wir werden aufhören müssen, unseren Gefühlen freien Lauf zu lassen, und statt dessen damit beginnen, ein ausgeglichenes Gefühlsleben zu entwickeln. Das aber ist anstrengend und setzt die Bereitschaft voraus, sich ins Unbekannte vorzuwagen. Für die meisten Frauen ist es aber schon schwer genug, sich überhaupt vorzustellen, daß sie ihre Gefühle (ihren scheinbar kostbarsten Teil) beiseite schieben, um einen kühlen Kopf zu bewahren, und daß sie vernünftig sein und logisch denken sollen.

Das Vorrecht der Frauen, in Gefühlen zu schwelgen, ist eine der merkwürdigen Folgen der Unterdrückung durch die Männer. Es ist eine Binsenwahrheit, daß der Unterdrückte immer das verherrlicht, was der Unterdrücker abwertet. So wurden die Afro-Amerikaner stolz auf ihre Hautfarbe, so wurde Ingrid Bergman, die einen Skandal auslöste, weil sie alleinstehend und schwanger war, zum Vorbild für die sexuelle Befreiung der Frau, so machten die Frauen, denen vorgeworfen wurde, übermäßig emotional zu sein, Gefühle zu ihrer letzten Bastion. Da die Frauen in der Vergangenheit nicht in die männlichen Machtpositionen vordringen konnten, gaben sie ihren Gefühlen den Status von Ikonen und beschlossen, daß Gefühle wertvoller sind als alles, was Männer haben und tun.

Selbst heute, da wir in den traditionell männlichen Domänen Machtpositionen erobert haben, halten wir an dieser Überzeugung in gleichem Maße fest, wie die Männer sich weiterhin an die traditionelle männliche Rolle des schweigsamen Helden klammern. Wir Frauen haben den Wert von Gefühlen künstlich hochgejubelt, um uns eine sinnerfüllte Identität zu geben – und die wollen wir nicht aufgeben, auch wenn sie, wie jede liebgewordene Gewohnheit, letzten Endes selbstzerstörerisch ist.

Frauen haben Angst davor, daß sie, wenn sie die starke, rationale Position einnehmen, nicht in der Lage sein werden, je nach Wunsch rational oder emotional zu sein. (Das ist übrigens dieselbe Angst, die die Männer haben, nur kommen diese sozusagen aus der anderen Richtung.) Ich möchte den Frauen aber an dieser Stelle versichern, daß es tatsächlich möglich ist, gleichzeitig zu fühlen *und* zu funktionieren. So wie wir in der Arbeitswelt gelernt haben, Gefühle *und* Logik einzusetzen, so müssen wir jetzt lernen, dies auch in unseren Beziehungen zu Männern zu tun.

Die Angst der Frauen, ihre männlichen Aspekte zu integrieren, erklärt auch, warum sie nicht bereit sind, sich einzugestehen, in welch schlechter Verfassung sich die Männer tatsächlich befinden. Es ist hier anzumerken, daß dieses Mitgefühl nicht etwa deshalb fehlt, weil die Frauen es satt haben, die zweite Geige zu spielen. Es fehlt einfach deshalb, weil wir unbewußt Angst vor dem haben, was auf uns zukommt, wenn wir die männliche Rolle einnehmen. Wir wollen den Schmerz, der Teil der männlichen Rolle ist, nicht sehen, weil wir unbewußt

Angst haben, daß der Mißbrauch, dessen Opfer die Männer waren, nun auch uns treffen wird.

Diese Art von Verdrängung ist typisch für alle Menschen, die mit Schmerzen gewaltigen Ausmaßes konfrontiert werden. Wir wollen einen Todkranken nicht besuchen, weil wir uns dann unserer eigenen Sterblichkeit bewußt werden würden; wir wollen den Freund, der gerade eine furchtbare Scheidung durchmacht, nicht bemitleiden, weil wir nicht wahrhaben wollen, daß auch unsere eigene Ehe in der Krise steckt; wir wollen über den Bankrott unseres Geschäftspartners deshalb nicht sprechen, weil wir nicht daran erinnert werden wollen, daß sich unsere eigene finanzielle Lage jederzeit verschlechtern könnte.

So hätten es auch die Frauen eigentlich am liebsten, wenn die Männer ihre mißliche Lage für sich behielten. Würden wir tatsächlich anerkennen, was die Männer seit ewigen Zeiten durchmachen, würden wir auch sehen müssen, daß wir mit neuartigen, gewaltigen Problemen konfrontiert werden, wenn wir mehr von der männlichen Rolle übernehmen.

In einem gut verborgenen Teil unserer selbst spüren wir schon lange, wie schwer die Last ist, die die Männer tragen. Aus diesem Grund sind wir zwar bereit, mit dem Prestige und der Macht der Männerwelt zu spielen, aber wir wollen nicht um jeden Preis an ihr teilhaben. Statt dessen ziehen wir es vor, uns die Teile der männlichen Rolle auszusuchen, die uns zusagen – Selbstverwirklichung im Beruf, selbstverdientes Geld, die Aufhebung der häuslichen Unterdrückung –, ohne uns einzugestehen, daß diese Vorteile untrennbar in die männliche Rolle integriert sind, die Kaltherzigkeit, Verantwortungsbewußtsein und Kampf bis aufs Messer beinhaltet.

Angst, verlassen zu werden

Wenn wir Frauen unseren männlichen Teil stärker integrieren, sehen wir uns unverhofft unserer größten Angst diesbezüglich gegenüber: Wenn wir stark sind, werden wir allein sein. Denn Frauen glauben insgeheim – und die Geschichte gibt ihnen recht –, daß kein Mann eine Frau haben will, die sich selbst geben kann, was üblicherweise vom Mann erwartet wird – also zum Beispiel finanzielle Sicherheit und körperlichen Schutz –, weil er einer solch starken, unabhängigen Frau nichts zu bieten hat. Ich habe geschrieben, daß das Ego des Mannes gestärkt wird, wenn er einer Frau etwas geben darf, was sie annehmen kann. Wenn eine Frau aber für sich selbst sorgen kann, braucht sie von einem Mann andere Dinge, und viele Männer fühlen sich einer starken Frau gegenüber unzulänglich.

Da es Männer gewohnt sind, den Frauen Geld und Schutz zu bieten, fragt sich ein Mann, wenn er einer starken Frau begegnet, die diese Dinge nicht benötigt, warum sie ihn überhaupt braucht oder warum sie mit ihm zusammensein will. Die Angst der Frauen, allein gelassen zu werden, wenn sie ihre Stärke zeigen, ist beileibe keine Wahnvorstellung, denn genau in dem Maß, in dem eine Frau für sich selbst sorgen kann, raubt sie dem Mann die Möglichkeit, bei ihr seine traditionelle Männerrolle auszuleben.

Im Grunde wissen dies sowohl Männer als auch Frauen. Deshalb trauen viele Frauen sich nicht, ihre Stärke zu zeigen, und deshalb gehen manche Männer Frauen, die dies tun, aus dem Weg. Die Angst, verlassen zu werden, ist die größte Angst, der sich Frauen bei ihrem Kampf um Emanzipation gegenübersehen. Immer wieder sprechen

Frauen über ihre Furcht, daß ihr Mann sie verlassen wird, wenn sie zu stark werden, oder daß sich kein Mann jemals für sie interessieren wird.

Aber in dem Maß, in dem wir die Verantwortung für uns selbst übernehmen, können Männer neue Gründe finden, aus denen sie mit uns zusammensein wollen, und neue Möglichkeiten, Beziehungen zu uns aufzubauen. Wenn wir das männliche Bewußtsein weiter in unsere Persönlichkeit integrieren, stellen wir uns nicht nur unserer größten Angst, sondern bekommen auch die schönste Belohnung: Beziehungen, die nicht aus ökonomischen Zwängen eingegangen werden, sondern die auf einem echten Austausch von Gefühlen beruhen.

Angst vor unserer Weiblichkeit

Viele Frauen zögern auch deshalb, die Männer in die Welt der Gefühle einzuführen, weil – so unwahrscheinlich es auch klingen mag – auch wir irgendwie Angst vor Gefühlen haben. Jeder Mensch fürchtet sich davor, daß seine Gefühle außer Kontrolle geraten könnten, und Frauen tun dies beinahe so sehr wie Männer. Selbst Frauen, die mit ihren Emotionen sehr vertraut zu sein scheinen – zum Beispiel „hysterische" Frauen oder Frauen, denen es leichtfällt, über ihre Probleme zu sprechen –, haben häufig überhaupt keinen Kontakt zu ihren wahren Gefühlen, wissen nicht, wie stark der Schmerz wirklich ist, wie tief die Angst sitzt, wie gewaltig die unterdrückte Wut ist, die durch ihr scheinbares Ausleben verzerrt oder versteckt wird.

Da viele Frauen ihre tiefsitzenden, schwer auszudrückenden Emotionen oft hinter ihren zur Schau gestellten Gefühlen verbergen, haben auch sie in Wirklichkeit Angst vor ihnen. Frauen wissen intuitiv, daß Gefühle tiefer gehen, als auf den ersten Blick sichtbar ist, und haben Angst, den Männern den Zugang zu dieser Welt zu ermöglichen. Wir ahnen, daß in der Gefühlswelt der Männer Monster und brüllende Ungeheuer leben, und haben furchtbare Angst davor, was passieren könnte, wenn diese zum Vorschein kommen.

Natürlich denken die Frauen nicht bewußt darüber nach. („Was mache ich nur, wenn mein Geliebter zusammenbricht und anfängt, den Mond anzuheulen?") Aber unterschwellig lassen wir die Männer wissen, daß sie sich lieber am Riemen reißen sollen. Wenn ein Mann beispielsweise erschöpft und abgekämpft von der Arbeit nach Hause kommt, wird ihn seine Frau wahrscheinlich bitten, sich auszusprechen, aber wenn es ihm nicht sofort gelingt, ihr sein Problem mitzuteilen, schenkt sie ihm wahrscheinlich doch lieber etwas zu trinken ein.

In mancher Hinsicht wollen Frauen sich eigentlich gar nicht mit den Gefühlen der Männer beschäftigen, und je mehr wir unsere eigene Männlichkeit akzeptieren, desto größer wird unser Unwille. Denn je mehr wir unsere männlichen Aspekte integrieren, desto mehr geben wir unsere eigene tiefe Weiblichkeit, die intuitiven, fürsorglichen und nährenden Instinkte auf, die einmal das waren, was uns wirklich ausmachte.

Wir haben Angst, die Tiefen unserer Weiblichkeit wirklich zu erforschen, denn wir könnten entdecken, daß auch uns etwas fehlt und daß wir in Wahrheit gar nicht die Fähigkeit besitzen, mit den Männern zu fühlen. Wir fürchten, daß wir uns in bezug auf unsere Gefühle eventuell etwas vorgemacht haben, und haben die unbewußte Angst, daß die Männer etwas von uns erwarten, wozu wir gar nicht in der Lage sind. Je mehr wir unsere tiefsten Gefühle leugnen, desto unfähiger sind wir, uns auf Männer einzulassen. Wenn *wir* etwas nicht gefühlt haben, werden wir wohl kaum *den Männern* gestatten, es zu fühlen. Das würde uns zu sehr ängstigen.

Da selbst ausgesprochen emotionale Frauen in ihrem Gefühlsleben unvollkommen sind, hat ihre Angst, auf diesem Gebiet zu versagen, obwohl sie hier ja Expertinnen sein sollten, eine gewisse Berechtigung. So wie ein Mann fürchtet, daß das, was er einer Frau zu bieten hat, nicht gut genug sein könnte, so haben viele Frauen Angst, daß auch das, was sie den Männern zu geben haben, nicht ausreichen wird.

Deshalb müssen wir Frauen vor allen Dingen unsere eigene emotionale Arbeit fortführen und die Verantwortung für unsere wahren Gefühle übernehmen. Das ist unser erstes und wichtigstes Geschenk an die Männer – und an uns selbst. Darauf aufbauend haben wir den Männern noch mehr zu geben: die Freuden eines echten Gefühlsaustausches und tiefen Mitgefühls. Mitgefühl ist sowohl die subtilste als auch die am höchsten entwickelte Form emotionaler Interaktion. Nur ein Mensch, der gelitten hat, kann mit-leiden, und nur ein Mensch, der getrauert hat, kann mit-trauern.

Angst vor unser aller Verletzlichkeit

Frauen sind weder darauf vorbereitet noch willens zu erkennen, wie ängstlich, bedürftig und zerbrechlich Männer in Wahrheit sind, denn wir wollen uns nicht eingestehen, wie verwundbar jeder von uns ist. Wir wollen einfach nicht anerkennen, daß Verletzlichkeit ein fester Bestandteil des menschlichen Lebens ist. Wir fürchten, daß wir, wenn wir die Gefühle eines Mannes miterleben, in emotionale Tiefen vordringen müssen, die wir lieber nicht erkunden würden.

Diese Angst vor den Monstern der männlichen Gefühlswelt ist durchaus berechtigt, denn sie drückt die große psychologische Erkenntnis aus, daß ein Gefühl, das unterdrückt wird, immer stärker und machtvoller wird. Ohne sich dessen bewußt zu sein, wissen die Frauen, daß sie das, was die Männer unter Verschluß halten, wahrscheinlich überwältigen wird.

In jeder wahrhaftigen emotionalen Begegnung wird unsere eigene Verletzlichkeit in einer Weise offenbar, mit der wir nicht umzugehen wissen. Durch den Schmerz eines anderen Menschen müssen wir vielleicht unseren eigenen, verborgenen Schmerz erforschen, oder angesichts der Freude unseres Partners mag uns unsere eigene Angst bewußt werden. Jede emotionale Enthüllung eines anderen Menschen kann in uns ein verschüttetes Gefühl freisetzen. Wenn wir die Emotionen eines anderen spüren, tauchen unsere eigenen Gefühle auf und wollen wahrgenommen werden. Jemandem wirklich zuzuhören bedeutet zuallererst – und das ängstigt uns am meisten – bereit zu sein, sich selbst wahrzunehmen.

Daher ziehen wir es häufig vor, eine extreme oder künstlich übertriebene Antihaltung einzunehmen – obwohl auf diese Weise unsere wahren Gefühle verzerrt dargestellt werden –, statt uns auf eine eindeutige Konfrontation einzulassen, durch die wir uns selbst kennenlernen könnten. Aber genau so verhalten sich die meisten Frauen in der Anwesenheit von Männern. Wir sagen beispielsweise nicht: „Sag mir, was du gefühlt hast, als dein Vater gestorben ist", damit wir uns nicht mit unseren Gefühlen bezüglich des Todes unseres eigenen Vaters auseinandersetzen müssen.

Also manipulieren Frauen lieber die Gefühle der Männer, statt vorurteilsfrei zu beobachten, welches wahre Gefühl in ihnen selbst auftauchen möchte. Eine Frau will im Grunde nicht wirklich, daß ein Mann ihr zeigt, wie verstört er ist, denn dann müßte sie mit ihm fühlen und könnte dabei selbst den Boden unter den Füßen verlieren. Und dann wird niemand da sein, der stark ist – und sie beschützt. Statt also das Wagnis einzugehen, bei der Geburt der Gefühle der Männer Hebammen und Zeuginnen zu sein, haben sich die Frauen mit den Männern zusammengetan, um den Mythos aufrechtzuerhalten, daß Männer keine Gefühle haben. So vermeiden sie es, mit der unangenehmen Tatsache konfrontiert zu werden, daß Männer ebenso zerbrechlich oder sogar noch zerbrechlicher sind als sie selbst.

Solange Frauen Männern helfen, ihre Gefühle zu unterdrücken, enthalten sie ihnen das Wunder ihrer einzigartigen weiblichen Kraft und ihrer Vertrautheit mit Emotionen vor. Auf diese Weise zementieren Frauen die emotionale Verdrängung, über die sie sich so sehr beklagen, und sie tun dies auf der Grundlage jener schlechten Eigenschaften, die eigentlich den Männern zugeschrieben werden: Sie leugnen ihre Gefühle und verbergen ihre eigene Verletzlichkeit.

Wenn wir gemeinsam Fortschritte machen wollen, müssen die Frauen die prophetischen Dimensionen ihrer tiefen Weiblichkeit akzeptieren und darauf vertrauen, daß ihre Fähigkeit zu fühlen stark genug sein wird, um die Bedürfnisse der Männer zu befriedigen. Denn wenn die Frauen fest daran glauben, dann wird es auch so sein.

Angst vor Vereinigung

Obwohl sich jede Frau leidenschaftlich nach der Vereinigung mit einem Mann sehnt, existiert in jeder von uns – ohne daß wir uns dessen gewahr sind – ein Teil, der sich wünscht, daß dieser Wunsch nicht erfüllt wird. In den tiefsten Tiefen unserer Psyche stehen wir nämlich jeder Art von Vereinigung sehr ambivalent gegenüber. Für uns alle ist es äußerst schwierig, ein harmonisches Leben zu führen, auch wenn wir theoretisch natürlich alle Frieden und Liebe wollen. Wir leben aber oft in einer Weise, die nur die bloße Möglichkeit, eine liebevolle Verbindung einzugehen, zunichte macht. Selbst wenn wir Frieden und Liebe gefunden haben, leben wir nicht so, wie wir es angeblich wollen. Es ist eine tragikomische Perversität des menschlichen Lebens, daß wir auf einer bestimmten Ebene alle Angst davor haben zu bekommen, was wir uns wünschen, unsere Träume verwirklicht zu sehen, ein wahrhaft positives Erlebnis zu haben.

Die Streßforschung hat herausgefunden, daß unser psychisches Gleichgewicht sowohl durch negative als auch durch positive Erfahrungen durcheinandergebracht wird. Wir haben Angst, das zu bekommen, was wir uns wünschen, weil wir in dem Augenblick, in dem wir das tiefste Glück empfinden, auch mit der Möglichkeit des Verlustes konfrontiert werden. So suchen wir zwar auf der bewußten Ebene nach Intimität, unbewußt tun wir aber alles, um unsere intimen Beziehungen zu sabotieren, um uns so vor möglichen Verlusten zu schützen.

Der höchste Ausdruck dieser Ambivalenz findet sich in der Frage, ob uns das Leben wirklich wichtiger ist als der Tod. Diese Frage spiegelt sich immer wieder in den von uns ständig getroffenen Entscheidungen, in unseren Gewohnheiten und Süchten, in unseren positiven und negativen Mustern. Im Auf und Ab des Lebens wird uns jeden Augenblick die Möglichkeit gegeben, bewußt zu entscheiden, ob wir gesund sein oder unseren Körper zerstören wollen, ob wir uns unseren Gefühlen stellen oder vor ihnen davonlaufen, indem wir uns betäuben, ob wir unsere wahre Identität finden oder unser Leben verplempern. In jedem Augenblick verbindet uns die Entscheidung, die wir gerade treffen, entweder mit dem Leben oder mit dem Tod.

Entscheiden wir uns aber für das Leben, werden wir auch mit der Unvermeidbarkeit des Todes konfrontiert; erleben wir Freude, öffnen wir uns auch dem Leiden; in der Vereinigung wird uns bewußt, daß Trennung möglich ist. Daher halten wir uns selbst dann, wenn wir eine wunderbare Beziehung gefunden haben, immer ein wenig zurück, um uns selbst zu schützen und die Tragödie zu vermeiden, die uns unvermeidbar erscheint. Indem wir Störgeräusche in einer bestimmten Lautstärke zulassen, schützen wir uns davor, unsere Angst vor einem möglichen Verlust wahrzunehmen; indem wir unsere Beziehungen oberflächlich halten, vermeiden wir die Möglichkeit, tief verletzt zu werden.

Das ist der wahre Grund, aus dem uns die Vereinigung, nach der wir uns sehnen, so häufig entgeht. Wir sind unfähig, einer Beziehung unsere ganze Kraft zu widmen und sie aus ganzem Herzen zu wollen, weil unsere Hoffnungen immer von der Angst überschattet werden, daß unsere Träume, sollten sie sich tatsächlich einmal erfüllen, doch gleich wieder vergehen.

Diese Ambivalenz durchzieht das gesamte menschliche Leben. Auch auf der sozialen und politischen

Ebene suchen wir nach Verbindung und Vereinigung, betonen aber gleichzeitig unsere Individualität und Einzigartigkeit. Unterschiede zu verdeutlichen, indem wir uns im Gegensatz zu anderen definieren, ist eine Methode, die das Aufweichen von Grenzen unmöglich macht – was die Vorbedingung für Vereinigung ist. Die Betonung unserer Individualität ist der Versuch, unsere existentielle Angst vor Auflösung oder der Verschmelzung mit dem Ganzen zu überwinden. Denn wenn wir nicht durch unsere Unterschiede definiert werden, was macht uns dann noch so einzigartig?

Die Suche nach unserer Identität ist ein solch schwieriges Unterfangen, daß wir die Unterschiede zwischen uns künstlich hochspielen müssen. Denn wenn wir wirklich zugeben würden, wie ähnlich wir uns sind, wenn wir wahrhaft zusammenkämen, dann würden wir eine spirituelle Sicht erlangen, der zufolge die Unterschiede zwischen weiblich und männlich und selbst die individuelle Persönlichkeit auf einer bestimmten Ebene völlig bedeutungslos sind – und das ist natürlich eine furchtbare Vorstellung.

In einer Kultur, die ständig die individuelle Persönlichkeit und die Bedeutung des Egos betont, eben diese individuellen Unterschiede auszulöschen hieße, eine existentielle Krise auszulösen. Unsere Kultur zelebriert und stärkt all das, was unsere besondere Eigenart ausmacht, und da wir die Idee der Individualität zu unserem Gott gemacht haben, wollen wir die Unterschiede um jeden Preis aufrechterhalten. Das Verschwimmen von Differenzen, das Anerkennen unserer gemeinsamen Menschlichkeit, ja selbst die Suche nach Vereinigung ist daher äußerst bedrohlich. Sie steht im Widerspruch zu allem, was wir über Jahrhunderte hinweg aufgebaut haben, und rüttelt an den Grundfesten unserer heutigen Gesellschaftsordnung. Aber obwohl die Angst vor dem Verlust der Individualität so groß ist, ist es doch genau diese Erfahrung, die die Einheit, Ganzheit, Schönheit und Harmonie von allem und allen für uns sichtbar machen würde.

Je mehr wir uns unserer Ambivalenz bewußt werden und erkennen, wie sehr sie sich auf unsere Beziehungen auswirkt, desto mehr wird sie an Bedeutung verlieren. Solange wir aber so tun, als ob wir uns die Vereinigung vorbehaltlos wünschten, wird sie sich uns entziehen. Aber je mehr wir zugeben können, daß wir uns dabei auch unbehaglich fühlen und daß auf dieser Suche durchaus ambivalente Gefühle auftauchen, desto eher wird die Vereinigung plötzlich möglich sein.

So betrachtet fällt ein ganz anderes Licht auf den Kampf zwischen Männern und Frauen: Er ist kein Krieg mehr, den die Männer gegen die Frauen führen oder umgekehrt, sondern ein Symbol für die Tatsache, daß in jedem von uns ein Teil lebt, der Angst vor dem hat, was uns einander näherbringt. Wenn wir den Konflikt auf diese neue Weise betrachten, entdecken wir seine tiefere Bedeutung und nähern uns einer Lösung, die über alle Banalitäten hinausgeht und uns im Bemühen um Weiterentwicklung und Heilung vereinigt.

13
Die Transformation beginnt bei uns: Charaktereigenschaften und geistige Werte

Mein Vater sagte zu mir: „Heirate eine gute Frau und tue, was sie dir sagt.“

Professor, 70

Wenn die Vorstellung vom Mann, der fühlen und einer Frau seine Gefühle mitteilen kann, mehr sein soll als nur eine romantische Idee, mehr als eine wohlklingende, aber letztlich unerfüllbare Verheißung, werden von uns einige ziemlich schwierige Bewußtseinsveränderungen verlangt. Wir werden die folgenden Charaktereigenschaften und geistigen Werte entwickeln oder verbessern müssen: Friedfertigkeit, Geduld, geistige Flexibilität, Vertrauen, Demut, Mitgefühl, Offenherzigkeit, Toleranz, Reife, Männlichkeit, Weiblichkeit, Dankbarkeit sowie die Fähigkeit, die Bemühungen der Männer anzuerkennen. Und wir werden uns der Entwicklung dieser Eigenschaften mit vollkommener Hingabe widmen müssen, ohne sofortige Resultate zu erwarten.

Wir mögen die Entwicklung dieser für die Transformation notwendigen Eigenschaften für ein übermenschliches Vorhaben halten, und tatsächlich ist es das, aber wenn wir anerkennen, daß wir die Macht besitzen, unsere verstaubten, jede Intimität unmöglich machenden Vorstellungen über die Männer aufzugeben, dann wird dieser Prozeß in seiner Einfachheit geradezu magisch sein, und die Früchte, die wir zu ernten hoffen, werden uns in den Schoß fallen.

So wie eine Fotografin den Fotoapparat nur in einem etwas anderen Winkel hält, um ein unterschiedliches Bild zu erhalten, so müssen auch wir unsere Sichtweise, mit der wir die Männer betrachten, nur leicht verändern. Statt uns auf unsere Unzufriedenheit zu konzentrieren – sei diese nun berechtigt oder völlig aus der Luft gegriffen –, müssen wir uns so positionieren, daß wir die Männer als gute Menschen sehen können, die uns lieben und mit uns leiden. Denn nur wenn die Männer sich angenommen und gewürdigt fühlen, werden sie sich auch ändern können.

Friedfertigkeit

Die erste und wahrscheinlich wichtigste Charaktereigenschaft, die wir entwickeln müssen, ist Friedfertigkeit – die Bereitschaft, Frieden zu schließen. Statt die Männer noch länger als Gegner oder Feinde zu betrachten, müssen wir anfangen, sie als Geschöpfe zu sehen, die sich nach Trost und Erleuchtung sehnen, als Mitmenschen, die auf dem Weg ihrer Transformation Hilfe benötigen. Wir müssen aufhören, uns mit den kleinlichen Dingen des Alltags aufzuhalten – warum er vergessen hat, Butter einzukaufen, wann er endlich von sich aus abwaschen wird –, und unsere Kraft in den Dienst einer größeren Aufgabe stellen, nämlich das weibliche Bewußtsein in den Männern hervorzubringen.

Wenn wir den Männern helfen, diese nächste Stufe der Entwicklung zu erklimmen, sollten wir uns selbst immer wieder daran erinnern, daß wir nicht wirklich einen Mann wollen, der alles tut, alles bezahlt, uns vor allem beschützt und uns immer Sicherheit bietet. Frauen wollten und wollen ebenso wie Männer (auch wenn diese es meistens nicht wissen) emotionale und spirituelle Intimität. Diese ist aber nur möglich, wenn sich sowohl Männer als auch Frauen ihrer Gefühle bewußt sind. Dieses Ziel im Auge zu behalten und uns seine Verwirklichung immer wieder vorzustellen, verschafft uns die nötige Inspiration, um in dieser bedeutungsvollen Epoche der emotionalen Evolution der Menschheit zu bestehen.

Geduld

Die wahrscheinlich schwierigste Charaktereigenschaft, die Frauen entwickeln müssen, ist Geduld. Gerade jetzt, da wir müde und erschöpft sind, da wir von den Männern wirklich genug haben und drauf und dran sind aufzugeben, müssen wir eine neuartige und leidenschaftliche Geduld entwickeln, durch die wir den Männern die wunderbarste Unterstützung geben können. Ich spreche hier nicht von einer passiven Duldsamkeit nach dem Motto „Mal abwarten, was passiert", sondern von aktiver Geduld, die sich durch Hoffnung und Unterstützung auszeichnet. Diese Geduld ist von einer völlig anderen Qualität als die Geduld gegenüber Kindern. Sie verlangt von uns, daß wir auf die Transformation der Männer warten – und daß wir kühn genug sind, dies voller Freude zu tun.

Geduldig zu sein verlangt von uns auch, die Veränderung der Männer als einen langsam voranschreitenden

Prozeß zu begreifen, und nicht als etwas, das sie so einfach beschließen und dann tun könnten, wie Männer es in ihrem Alltag so oft tun. Geduld zu haben heißt zu verstehen, daß wir die Männer in einen emotionalen Prozeß einführen, daß wir sie dabei auf Schritt und Tritt begleiten müssen, und daß es länger als in unseren schlimmsten Befürchtungen dauern wird, bis sie den jeweils nächsten Schritt machen. Geduldig zu sein bedeutet, die Angst der Männer, Gefühle zu fühlen und auszudrücken, zu tolerieren und zu ertragen, während sie einen winzigen zögernden Schritt in die Welt der Gefühle machen, um erst einmal zurückzuschrecken, bevor sie den nächsten wagen.

Wenn wir diese Geduld aufbringen wollen, müssen wir uns vor allen Dingen klarmachen, wie schwer dieser Prozeß für die Männer tatsächlich ist. Frauen bitten Männer beispielsweise häufig, über ihre Gefühle zu reden, indem sie einfach sagen: „Sag mir, wie du dich fühlst", und sie erwarten, daß ein Mann allein aufgrund dieser Bitte etwas fühlen und ihnen antworten kann. Viele Frauen verstehen nicht, daß dies häufig unmöglich ist, denn für die meisten Männer bedeutet diese Bitte, sich in unbekanntes Territorium vorzuwagen, das sie bisher wie die Pest gemieden oder das sie gar für nicht existent erklärt haben. Wenn wir einen Mann bitten, über seine Gefühle zu reden – wie unschuldig wir diese Bitte auch aussprechen mögen –, fordern wir ihn auf, sich in das Niemandsland echter verbaler Kommunikation zu begeben, ohne zu begreifen, daß dies der letzte Ort ist, an den die meisten Männer freiwillig gehen würden.

Wie lange sollen wir Geduld mit den Männern haben? Die Antwort lautet: Wie lange haben wir gebraucht, um uns zu verändern? Auch wir befinden uns ja in einem

Entwicklungsprozeß, und wir tun gut daran, uns zu erinnern, wie schwer es ist, durch Rolle und Geschlecht bestimmte Gewohnheiten – innerlich und äußerlich – abzulegen.

Es wird uns etwas leichter fallen, Geduld zu haben, wenn wir anerkennen, daß wir die Männer ganz schön in die psychosoziale Mangel genommen haben. Wir erwarten von ihnen, mit den Folgeerscheinungen unserer Emanzipation zurechtzukommen und sich in einer sozialen Struktur wohl zu fühlen, in der die Grundlagen ihrer traditionellen Identität nicht mehr existieren. Obwohl diese Veränderungen notwendig waren und obwohl letzten Endes auch die Männer ungeheuer davon profitieren werden – da die Begrenzungen der geschlechtsspezifischen Rollen gesprengt wurden –, ist es dennoch wahr, daß die Männer sehr unter ihnen gelitten haben. Wenn wir das nicht vergessen, werden wir viel mehr Geduld aufbringen können, als wir uns selber zugetraut hätten.

Geistige Flexibilität

Die Frauen werden geistig flexibler werden müssen, und das bedeutet vor allem, die unausgesprochene Erwartung aufzugeben, daß Männer sich genau in der Weise verändern, wie wir es möchten. Daß sie dies nicht tun werden, mag leichter zu ertragen sein, wenn wir uns vergegenwärtigen, daß auch unser eigener Wandlungsprozeß nicht gerade altruistisch motiviert war. Was wir getan haben, haben wir nicht aus lauter Liebe getan, sondern weil wir gelitten haben. Wir haben uns verändert, um uns aus der unerträglichen Beschränktheit unserer

Unterdrückung zu befreien. Wir mußten einfach ausbrechen, und dabei haben wir uns nicht besonders darum gekümmert, ob unsere Geliebten oder Ehemänner von unserer neuen Identität begeistert waren.

So werden auch die Veränderungen, die die Männer durchmachen werden, nicht unbedingt unsere Träume, wie Männer sein sollten, erfüllen. Die Männer werden sicher nicht zu Marionetten werden und auf eine Weise tanzen, die den Frauen, die die Fäden in der Hand halten möchten, gefällt. Die Männer werden sich nicht den Erwartungen der Frauen gemäß verändern, und ihre Transformation muß mehr sein als eine bloße Aktion zur Beschwichtigung der Frauen. Es muß eine wirkliche Metamorphose des Mannes stattfinden, die den tiefsten, wahrsten und seit langem unterdrückten Bedürfnissen der Männer entspricht.

Auch wenn sie es nicht so ausdrücken, glauben, hoffen und fantasieren Frauen doch im Grunde, daß die Männer, wenn sie endlich wissen, „wo es langgeht", genau wie die Frauen selbst sein werden – nur eben in männlichen Körpern. Aber Männer sind nicht wie Frauen und werden es nie sein. Männer werden nie auf dieselbe Weise fühlen wie Frauen, und gleich, wie sehr sie auch ihre weiblichen Anteile integrieren, werden sie ihre Gefühle immer mehr durch Kraft, zielgerichtetes Handeln und Aggression ausdrücken. Das ist einer der unbestreitbaren Unterschiede zwischen den Geschlechtern, ein Unterschied, der unbedingt respektiert werden muß – gleich, wie sehr sich beide Geschlechter verändern mögen. Denn wenn sich der Staub gelegt hat und Frauen und Männer sich verändert haben, werden die reingewaschenen Abbilder der unveränderlichen Merkmale von Männern und Frauen zum Vorschein kommen.

Weil wir wissen, daß wir uns auf einer Reise befinden und daß es ein Ziel gibt – auch wenn wir nicht wissen, wie es dort aussieht –, sollten wir Frauen bereit sein, mit den Männern Seite an Seite zu gehen, ohne zu wissen, wohin der Weg führt. Wir müssen offen bleiben und bereit sein, alles zu riskieren. Denn nur indem wir uns dem Unbekannten völlig hingeben, erschaffen wir die Umstände, unter denen wir wahrscheinlich sogar mehr bekommen werden, als wir eigentlich wollten. Solange wir uns auf Ergebnisse festlegen, solange wir wollen, daß Männer sich auf eine bestimmte Weise bis zu einem bestimmten Zeitpunkt verändern, werden sie sich dagegen wehren, um sich einen Kern unbestreitbarer Männlichkeit – ihre Würde als Mann – zu erhalten.

Im Laufe des Transformationsprozesses sollten wir uns bewußt sein, daß die Männer und wir selbst uns möglicherweise ganz anders entwickeln werden, als wir uns jetzt wünschen – ob uns das nun gefällt oder nicht.

Vertrauen

Die Frauen werden auch Vertrauen haben müssen, daß das Resultat letzten Endes die Anstrengung wert gewesen sein wird. Vertrauen ist das Gegenteil von Fordern. Vertrauen bedeutet Hingabe an die Möglichkeit, ohne dem Ergebnis verhaftet zu sein. Vertrauen heißt die Kontrolle aufzugeben, bereit zu sein, in einem Zustand emotionaler Unsicherheit zu leben, in dem man nicht weiß, was geschehen wird, aber daran glaubt, daß etwas Gutes dabei herauskommen wird.

Wer vertraut, stellt sich das Bestmögliche vor, selbst wenn die Lage hoffnungslos erscheint. Wir müssen bei unserem Vorhaben daran glauben, daß trotz unserer langen gemeinsamen Geschichte voller Unzufriedenheit und Enttäuschungen eine echte Transformation möglich ist. Vertrauen heißt davon auszugehen, daß sie stattfinden wird.

Vertrauen erfordert den Mut, über die Kleinigkeiten hinauszugehen und den größeren Zusammenhang zu sehen, sich nicht mit dem zu befassen, was sich heute nach dem Abendessen ändern wird, sondern mit dem, was in unserem Leben insgesamt möglich ist und im Leben derjenigen, die wir beeinflussen. Vertrauen beinhaltet den Glauben, daß das, was geschehen wird, größer und schöner sein wird als das, was wir uns gewünscht haben, und daß es nicht nur die spezifischen Umstände unseres Alltags verändern wird, sondern die gesamte Atmosphäre, in der wir leben. Wann immer Frauen feststellen, daß das Gewebe ihrer Vorstellungen davon, wie Männer sein sollten, abgewetzt und zerrissen ist, müssen sie das Vertrauen aufbringen, daß durch ihr Bemühen und ihr Mitgefühl das Gewebe auf wunderschöne Weise neu gesponnen werden wird – wenn genug Tränen geflossen sind und ausreichend Zeit vergangen ist.

Demut

Wir werden auch Demut lernen müssen. Demütig zu sein heißt, eine Gabe zu besitzen und sie einzusetzen, ohne besonders stolz darauf zu sein. Wenn wir den Männern helfen wollen, das weibliche Bewußtsein in sich hervorzubringen, zeigt sich Demut darin, unsere „Ich weiß alles"-Haltung aufzugeben, denn Männer können von überkritischen, selbstgerechten und herablassenden

Lehrerinnen nichts lernen. Auch kann man wohl kaum erwarten, daß sie ihren Status als Helden und Beschützer freudig aufgeben und rotwangige Erstkläßler in der Schule der Gefühle werden. Wenn ein tatsächlicher Wandel stattfinden soll, werden die Frauen aufhören müssen, so zu tun, als ob sie alles über Gefühle wissen, und bereit sein, ihre Selbstsicherheit im Laboratorium der Emotionalforschung unter die Lupe zu nehmen. Nur in einer Atmosphäre gemeinsamen Entdeckens kann sich ein Mensch sicher genug fühlen, um zu lernen. Daher müssen Männer sich absolut sicher fühlen, wenn sie ihren Gefühlen näherkommen sollen.

Wenn wir Männer in die Welt der Gefühle initiieren, besteht Demut auch darin, zuzugeben, daß wir nicht immer wissen, wie wir dies am besten erreichen können. Dennoch werden wir still und stetig und voller Vertrauen weitermachen. Wir warten demütig ab, um zu sehen, wohin die Reise geht, und tun unser Bestes – wohl wissend, daß wir manchmal scheitern werden. Weil wir uns auf unbekanntes Gebiet begeben – unbekannt nicht, weil wir nicht mit Gefühlen vertraut sind, sondern weil es neu für uns ist, andere in dieses Land zu führen –, werden wir nicht immer wissen, was zu tun ist. Demut heißt diese Tatsache anzuerkennen und uns dementsprechend zu verhalten.

Anerkennung

Während sich die Männer mit ihrem emotionalen Selbst vertraut machen, sollten die Frauen sie für das anerkennen, was sie schon immer waren, und für das, was sie schon immer getan haben. Statt Männer dafür fertigzumachen, daß sie Männer sind und daß sie uns so oft enttäuscht haben, sollten wir sie – während wir uns über ihre Beschränkungen im klaren sind – anerkennen und feiern. Wir sollten ihnen selbst dafür Beifall spenden, daß sie die traditionelle Rolle des emotional unerreichbaren Mannes gespielt haben, daß sie Soldaten und Beschützer gewesen sind, daß sie die Welt wirtschaftlich in Gang gehalten haben. Denn nur wenn die Männer anerkannt werden, können sie ihre Würde bewahren, und nur dann werden sie sich sicher genug fühlen, den für sie äußerst furchterregenden Weg zur Erforschung ihrer Gefühle anzutreten.

Wenn wir die Stärken der Männer würdigen, geben wir ihnen Hoffnung; wenn unser Verhalten deutlich macht, daß unsere Wünsche an die Männer nicht das einzige sind, was Bedeutung hat, schaffen wir einen sicheren Rahmen für sie. Solange wir anerkennen, daß das, was die Männer getan haben, von großem Wert ist, sind wir nicht versucht, ihnen unsere Gaben mit einer herablassenden, besserwisserischen Einstellung zu offerieren, die jedes Erforschen unmöglich macht. Wenn wir die Männer als gleichberechtigt sehen, werden sie es in ihrem Herzen spüren, und es wird ihnen leichterfallen, das anzunehmen, was wir ihnen zu geben haben.

Mitgefühl

Um bei der Emanzipation der Männer gute Hebammen zu sein, müssen wir auch besonders mitfühlend sein. Wir können unser Mitgefühl sofort entwickeln, indem wir uns vergegenwärtigen, daß jeder Mann einmal ein kleiner Junge war – ein kleiner Junge, der nachts weinte, weil seine Mutti plötzlich in den Himmel gekommen ist, ein Junge, der sich in den Schoß seiner Mutter kuschelte, ein Sechsjähriger, der Angst hatte, in der Schule verprügelt zu werden, der vom Baum fiel, sich den Arm brach und niemanden hatte, bei dem er sich hätte ausweinen können.

Wir sollten daran denken, daß der Mann, dessen Gefühle wir ans Licht bringen möchten, einmal ein verängstigter, hilfloser, kleiner Junge war (und in gewissem Sinne noch heute ist), der sich danach sehnte, gehalten und geliebt zu werden, und der – wie wir auch – dabei furchtbar zu kurz kam. Dann werden wir in den Augenblicken, in denen wir zuviel fordern und erwarten, daß der Mann, den wir führen wollen, robust genug ist, alles zu ertragen, was wir ihm vorsetzen, Geduld und Verständnis für ihn aufbringen, statt ihn so zu tyrannisieren, daß er sich früher oder später geschlagen gibt – nur weil er nicht fähig ist, alles, was wir von ihm verlangen, auf der Stelle zu tun.

Offenherzigkeit

Auch wenn es uns schwerfällt daran zu glauben, ist es doch eine Tatsache, daß sich die emotionalen Bedürfnisse von Männern und Frauen im Grunde nicht sehr unterscheiden. Es sind eben menschliche, ja Seelenbedürfnisse eines jeden von uns. Wie Frauen, so möchten auch Männer geliebt werden. Wie eine Frau, so möchte auch ein Mann berührt und durch körperliche Zuneigung genährt werden, möchte das Gefühl haben, in der ganzen Schönheit seiner Seele erkannt zu werden, möchte spüren, daß er würdig ist, empfangen zu werden.

Da dies vor allem ein *menschlicher* Prozeß ist, bietet die emotionale Öffnung des Mannes sowohl ihm als auch der Frau die Gelegenheit, ihre grundlegenden Gemeinsamkeiten zu entdecken. Wenn eine Frau tief in die Seele eines Mannes blickt, wenn sich ihr sein Hunger, seine Angst und seine Trauer offenbaren, wird sie erkennen, wie ähnlich er ihr ist, und um so mehr bereit sein, ihn auf dem Weg der Transformation zu begleiten.

Wenn eine Frau einem Mann in seinem Schmerz, seiner Trauer und seiner Zartheit begegnet, wird ihr Unmut, ihm helfen zu müssen, allmählich abnehmen. Was bleibt, ist das Gefühl für die herrliche Einzigartigkeit eines jeden Mannes, seine tragische und wunderbare Rolle im menschlichen Leben und die liebevolle Verbindung zu ihm.

Akzeptanz

Um den Prozeß der männlichen Transformation wirklich unterstützen zu können, müssen wir die Fähigkeit der Akzeptanz kultivieren, indem wir aufhören, uns zu beklagen. Wenn wir tatsächlich wollen, daß die Männer sich ändern, müssen wir unsere unreifen, reflexartigen Reaktionen ihnen gegenüber abbauen und den Schmerz verstehen, der die Männer immer wieder dazu bringt, genau die Dinge zu tun, über die wir uns dann beklagen.

Das heißt nicht, daß die Frauen nicht das Recht haben, sich über tatsächliche Benachteiligungen zu beschweren, wie zum Beispiel über schlechtere Einstellungsbedingungen, ungleiche Bezahlung, fehlende Kindergartenplätze oder Gewalt in der Familie. Aber leider sind wir beim Jammern stehengeblieben. Statt auf tatsächliche Probleme zu reagieren, geben wir den Männern pauschal an so ziemlich allem die Schuld.

Aber Jammern führt nur dazu, daß die Männer noch weniger Interesse haben, den von den Frauen gewollten Dialog zu riskieren, denn die Männer fühlen sich ob dieser ständigen Beschwerden beurteilt und mißbraucht. Statt sich zu öffnen, ziehen sie sich voller Verzweiflung zurück und vertiefen so den emotionalen Graben zwischen den Geschlechtern. Nur wenn es uns gelingt, die Einbahnstraße des Jammerns zu verlassen und Worte für unsere wahren Bedürfnisse und Hoffnungen, unsere Verehrung und unser Mitgefühl, unsere Zärtlichkeit und unsere Liebe zu finden, werden wir zu den wahren Gefühlen der Männer vordringen.

Es setzt eine gewisse Reife voraus, die „Wie du mir, so ich dir" Philosophie aufzugeben und sich nicht dem Motto „Ihr habt uns seit fünftausend Jahren unterdrückt, nun sind wir an der Reihe" zu verschreiben. Unsere Rachegedanken zu überwinden heißt diejenigen, die uns verletzt haben, von einem höheren Standpunkt aus und mit Mitgefühl zu betrachten. Die Kultivierung von Akzeptanz ist ein sehr tiefgehendes, spirituelles Unterfangen, in dessen Verlauf wir erkennen werden, daß wir alle verletzt und betrogen wurden und daß wir alle verletzt und betrogen haben. Wir müssen unseren Fokus von dem, was uns trennt und unterscheidet, auf das lenken, was uns eint. Dann werden wir erkennen, daß wir im Grunde alle eins sind.

Reife

Wir Frauen werden auch die Hoffnung aufgeben müssen, daß die Männer alle unsere Probleme lösen werden. Wir müssen anfangen, mehr Verantwortung für unser Leben und unsere Ängste zu übernehmen. Um das zu tun, müssen wir aufhören, die Männer wie das Ideal des vollkommenen Papas zu behandeln: Zielscheibe für Wurfpfeile und schwere Geschütze auf der einen und Zauberer und Alleskönner auf der anderen Seite. Wir müssen die Vorstellung aufgeben, daß alle Probleme der Welt durch Männer verursacht oder von ihnen gelöst werden könnten, daß es einer Frau nur deswegen schlechtgeht, weil sie keinen Mann abbekommen hat, oder, wenn sie einen hat, daß alle ihre Probleme nur auf seine Fehler zurückzuführen sind.

Die Frauen müssen erwachsen werden. Wir müssen reifen und erkennen, daß das Leben selbst furchteinflößend ist und daß Männer ebensoviel Angst haben wie wir. Wir werden den einfühlsamen, offenherzigen, emotionalen Teil der Männer nicht kennenlernen, solange wir darauf bestehen, daß sie uns all unsere existentiellen Ängste und Probleme abnehmen.

Das Leben ist nicht perfektionierbar, selbst wenn wir verliebt sind. Niemand – auch kein Mann – kann alles in Ordnung bringen. Das Höchste, was wir von einer Beziehung erwarten können, ist, daß sie uns eine tiefe Erfahrung unseres Selbst ermöglicht und uns die Gelegenheit gibt, einen anderen Menschen in seiner Verletzlichkeit, in seiner wunderbaren Unvollkommenheit zu entdecken.

In dem Maß, in dem der Mythos vom Mann als Held und Beschützer abgebröckelt ist, sind wir uns der generellen Unsicherheit des menschlichen Lebens gewahr geworden. Dies ermöglicht es uns eigentlich, neuartige Formen der Vereinigung anzustreben, aber oft genug beschränken wir uns darauf zu grollen, zu jammern und zu hoffen, statt uns mit den Männern zusammenzutun und gemeinsam eine neue Vision von den Höhen und Tiefen des Lebens zu entwickeln. Wenn wir uns nur von unserer alten, mittlerweile abgenutzten und völlig unnützen Erwartungshaltung befreien könnten, würden wir über die Tatsache stolpern, daß zwar nicht alle unsere Träume erfüllt werden können, die authentische Versöhnung der Geschlechter aber machbar ist und daß Männer und Frauen Verbündete sein können.

Männlichkeit

Sollte es den Männern gelingen, sich ihrer Gefühle gewahr zu werden, bleibt den Frauen als größte Aufgabe ihrerseits, das Männliche auf eine Weise und in einem Ausmaß zu integrieren, wie sie es noch nie getan haben. Um die Männer zu ermutigen, werden die Frauen nicht nur in der Arbeitswelt die männliche Rolle einnehmen, sondern auch lernen müssen, wenn nötig ihre Gefühle wie ein Mann zu unterdrücken.

Das heißt, eine Frau wird ihre eigenen Gefühle beherrschen müssen, um so einen sicheren Rahmen zu schaffen, in dem die tief verborgenen, kaum geformten Emotionen des Mannes allmählich das Tageslicht erblicken können. Das bedeutet, die Zunge im Zaum zu halten und das Verlangen zu explodieren zu unterdrücken. Es bedeutet auch, daß Frauen nicht nur das Artikulieren von Gefühlen vorleben müssen, sondern auch, daß sie lernen, die männlichen Aspekte ihres Verstandes einzusetzen und die Gefühle des Mannes zu analysieren, um ihm ihr Feedback in der logischen, linearen Form zu geben, die er verstehen kann.

Weiblichkeit

Um das Weibliche im Mann anzusprechen, müssen wir unsere ganze Weiblichkeit einsetzen und all unsere intuitive, tief feminine Kraft ins Spiel bringen. Wir müssen tapfer in unserer Weiblichkeit sein, müssen bereit sein, die kläglichen, unausgegorenen (und für uns wahrscheinlich lächerlich kindischen) Versuche der Männer, ihre Gefühle zu artikulieren, anzuerkennen und zu übersetzen, und gleichzeitig der Versuchung widerstehen, dabei zu männlich vorzugehen und zu drängen, zu fordern und auf Fortschritt zu bestehen.

Denn nur wenn wir unseren eigenen weiblichen Kern wirklich integriert haben, werden wir die Männer ermutigen können, sich in das für sie gefährliche Reich der Gefühle zu begeben, in dem sie ihrer Meinung nach alles aufs Spiel setzen. Um diesen Prozeß für die Männer zu einer sicheren Entdeckungsreise zu machen – und ihn nicht zur Kapitulation vor den Forderungen der Frauen werden zu lassen –, müssen wir unsere eigene rezeptive Kraft erwecken und stärken, damit wir das, was die Männer uns auf dem Gebiet der Gefühle bieten, ohne Vorurteile, Beurteilungen und Zurückweisung annehmen können.

Um den Rahmen zu schaffen, in dem die Männer ihre weiblichen Anteile integrieren können, müssen wir in der Lage sein, die weibliche Position mit männlicher

Stärke zu halten. Wir müssen machtvoll und empfänglich zugleich sein, wir müssen alles aushalten, was auf uns zukommt, und wissen, daß wir dazu fähig sind, ohne „dichtzumachen" oder das, was uns offenbart wird, abzulehnen.

Dankbarkeit

Der wahrscheinlich schwierigste Part bei der Unterstützung der Evolution der Gefühle des Mannes besteht darin, die Männer anzuerkennen und wertzuschätzen. Dankbar zu sein bedeutet so zu leben, als ob wir mit den Männern, die ihr Leben mit uns teilen, schon zufrieden sind. Wir werden die alten Lumpen der Unzufriedenheit abwerfen und das Ballkleid der Dankbarkeit anziehen müssen. Statt auf den Männern herumzuhacken, weil sie nicht alle unsere Wünsche erfüllen, sollte uns bewußt werden, wie sehr wir ihnen zu Dank verpflichtet sind.

Es macht angst, sich einzugestehen, wieviel wir den Männern tatsächlich schulden. Und es macht uns natürlich verletzlich, vor uns selbst zuzugeben, wieviel wir von den Männern verlangt haben, als wir wollten, daß sie uns beschützen.

Merkwürdigerweise haben wir auch Angst davor, daß sich die Männer tatsächlich zum Besseren wandeln könnten, denn dann schulden wir ihnen noch mehr, weil sie nicht nur tun, was sie schon immer für uns getan haben, sondern weil sie jetzt noch mehr versuchen: Sie bringen den Mut auf, in dem Chaos zu leben, das wir durch die Auflösung der Geschlechterrollen ausgelöst haben. In diesem Sinn sind die Männer wirklich Helden, und dafür verdienen sie unsere ewige Liebe und uneingeschränkte Dankbarkeit. Denn es erfordert den größten männlichen Mut überhaupt, aufzuhören, ein Mann im alten Sinne zu sein.

Dankbarkeit ist das höchste weibliche Gefühl, sie verkörpert das höchste weibliche Potential der absoluten Empfänglichkeit, einen Zustand der spirituellen Hingabe. Es bringt uns wahrlich in einen Zustand äußerster Verletzlichkeit, wenn wir uns eingestehen, daß das Leben ohne das, was uns die Männer gegeben haben, nicht so schön, so bequem und sicher wäre, und daß wir ohne sie wahrscheinlich überhaupt nicht überlebt hätten.

So weiblich wollen die meisten Frauen aber gar nicht sein, denn es ist beängstigend, sich des gewaltigen Ausmaßes unserer Bedürftigkeit gewahr zu werden. Dankbar zu sein heißt anzuerkennen, daß wir nicht alles kontrollieren können. Dies einzugestehen ist selbst für Frauen schwierig.

Wären wir wirklich dankbar, würde sich das Wesen der Mann/Frau-Beziehung grundlegend ändern. Wir Frauen könnten sofort von dem schäbigen Podest unserer passiven Macht herunterkommen und die Rolle der Unterprivilegierten, der Sklavin und Märtyrerin aufgeben, wenn wir nur zugeben würden, daß die Männer uns glücklich gemacht haben und uns weiterhin glücklich machen möchten.

In Dankbarkeit zu leben würde uns bereit machen, etwas Neues von den Männern zu empfangen, nämlich Gefühle statt Taten. Dies könnte dazu führen, daß wir unseren Weg aus der absurden Sackgasse finden, in der sich die Mann/Frau-Beziehungen zur Zeit befinden und in der nur die leeren Hüllen des Rollenverhaltens ausgetauscht werden. Solange wir urteilen, schmoren wir im

Kerker der Selbstgerechtigkeit, und erst durch Dankbarkeit öffnen wir die Kerkertür, um zu empfangen. Dankbarkeit ist wie ein riesiges, weit geöffnetes Tor, das uns einlädt, das andere Geschlecht auf eine viel umfassendere und anstrengendere, aber letztlich viel lohnendere Weise zu erleben, als es im vollgestopften Hinterzimmer der Wut, des Grolls und der Ressentiments möglich ist, in dem die Frauen bisher gewohnt haben. Dankbarkeit ist das Portal, durch das wir alle endlich in den großen Festsaal echter, intimer Beziehungen hinein tanzen können.

14
Frauen initiieren Männer: Praktische Ratschläge

Er zog einen Kreis, der schloß mich aus –
Ketzer, Rebell, wertlose Laus.
Aber Liebe und ich wußten, wir würden gewinnen,
wir zogen einen Kreis, in dem war er drinnen.

Edgar Lee Masters

Den Frauen war bisher nicht bewußt, daß es ihre Aufgabe ist, die Männer in das weibliche Bewußtsein einzuführen, und wenn sie es geahnt hätten, dann hätten sie nicht gewußt, wie sie es anstellen sollen. Wir wußten bisher nicht, was zu sagen und zu tun war, wie wir uns verhalten – nicht einmal, was wir uns überhaupt vorstellen sollten, um die Männer ihren Gefühlen nahezubringen. Von all den undankbaren Arbeiten, die die Frauen für die Männer getan haben, hat besonders diese ganz gewiß nie eine Arbeitsplatzbeschreibung gehabt.

Emotional gesehen leben die Männer noch immer hinter dem Mond. Aber nicht, weil die Frauen versagt haben, sondern weil erst jetzt die soziologische und emotionale Atmosphäre herangereift ist, in der diese Transformation überhaupt stattfinden kann.

Die Zeit ist reif. Für die Frauen ist die Zeit gekommen, die Ärmel aufzukrempeln und bestimmte Verhaltensweisen vorzuleben; für die Männer ist es an der Zeit, die Regeln, Verhaltensweisen und die Sprache zu erlernen, durch die sich ihre Beziehungsfähigkeit entwickeln kann.

Wohin gehen wir?

Was wären die richtigen Worte dafür? Können Sie mir ein paar Worte dafür sagen?

Computerhändler, 35, der versuchte, über den Mißbrauch durch seine Mutter zu sprechen, der während seiner Kindheit stattgefunden hat

Was genau wollen die Frauen eigentlich erreichen? Welche Resultate wollen wir erzielen? Wie, wann und unter welchen Umständen werden wir wissen, daß wir Erfolg gehabt haben?

Die Aufgabe der Frauen besteht darin, für die Männer sichere emotionale Rahmenbedingungen zu schaffen, innerhalb derer diese die Fähigkeit entwickeln können, das gesamte Spektrum ihrer Gefühle wahrzunehmen – Wut, Trauer, Freude und Angst –, und diese Gefühle in Worten, mit Tränen und durch angemessene Gesten und Gebärden auszudrücken. Wenn Männer ihre Gefühle aussprechen, wenn sie einmal ihre Trauer in Worte fassen können, wenn sie ihre Worte fühlen, statt sie nur zu sagen, wenn sie gelernt haben, ihre innere Wahrheit durch Sprache, unser gemeinsames menschliches Erbe, auszudrücken – dann werden sie frei sein, sich selbst auf eine neue, tiefere Weise zu erfahren und eine neuartige Form der Intimität mit Frauen zu erleben.

Damit diese Vision Wirklichkeit werden kann, werden die Frauen bestimmte, ihnen bisher unbekannte oder gar verwirrende Verhaltensweisen annehmen müssen.

Allein dieser Lernprozeß wird zu völlig neuen Begegnungen führen. Außerdem werden wir unsere Wahrnehmung schulen müssen, um herauszufinden, welche Männer unter welchen Umständen für diesen Prozeß wirklich offen sind und wann und wie wir die Arbeit mit ihnen beginnen können.

Generell ist es am effektivsten, diese Aufgabe mit dem Mann anzugehen, mit dem Sie schon eine Beziehung haben, mit dem Sie schon durch gemeinsame Erfahrungen, eine sexuelle Beziehung oder gemeinsame Kinder verbunden sind. Sie sollten daran denken, daß dies ein sehr heikler Prozeß ist, daß Sie ihm diese neue Form der Begegnung nur ganz allmählich näherbringen dürfen, damit er sich nicht überfordert fühlt und gleich das Weite sucht. Im Verlauf dieses Prozesses werden Sie genug Einfühlungsvermögen aufbringen müssen, um herauszufinden, ob er noch Schritt halten kann, ob er zum Beispiel bereit ist, die nächste Schicht seiner Verletzungen aufzudecken.

Seien Sie sich bewußt, daß Sie hierbei lediglich ein Werkzeug sind. Selbst wenn Sie einem Mann Ihr Bestes geben, kann es sein, daß er es nicht annehmen kann. Einige Männer werden sich diesen Dingen überhaupt nicht öffnen können, und selbst ein Mann, der um die Notwendigkeit des Wandels weiß, mag nicht bereit sein, gerade jetzt damit zu beginnen.

Diese Aufgabe kann besonders für Frauen äußerst schmerzhaft sein, die schon versucht haben, Männer dazu zu bringen, ihre Gefühle auszudrücken, und die dabei zurückgewiesen wurden. Aber denken Sie daran, daß Sie nicht schuld daran sind, was damals geschehen ist. Daß Sie es versucht haben, bedeutet ja nicht unbedingt, daß der betreffende Mann damals auch dazu bereit war oder daß Sie wußten, wie Sie am besten vorzugehen hatten. Aber jetzt verfügen Sie über mehr Informationen, und auf den folgenden Seiten werden Sie die notwendigen Fertigkeiten lernen, die Sie bei der Erfüllung Ihrer Aufgabe brauchen.

Wenn Sie merken, daß das, was Sie tun oder anregen, nicht auf fruchtbaren Boden fällt, müssen Sie Geduld haben und ihm und sich selbst verzeihen. Und geben Sie niemals die Hoffnung auf. Jedesmal wenn Sie einem Mann eine neue Chance geben, eröffnen Sie auch sich selbst neue Möglichkeiten. Und alles, was Sie tun, um einem Mann beim Erschließen seiner Gefühlswelt zu helfen, vergrößert seine Möglichkeiten und bringt uns alle einen Schritt voran. Jede Anstrengung – ob sie nun sofort von Erfolg gekrönt wird oder nicht – trägt ihren Teil zur emotionalen Entwicklung des gesamten männlichen Geschlechts bei.

Eine Landkarte für die Reise

Das ist es, was ich dir geben möchte: die Sicherheit, deine Ängste und deine Zerbrechlichkeit zu fühlen.

Frau, 50, zu ihrem Geliebten

Auf den folgenden Seiten werde ich einige Vorschläge machen, was Sie tun können, um die Qualität der emotionalen Kommunikation mit dem Mann, den Sie lieben, unmittelbar zu verbessern. Es geht hier nicht darum, ihm Ihre Überzeugung, daß er Hilfe braucht, um die Ohren zu hauen, sondern darum, Ihr eigenes Verhalten zu ändern. Als Reaktion darauf wird sein Verhalten sich automatisch ebenfalls verändern. Ob er nun weiß, daß er

Probleme mit seinen Gefühlen hat, oder nicht – die Magie dessen, was Sie tun werden, wird dafür sorgen, daß er – sich selbst zum Trotz – bestimmte emotionale Erfahrungen macht, die ihn nicht nur spüren lassen, wie sehr er bisher von seinen Gefühlen abgeschnitten war, sondern auch, wie wertvoll diese emotionale Öffnung für ihn ist.

1. Bedanken Sie sich für das, was er bereits tut

Wir Frauen sollten anfangen, die Taten, den Schutz und die Arbeit der Männer zu würdigen und unsere Einstellung, daß das ja schließlich ihr Job wäre, aufgeben. Es gibt keine bessere Vorbereitung für die emotionale Öffnung der Männer, als ihnen unseren Dank, unser Lob und unseren Beifall für die unzähligen undankbaren, verborgenen, schwierigen und wunderbaren Dinge, die sie seit Urzeiten für uns getan haben, zuteil werden zu lassen.

Je mehr ein Mann für das gewürdigt wird, was er bereits tut, desto mehr wird er bereit sein, noch mehr zu tun. Im Laufe der Zeit wird er – wenn er dazu ermutigt wird – es auch aufgeben können, für all seine tollen Leistungen gelobt werden zu wollen, und Ihre Bitten einfach aus Liebe und Feingefühl erfüllen. Je weniger er sich aber anerkannt fühlt, desto mehr wird er herumlungern wie ein hungriges Straßenkind, das verzweifelt danach lechzt, daß sein abgemagertes Ego genährt wird.

2. Hören Sie auf, ihm vorzuwerfen, daß er nichts fühlt

Einfache Aufforderungen wie „Sag mir doch, was du fühlst“, „Kommuniziere mehr“, „Drück dich doch einfach aus!“ bringen überhaupt nichts. Sie führen nur dazu, daß ein Mann sich unzulänglich fühlt und das Handtuch wirft. Sprechen Sie nicht über das, was ihm fehlt. Schaffen Sie die Möglichkeit, daß etwas Neues geschehen kann, indem Sie die folgenden Ratschläge beherzigen.

3. Fassen Sie ihn mit Samthandschuhen an

Es ist nicht ratsam, einen Mann, der sich gewissermaßen am Abgrund des weiblichen Bewußtseins befindet, hinunterzustoßen. Sie sollten statt dessen Samthandschuhe anziehen und ihn ganz vorsichtig behandeln. Lassen Sie die Brechstange im Schrank. Symbolisch oder tatsächlich zu brüllen: „Mach schon, sonst kannst du was erleben" wird Ihnen nicht den Sieg bringen. Eigentlich sind alle Forderungen unnütz. Und die meisten Männer haben ohnehin eine Allergie gegen Drohungen.

Was hier gefordert ist, ist Geduld. Sie müssen die Tür zu den Gefühlen sehr vorsichtig aufmachen, damit der Mann, der sich auf dieses emotionale Abenteuer einläßt, keine Angst zu haben braucht. Drängen Sie ihn nicht, und fordern Sie nichts. Schaffen Sie sichere Rahmenbedingungen, und ermutigen Sie ihn dann, gemeinsam auf Entdeckungsreise zu gehen. Das heißt auch Dinge zu sagen wie: „Ich höre gerne zu, wenn du darüber sprechen möchtest" oder „Hättest du Lust, mir etwas darüber zu erzählen?"

Wenn wir wirklich wollen, daß das Wunder geschieht, müssen wir es für die Männer leicht, sicher und verlockend machen. Wir können uns nicht wie ein Feldwebel verhalten und die Männer, die sowieso schon unter heftigem Beschuß stehen, in den emotionalen Todesstreifen zwingen. Die Einführung in die Welt der Sprache sollte sanft und anmutig vonstatten gehen.

4. Überlassen Sie ihm das Feld

Lassen Sie ihm seine emotionalen Erlebnisse. Schaffen Sie einen Rahmen und damit die Gelegenheit für ihn, geben Sie ihm Worte, mit denen er seine Gefühle ausdrücken kann, aber überlassen Sie ihm dann das Feld. Warten Sie nicht darauf, daß er sagt, was Sie hören möchten. Benehmen Sie sich nicht wie eine Glucke, wenn er anfängt zu weinen, und behandeln Sie ihn nicht wie ein unmündiges Baby.

Lassen Sie ihn seine eigenen Erfahrungen machen – ganz und gar. Lassen Sie ihn bestimmen, wieviel davon er Ihnen mitteilen möchte. Wenn er zu Ihnen kommt, seien Sie da. Wenn Sie ihm ein Taschentuch reichen wollen und er es nicht annimmt, drängen Sie es ihm nicht auf. Reagieren Sie sensibel auf körperliche oder verbale Hinweise.

Vermeiden Sie es auf dieser emotionalen Expedition, Ihre eigenen emotionalen Probleme ins Spiel zu bringen (wie schlecht man Sie im Büro behandelt, wie nahe Sie einem Zusammenbruch sind, weil sich der Todestag Ihrer Mutter nähert), wenn er langsam ist oder zögert, seine Probleme darzustellen. Das kann manchmal bedeuten zu schweigen und zum stillen Teich zu werden, in den er die Steinchen seiner Gefühle werfen kann.

Lassen Sie ihm genug Raum, und vermeiden Sie es, jede Sekunde mit einer Silbe zu füllen. Erkennen Sie an, daß die Geschichte – seine –, die so langsam erzählt wird, die ist, die endlich einmal erzählt werden muß.

5. Achten Sie auf seine Körpersprache

Die körperlichen Empfindungen (zum Beispiel Kopf-, Nacken oder Rückenschmerzen), die ein Mann statt seiner tatsächlichen Gefühle wahrnimmt, geben uns ausgezeichnete Hinweise darauf, wie er sich fühlt. Wenn Sie bemerken, daß ein Mann diese Signale aussendet, machen Sie ihn darauf aufmerksam, daß zwischen dem, was er körperlich spürt, und dem, was er emotional fühlt, ein Zusammenhang bestehen könnte.

Auch hier bitte ich Sie, weder zu predigen noch davon auszugehen, daß Sie im Besitz der alleinigen Wahrheit sind. Am besten ist es, wenn Sie Fragen stellen, auf die Sie später aufbauen können – zum Beispiel: „Was hast du gemacht, als du dir den Rücken verrenkt hast?" oder „Wann fingen die Nackenschmerzen an?" Auf diese Weise können Sie herausfinden, welche Gefühle hinter den körperlichen Symptomen verborgen sein könnten. Wenn er zum Beispiel antwortet: „Direkt nach der Vorstandssitzung, in der sie Hans gefeuert haben", könnte dies zu dem Eingeständnis führen, daß er Angst hat, seinen Job zu verlieren oder zumindest Probleme bei der Arbeit hat.

6. Erinnern Sie ihn daran, daß er Gefühle hat

Es scheint absurd zu sein, aber ein Mann muß tatsächlich daran erinnert werden, daß er – wie eine Frau auch – einen ständigen, unterbewußten Fluß von Gefühlen erlebt. Sie können ihm helfen, sich dieser stetigen Strömung gewahr zu werden, indem Sie ihn von Zeit zu Zeit bitten, eine emotionale Bestandsaufnahme zu machen.

Bitten Sie ihn, sich einen Augenblick Zeit zu nehmen, still zu sein und nach innen zu schauen, um zu sehen, was in ihm vorgeht. Was wird er entdecken, wenn er hinter die Ereignisse, Pflichten und Verantwortlichkeiten des Lebens schaut und sich in die verborgenen Räume seines Unterbewußten begibt?

Diese Übung dient lediglich dazu, unterschwellige Gefühle *wahrzunehmen*. Fragen Sie ihn nicht, was er fühlt, sondern bitten Sie ihn nur wahrzunehmen, daß unter der Oberfläche jener stetige Fluß von Gefühlen und Empfindungen vor sich hinfließt.

7. Lenken Sie seine Aufmerksamkeit auf emotionale Vorgänge

Schärfen Sie Ihr eigenes Bewußtsein für emotionale Vorgänge. Machen Sie sich klar, daß diese sich ständig abspielen und daß Sie – und nicht der Mann, mit dem Sie Ihr Leben teilen – wahrscheinlich diejenige sein werden, die sie wahrnimmt.

Wenn Sie zum Beispiel bemerken, daß Ihr Mann nach einem unerwarteten Anruf plötzlich vor sich hinstarrt, sollten Sie sich nicht einfach wieder dem Buch zuwenden, das Sie gerade lesen. Lenken Sie seine Aufmerksamkeit auf die Tatsache, daß sich sein Gefühlszustand verändert hat. „Du siehst so verstört aus. Ist irgend etwas geschehen?"

Konzentrieren Sie sich also auf das Ereignis, das bestimmte Gefühle ausgelöst hat, und fordern Sie ihn behutsam auf, sich damit zu beschäftigen. Wenn er Ihnen eine einfache Antwort gibt und es leugnet, Gefühle zu haben („Nein. Wieso?"), geben Sie nicht gleich auf, sondern starten Sie einen weiteren behutsamen Versuch. „Ich will mir ja nichts anmaßen, aber es scheint mir, als ob etwas los ist. Was meinst du?"

8. Übersetzen Sie seine Taten in Worte

Wir werden auch die Taten der Männer in Worte übersetzen müssen, damit sie endlich verstehen, was sie mit ihren vielen symbolischen Gesten eigentlich ausdrücken wollen. Den bisher in Taten ausgedrückten Gefühlen Worte zuzuordnen setzt voraus, daß wir anerkennen, daß Männer tatsächlich eine ganze Reihe von Gefühlen haben, die sie bisher eben nur symbolisch ausdrücken konnten.

Das bedeutet für Sie zunächst, von der Idee Abschied nehmen zu müssen, daß er eine gefühllose Kreatur ist. Dann müssen Sie nach dem Inhalt seiner Kommunikationsversuche forschen und diesen für ihn verständlich machen. Statt auf ihm herumzuhacken, weil er etwas nicht sagt, sollten Sie anfangen, das, was er durch seine Taten ausdrückt, zu würdigen – zum Beispiel: „Ich spüre, daß du mich liebst, weil du die Gartenmöbel aus dem Regen geholt hast“ oder „Die Rosen sind wunderschön. Danke, daß du mich daran erinnert hast, daß du mich liebst“.

Wenn wir auf diese Weise reagieren, drücken wir nicht nur unsere Dankbarkeit für das aus, was die Männer tun, wir offenbaren ihnen auch die emotionale Botschaft, die in der Handlung verborgen war. Indem wir seinen Taten Worte zuordnen, die auf die in ihnen enthaltenen Gefühle hinweisen, machen wir einen Mann nicht nur auf die emotionale Seite seines Handelns aufmerksam, sondern zeigen ihm auch, daß Sprache das Medium ist, durch das Gefühle transportiert werden können. In dem Maß, in dem wir seine Handlungen verbal interpretieren, wird es ihm möglich zu erkennen, daß die Gefühle hinter seinen Taten durch Worte ausgedrückt werden können, die bedeutungsvoll sind und Intimität schaffen.

Wenn Sie wirklich möchten, daß Ihre Sehnsucht nach Intimität erfüllt wird, werden Sie aufhören müssen, ihn wegen der Verhaltensweisen, mit denen er Gefühle vermeiden will, anzugreifen. Sie müssen bereit sein, mit ihm darüber zu sprechen, was seine Handlungen bedeuten könnten. Statt vorwurfsvoll zu fragen: „Warum schaust du mich nicht an?“, könnten Sie beispielsweise sagen: „Es muß dir wirklich schwerfallen, darüber zu reden. Mir fällt auf, daß du Mühe hast, mich anzusehen.“ Auf diese Weise erleichtern Sie es ihm, seinen Handlungen einen verbalen Ausdruck hinzuzufügen.

9. Fragen, fragen, fragen Sie

Ein Mann wird wohl kaum Gefühle artikulieren, von deren Existenz er nicht einmal weiß, und die einzige Möglichkeit, ihm zu der Entdeckung zu verhelfen, daß er tatsächlich welche hat, besteht darin, auf sehr sanfte Weise neugierig zu sein, höflich zu fragen und behutsam nachzuforschen. Wenn ein Mann sich zum Beispiel zurückzieht, sollten Sie nicht davon ausgehen, daß er keine Gefühle hat. Statt dessen könnten Sie eine harmlose Frage stellen („Wie war dein Tag?“ „Was machst du nachher?“) oder eine ernste („Bist du wegen der Unterhaltung mit deiner Mutter immer noch wütend?“).

Wenn Sie wirklich Zugang zu den Gefühlen eines Mannes finden möchten, werden Sie Fragen stellen müssen. Nur durch häufiges Fragen wird er anfangen zu begreifen, daß er sich auch selbst fragen könnte, wie es ihm geht. So kann er sich die neue Gewohnheit der Innenschau aneignen, wovon letzten Endes auch Sie profitieren werden.

10. Bitten Sie ihn, sich zu offenbaren

Dieser Punkt ist für Frauen so grundlegend, daß seine Erwähnung geradezu lächerlich erscheint, aber Männer müssen explizit darum gebeten werden, sich am emotionalen Austausch zu beteiligen. Es kommt ihnen einfach nicht in den Sinn, daß eine emotionale Unterhaltung wichtig oder befriedigend sein könnte, und deshalb müssen die Frauen sie daran erinnern („Magst du dich nicht mit mir hinlegen und ein bißchen reden?"). Auch dies sollte auf liebevolle Weise gesagt werden und ganz ohne Vorhaltungen, sonst geht es garantiert schief.

Selbst in einer sicheren Umgebung, in der der Austausch von Gefühlen ungestört stattfinden kann – im Bett, zusammengerollt auf dem Sofa, Hand in Hand beim Spazierengehen am Strand –, muß er noch einmal ausdrücklich gebeten werden, seine Gefühle zu offenbaren. Sie müssen dafür sorgen, daß er sich entspannen kann, und Sie müssen ihm einen Rahmen vorgeben. Da es den Männern so schwerfällt, ihre Gefühle zu identifizieren, ist eine Einladung wie „Was fühlst du?" anfangs völlig nutzlos. Sie werden ihn beim Herzen und bei der Hand nehmen und die Unterhaltung in Gang bringen müssen. „Ich bin so glücklich, mit dir zusammenzusein. Magst du mir etwas sagen, das du mir noch nie gesagt hast?"

11. Lehren Sie ihn, was Intimität ist

Intimität, das Verschmelzen zweier Herzen durch den hochgradigen Austausch von Gefühlen, entsteht durch bestimmte Verhaltensweisen: ein Partner offenbart seine Gefühle, während der jeweils andere darauf eingeht. Die Verhaltensweisen an sich – wie wir sprechen, was wir sagen und zu welchem Zeitpunkt, wann wir schweigen und wann wir wieder damit aufhören, die Gesten, die wir machen oder nicht machen – haben die Macht, das Ausmaß der Intimität positiv oder negativ zu beeinflussen. Sie können den Weg zur Intimität vorbereiten, indem Sie in intimen Unterhaltungen Ihr eigenes Gefühlsleben offenlegen und ihn einladen, Ihnen seines zu offenbaren.

Emotionale Intimität besteht aus drei Aspekten: 1. Informationen – die Fakten unseres Lebens, die sich auf unseren Gefühlszustand auswirken, 2. Gefühle – die Emotionen, die wir mit diesen Fakten in Verbindung bringen, und 3. Kontakt – der tatsächliche Körperkontakt oder die Umgebung, durch die das Erlebnis von Intimität verankert wird. Um Intimität herzustellen, ist es notwendig, sowohl Fakten als auch Gefühle offenzulegen und eine entsprechende Reaktion darauf zu erhalten. Durch Offenbarung und Reaktion entsteht Intimität, und je vertraulicher und bedeutungsvoller die mitgeteilten Fakten und Gefühle sind, desto höher wird das Maß der Intimität sein.

12. Lehren Sie ihn die Sprache der Gefühle

Im Gegensatz zu Frauen, die ihre Gefühle „einfach ausspucken", also leicht Worte dafür finden können, ohne weiter darüber nachdenken zu müssen, können Männer „nicht einfach so" über Gefühle reden. Sie werden dies nur dann lernen, wenn es ihnen jemand zeigt, oder, wie es ein Mann formulierte, wenn „man mir die Worte für die Gefühle sagt". Der Mann kann durch Beobachtung oder Nachahmung lernen, indem ihm eine Frau genau die Worte liefert, mit denen er ein bestimmtes Gefühl ausdrücken kann. Sie sollten daran denken, daß es Männern beigebracht worden ist, die Worte herunterzuschlucken, mit denen sie ihre Gefühle hätten ausdrücken können. Um die Verbindung zu seinen Gefühlen wiederherzustellen, mag es nötig sein, dem Mann die passenden Worte gleichsam vorzusagen.

Statt sich also insgeheim zu wünschen, von Ihrem Mann wegen einer bestimmten Sache getröstet zu werden, ist es wahrscheinlich notwendig, ihm direkt zu sagen: „Ich brauche es, daß du mir sagst, daß ich immer noch eine erstklassige Verkäuferin bin, obwohl nicht ich, sondern Margret den Job bekommen hat, und daß ich sicher beim nächsten Mal befördert werde." Oder wenn Sie ihn ermutigen möchten, seine Gefühle auszudrücken, können Sie ihn so bitten: „Sag doch einfach: ‚Liebling, ich habe Angst, daß ich nie im Leben etwas Kreatives machen werde.'" Je mehr ein Mann begreift, wie sich ein Gefühl anhört, wenn es in Worte gekleidet wird, je eher wird er in der Lage sein, die Wörter und Sätze selbst zu bilden. Mit der Zeit macht Übung (zuhören) den Meister (sprechen).

13. Lehren Sie ihn, daß zuhören bedeutet, etwas zu tun

Es fällt Männern nicht nur schwer, über ihre Gefühle zu sprechen, sie haben auch Mühe zuzuhören. Ein junger Mann beklagte sich bei mir: „Ich hasse es, wenn Frauen sich aufregen. Ich denke dann immer, ich müßte etwas tun, aber ich weiß nie was." Damit drückt er aus, was die meisten Männer denken, nämlich daß sie als Reaktion auf das, was ihnen eine Frau mitteilt, etwas tun müßten. Daß das Zuhören allein schon bedeutet, etwas zu tun, kommt ihnen gar nicht in den Sinn.

Männer haben Angst zuzuhören, weil sie denken, daß darauf eine bestimmte Handlung von ihnen erwartet wird, und selbst wenn klar ist, daß dies nicht der Fall ist, wissen sie nicht, was sie antworten sollen. Da es aber für viele Dinge, über die wir uns ärgern, keine praktische oder vielleicht überhaupt keine Lösung gibt, ist das Zuhören an sich bereits die angemessene Reaktion.

Um Ihrem Mann diese für ihn sehr merkwürdige Idee nahezubringen, sollten Sie ihn wissen lassen, daß bewußtes Zuhören, bei dem nicht nur die Ohren, sondern auch das Herz geöffnet sind, an sich schon eine Handlung und ein Geschenk ist – und mehr oft gar nicht nötig ist.

Bewußtes Zuhören bedeutet, daß der Zuhörer, dem ein Gefühl mitgeteilt wurde, nicht darüber diskutiert oder gar streitet, sondern es einfach annimmt und bestätigt, daß er zugehört hat: „Danke, daß du mir das gesagt hast. Ich hatte ja keine Ahnung, wie es dir geht. Es tut mir leid, daß es so schwierig für dich war." Und nicht: „Wie kannst du bloß so etwas fühlen?" ... „Das ist doch lächerlich." ... „Warum mußt du mir das ausgerechnet jetzt erzählen? Nun werde ich mir ständig Sorgen machen."

Um einen Mann zu lehren, wie man bewußt zuhört, mag es notwendig sein, ihn zu bitten, mit Worten zu bestätigen, daß er gehört hat, was Sie gesagt haben: „Bitte sag mir, daß du gehört hast, wie schwer mir mein neuer Job fällt." Und um ihm sein traditionelles, instinktives Bestreben, das Problem aus der Welt zu schaffen, abzugewöhnen, mag es nötig sein, ihm ausdrücklich zu sagen: „Ich möchte nicht, daß du das Problem für mich löst." ... „Ich möchte gar nicht, daß du irgend etwas unternimmst." ... „Ich weiß, daß man nichts tun kann. Ich möchte einfach nur, daß du mir zuhörst."

14. Lehren Sie ihn die Kunst, sich zu offenbaren

Wir müssen den Männern also beibringen, daß es oft ausreicht, „einfach zuzuhören", wenn wir ihnen von unseren Problemen erzählen, und daß wir meistens keine praktischen, realistischen, mechanischen oder „Abfluß frei"-Lösungsvorschläge brauchen. Wir müssen ihnen aber auch bei dem, was *sie* sagen, das Gefühl vermitteln, daß es wert ist, gesagt zu werden, selbst wenn wir keine Lösungen anbieten können. Mit anderen Worten: Das Medium ist die Botschaft. Oft besteht die Lösung einfach darin, auszusprechen, wie man sich fühlt.

Sie werden ihn wissen lassen müssen, daß bewußtes Offenbaren Intimität schafft. Es bedeutet, durch Reden nicht nur Tatsachen mitzuteilen, sondern auch Gefühle auszudrücken. Statt dem klassischen „Ich hatte heute einen beschissenen Tag im Büro" könnte er beispielsweise sagen: „Heute war es in der Firma ganz furchtbar. Roberts Sekretärin, zu der ich eigentlich immer ein gutes Verhältnis hatte, blamierte mich vor seinen Augen." Schon das Aussprechen schwieriger, peinlicher, schmerzhafter oder wunderbarer Dinge stärkt die emotionale Verbindung zwischen Ihnen, und er muß erleben, daß er sich besser fühlt, nachdem er Ihnen etwas mitgeteilt hat.

15. Ermutigen Sie ihn durch Ihr Verständnis

Da wir Verhaltensweisen unterstützen wollen, durch die ein Mann seine Gefühle offenbart, müssen wir darauf achten, ihn auch dafür anzuerkennen, wenn er es tut. Wenn er Ihnen also etwas Intimes anvertraut, sollten Sie ihm zuerst bestätigen, daß Sie gehört haben, was er gesagt hat, und daß Sie sich darüber freuen, daß er Ihnen etwas von seinen Gefühlen offenbart hat. Dann sollten Sie ihm auf der emotionalen Ebene konkret antworten. Wenn er Ihnen zum Beispiel erzählt, wie enttäuscht er ist, daß sein Urlaub vorbei ist, wäre eine mitfühlende Reaktion: „Ich bin froh, daß du mir das sagst. Es muß schwer für dich sein, wieder in die Tretmühle zurückzukehren, wo dir das Angeln doch gerade soviel Spaß gemacht hat."

Wenn Männer keine spezifische Reaktion auf das Gefühl bekommen, das sie ausgedrückt haben, kommt es ihnen idiotisch vor, überhaupt den Mund aufgemacht zu haben. Dann möchten sie sich am liebsten zurückziehen und nie wieder über ihre Gefühle sprechen.

Wenn auf ein bestimmtes Verhalten eine Reaktion folgt, wird es wiederholt, aber wenn nicht reagiert wird, geschieht es seltener und wird letzten Endes eingestellt. Wenn Sie also möchten, daß ein Mann seine Gefühle stärker ausdrückt, müssen Sie selbst sein kleinstes Bemühen anerkennen und auch den winzigsten Keimling seines neuen Verhaltens wässern.

Ermutigung macht Mut. Sie ähnelt dem Netz unter dem Hochseil. Wenn Sie also sehen, daß ein Mann auf dem Drahtseil seiner Emotionen balanciert, sollten Sie ein Netz aus Ermutigung darunter spannen.

16. Sorgen Sie dafür, daß er sich nicht wie ein Idiot vorkommt

Wenn Sie einen Mann in das Reich der Gefühle einladen, sollten Sie auf alles vorbereitet sein. Wenn ein Mann beispielsweise darüber spricht, wie unsicher er ist oder wie sehr ihn eine andere Frau anzieht, müssen Sie nicht nur Ihr ganzes Mitgefühl mobilisieren, sondern auch ganz offen bleiben, um angemessen reagieren zu können. Sonst werden Sie wahrscheinlich eine „Davon will ich nichts hören"-Breitseite abfeuern oder ihn im eisigen Schweigen Ihres Mißfallens erfrieren lassen.

Wenn ein Mann eine solche Reaktion erntet, wird er sich selbst (natürlich unbewußt) sagen: „Aha, so ist das also. Ich kann eben doch nicht wirklich über meine Gefühle reden." Dann verschließt er sich noch mehr. Ein Mann, der sich so verletzlich gezeigt hat und dann im

Stich gelassen wurde, weil Sie seine Offenbarungen nicht ertragen konnten, wird es Ihnen übelnehmen, daß Sie ihn überhaupt in dieses gottverdammte Land der Gefühle mitgenommen haben, und wird sich so schnell wie möglich zurückziehen wollen. Wenn Sie ihn also bitten, über seine Gefühle zu sprechen, sollten Sie alles annehmen können, was er Ihnen offenbart. Seien Sie stark genug, ihm zuzuhören.

17. Üben Sie die vier Winde des Fühlens

Fragen Sie Ihren Mann regelmäßig und – wenn möglich – immer zur gleichen Zeit (nach dem Abendessen oder bevor Sie abends das Licht ausmachen): „Was macht dich glücklich? Wovor hast du Angst? Worüber bist du wütend? Was macht dich traurig?" Durch diese Übung, die ich die *Vier Winde des Fühlens* nenne, wird ein Mann ganz gezielt gebeten, etwas aus den vier Ecken seines Gefühlslebens – Freude, Angst, Wut und Trauer – zu enthüllen.

Stellen Sie jedesmal alle vier Fragen, aber bohren Sie nicht. Finden Sie die richtige Weise – er soll sich nicht vorkommen wie beim Zahnarzt. Lassen Sie sich Zeit, und überfahren Sie ihn nicht. Haben Sie Geduld, und warten Sie, bis die Antwort aus ihm herauskommt, denn er wird nicht immer sofort wissen, durch welchen Menschen, welche Sache oder welches Erlebnis seine Trauer, Wut oder Freude ausgelöst wurde. Er sollte für jedes Gefühl eine Antwort geben, selbst wenn er meint, ein bestimmtes überhaupt nicht zu haben. Achten Sie auf Antworten, die körperliche Empfindungen wiedergeben: „Ich bin entspannt." ... „Ich bin erschöpft." ... „Mein Rücken tut weh." Wiederholen Sie die Frage dann ganz sanft. Akzeptieren Sie nur Gefühle, denn indem sie ein Mann beschreibt, wird er nach und nach einen engeren Kontakt zu ihnen herstellen und sich angewöhnen, sie wahrzunehmen – auch wenn seine ersten Versuche noch sehr primitiv sein mögen.

Um diesen Prozeß zu unterstützen, müssen Sie jedes Gefühl anerkennen, gleich wie unwichtig, merkwürdig oder schwach es Ihnen auch erscheinen mag.

19. Loben, loben, loben Sie ihn

Kein Mann wird jemals vom hohen Roß seiner passiven Aggressivität heruntersteigen und Sie im Land der Gefühle treffen, wenn er sich nicht sicher ist, ob Sie ihn schätzen und lieben. Daher müssen Sie die Eigenschaften, Talente, Gewohnheiten und Gaben des Mannes, den Sie lieben und von dem Sie hoffen, daß er sich ändern wird, ständig *mit Worten* loben, anerkennen, sich daran erfreuen und sie genießen.

Erkennen Sie an, daß er in dem, was er sagt und tut, wie er sich verhält und wie er ist, seine Einzigartigkeit offenbart.

Das Lob, das Sie ihm aussprechen sollten, wird aber über das Offensichtliche – daß er gut aussieht, klug ist, die Rechnungen immer rechtzeitig bezahlt – hinausgehen müssen. Das Lob, das einen Mann befreien und heilen kann, das ihm die Welt seiner Gefühle erschließen und ihm die Sicherheit geben wird, sein Herz in Ihrer Gegenwart zu öffnen, gilt den Dingen, für die er nie anerkannt wurde, die für ihn noch unsichtbar sind, all den wunderschönen Dingen in seinem Inneren, die er vergessen oder nie gekannt hat.

Ihn auf diese Weise zu loben erfordert Mut und Risikobereitschaft, eine visionäre Sicht und Integrität. Gestatten Sie sich, ihn so zu sehen, wie er wirklich ist, schenken Sie ihm Ihre Anerkennung auf großzügige, großartige, wunderschöne und intelligente Weise.

Lob schafft Sicherheit. Wertschätzung bestimmt die Größe des Zufluchtsortes. Anerkennung eröffnet Möglichkeiten. Würdigung lädt ein. Wenn Sie mit einem Mann wirklich eine intime Beziehung haben wollen, loben Sie ihn, loben Sie ihn wieder, und dann loben Sie ihn noch einmal.

19. Unterstützen Sie ihn

Vom allgemeinen Lob abgesehen, müssen Männer auch ganz gezielt unterstützt werden, wenn sie sich den dunklen und für sie furchtbar erschreckenden Pfad der Enthüllung ihrer Gefühle entlangtasten. Der Mann ähnelt einem Neugeborenen, dessen Kopf ständig gestützt werden muß. Daher sollten Sie bereit sein, ihm jede notwendige Unterstützung zu geben. Wenn er ein emotionales Risiko eingeht – wie klein es *Ihnen* auch erscheinen mag –, sollten Sie etwas Unterstützendes sagen, zum Beispiel: „Danke, daß du mit mir darüber gesprochen hast." ... „Danke, daß du mir deine Gefühle anvertraut hast." Oder etwas Poetisches wie: „Danke, daß du mir die Ehre erweist, deine Seele halten zu dürfen, während du deine Trauer durchlebst. Je weiter wir auf diesem Weg voranschreiten, desto besser lerne ich dich kennen."

20. Schaffen Sie einen angemessenen Bezugsrahmen für ihn

Ein Mann wird seine Gefühle nicht kennenlernen, nur weil Sie ihm von Ihren erzählt haben. Um sie besser zu verstehen, muß er einen Bezug zu etwas aus seiner eigenen Erlebniswelt herstellen, das ihn so beeindruckt hat, daß er das dazugehörige Gefühl unmöglich übersehen konnte.

Hilfreiche Bezugspunkte für Männer sind in den Bereichen Macht, Würde oder körperliche Leistungsfähigkeit zu finden – oder in deren Verlust. Ein Mann kann möglicherweise nur erkennen, daß er Angst vor seinem Chef hat, wenn er genau dem nachspürt, was er fühlte, als ihm sein Vater drohte, ihn mit dem Gürtel zu schlagen. Er erkennt unter Umständen nur, daß er überglücklich über seine neue Liebe ist, wenn er noch einmal empfindet, was in ihm vorging, als er damals die Schulmeisterschaft gewann. Ein Mann hat leicht Zugang zu den Gefühlen, die er in solchen Situationen wahrgenommen hat; deshalb sollten Sie sich auf derartige Erfahrungen beziehen, um ihm den Zugang zu seinen jetzigen Emotionen zu erleichtern.

Um einen Mann also in Kontakt mit seinen Gefühlen zu bringen (wodurch er später Ihre verstehen wird), müssen Sie ihm einen männlichen Bezugsrahmen aus den Bereichen des Wettbewerbs, der körperlichen Empfindungen oder der äußeren Welt schaffen, und nicht einen, der für Sie persönlich von Bedeutung ist. Wenn Sie möchten, daß er sein Gefühlsleben direkt wahrnimmt, stellen Sie einen Bezug zu seiner – nicht Ihrer – Realität her. Statt zu sagen: „Du fühlst dich wahrscheinlich so wie ich, als ich meinen Job verlor“, sagen Sie lieber: „Du fühlst dich wahrscheinlich so wie damals, als du nicht befördert wurdest.“

21. Bitten Sie höflich um das, was Sie möchten

Wie ich bereits sagte, sollten wir anfangen, um das zu bitten, was wir von den Männern brauchen, statt uns darüber zu beklagen, daß wir es nicht bekommen. Denn wenn ein Mann uns etwas geben kann, was wir möchten, wird er sich auch sicher genug fühlen, mit uns in die dunklen Tiefen seiner Gefühlswelt hinabzusteigen.

Um etwas zu bitten ist eine der grundlegenden menschlichen Kommunikationsformen. Bitten zu können setzt voraus, daß Sie vertrauen (daran glauben, daß der Mann, den Sie um etwas bitten, ein guter Mensch ist, der Sie glücklich machen möchte) und bereit sind, Ihre Verletzlichkeit zu zeigen (zugeben, daß Sie etwas brauchen). Um etwas zu bitten hört sich einfach so an: „Ich möchte, daß du das tust." ... „Ich hoffe, du wirst das tun." ... „Ich würde mich so freuen, wenn du das tätest." Wenn Sie die Worte sagen, die dem Mann zeigen, wie sehr Sie sich über die Erfüllung Ihrer Bitte freuen würden, wird er viel eher bereit sein, Ihnen zu geben, worum Sie ihn gebeten haben.

Bitten zu lernen ist eine gute Übung für Frauen. Außerdem ist es eine gute Möglichkeit, Mitgefühl zu entwickeln, denn es ist wichtig für uns zu erleben, wie unangenehm es ist, etwas zu tun, das wir lieber nicht täten – so wie es für die Männer unangenehm ist, ihre Gefühle zu offenbaren.

Bitten Sie ihn also bitte! Und wenn Sie es tun, sagen Sie genau, was Sie möchten und brauchen. „Ich möchte, daß du mich Freitag abend zum Essen einlädst." ... „Ich möchte, daß du mich küßt, bevor du morgens zur Arbeit gehst." ... „Können wir nicht Sonntag Segeln gehen?" ... „Bitte sag, daß du meine neue Frisur magst." Wenn nur Osterglocken oder die Worte „Du bist so wunderschön" Sie glücklich machen können, sollten Sie ihm auch das sagen.

Wenn wir sie um nichts bitten, nehmen wir den Männern die Chance, Helden der Intimität zu werden. Aber genau das wünschen wir uns doch eigentlich. Wir berauben uns selbst der Möglichkeit, daß sie tatsächlich auf eine Weise reagieren, die uns gefällt. Die Männer verdienen die Chance, uns zu zeigen, daß sie uns glücklich machen möchten. Aus diesem Grund sollten wir es für sie – und für uns – riskieren, sie um etwas zu bitten. Also bitte, bitten Sie sie!

Übrigens: Es ist wichtig, sich darüber im klaren zu sein, daß Sie – selbst wenn Sie gelernt haben zu bitten – nicht alles bekommen werden. Hüten Sie sich davor, eine Erwartungshaltung zu entwickeln, durch die der Mann wieder in die Rolle des stillen Versorgers gerät. Eine reife Frau, die um etwas bittet, weiß, daß ihre Bitten manchmal abgelehnt werden; sie weiß auch, daß kein Mensch all ihre Bedürfnisse erfüllen kann – auch nicht der Mann ihrer Träume.

22. Helfen Sie ihm, tiefer zu gehen

Wenn Ihr Mann Ihnen beispielsweise erzählt, daß er auf dem Nachhauseweg einen Unfall gesehen hat, und sich nur auf die Wiedergabe der Fakten beschränkt, ermutigen Sie ihn, die Geschichte noch einmal zu erzählen. Laden Sie ihn ein, über den reinen Informationsgehalt hinauszugehen, indem Sie ihn fragen, welche Bedeutung das Erlebnis für ihn hatte oder was er gefühlt hat, als er den Unfall sah.

Ich weiß, daß dies für Frauen ziemlich primitiv zu sein scheint, denn für uns ist es selbstverständlich zu beschreiben, wie wir uns gefühlt haben oder was etwas für uns bedeutet, aber ich möchte Sie nochmals daran erinnern, daß dies das Letzte ist, was ein Mann sich freiwillig ins Bewußtsein rufen möchte – und es Ihnen mitteilen möchte er schon gar nicht. Gefühle auszudrücken bedeutet für Sie, das Naheliegende zu tun, aber für ihn ist es etwas, das ihm nicht im Traum einfallen würde. Aber je öfter er es tut, desto mehr wird er entdecken, daß er unter der Oberfläche seiner bewußten Wahrnehmung ständig Gefühle hat.

Die Frauen müssen auch hier die Initiative ergreifen, und selbst wenn der Mann glaubt, dies sei doch albern oder er hätte tatsächlich nichts zu sagen, sollten Sie am Ball bleiben – besonders dann, wenn er Sie zu überzeugen versucht, daß er wirklich nichts fühlt. Wenn er aufhört zu reden und Sie wissen, daß da noch etwas ist, stellen Sie die Frage einfach anders: „Was hat das für dich bedeutet?" ... „Wie hat sich das auf dich ausgewirkt?" ... „Woran hat dich das erinnert?" ... „Warum tut es so weh?"

23. Wählen Sie den richtigen Zeitpunkt

Mit einem Mann über seine Gefühle zu reden funktioniert am besten, wenn er sich emotional bereits geöffnet hat, zum Beispiel vor, während oder nach dem Sex (die Gefühle eines Mannes geraten näher an die Oberfläche seines Bewußtseins, wenn seine Körperenergie aufgewühlt worden ist), wenn er krank ist (wenn ein Mann körperlich verletzbar ist, ist er auch emotional offener) oder wenn er einen schweren Verlust erlitten hat (wenn Männer am Ende sind, sind sie plötzlich bereit zu lernen). In einem solchen Augenblick kann eine Frau den Panzer eines Mannes leichter durchdringen, und er wird eher bereit sein, auf ihre Versuche zu reagieren. Dies ist der Zeitpunkt, sich einem Mann zu nähern und zu seinem Herzen zu sprechen. Aber tun Sie es mit Geschick und Anmut, seien Sie eine emotionale Sirene und kein Piranha.

24. Ehren Sie seine Sexualität

Um die verbale Kommunikation mit einem Mann herzustellen, ist es notwendig, unsere Klischees darüber, was Sex für Männer bedeutet, über Bord zu werfen (Sex ist rein körperlich, hat etwas mit Eroberung zu tun, bedeutet ihm nichts) und zu erkennen, daß Sex sehr vielen Männern den Einstieg in ihre Gefühlswelt ermöglicht und daß Sex für beinahe alle Männer ein effektives Medium emotionaler Kommunikation darstellt.

Wir sollten uns außerdem vergegenwärtigen, daß Männer nicht nur durch Sex, sondern auch durch das ganze Spektrum liebevoller Gesten, zärtlicher Küsse, heilender Berührungen und herzlicher Umarmungen, die wir ihnen schenken können, emotional offener werden. Für die meisten Männer ist der Körper wahrscheinlich das wichtigste Medium, durch das sie sich emotional öffnen können.

25. Wiederholung führt zum Sieg

Wir hätten es natürlich am liebsten, wenn – getreu dem Motto: „Ich habe es dir doch schon mal gesagt, wieso kannst du es immer noch nicht?" – unsere Anstrengungen auf der Stelle von wunderbaren Erfolgen gekrönt wären. Tatsächlich werden wir dieselben Dinge immer wiederholen müssen. Wir wollen den Männern ja aus zwei Gründen dabei helfen, ein Gefühlsleben zu entwickeln: erstens, damit sie sich überhaupt als fühlende Wesen wahrnehmen können, und zweitens, damit sie fähig werden, ihre Gefühle in einer Beziehung verbal auszudrücken. Das wird wie das Ändern jeder Gewohnheit nicht leicht werden. Bevor ein Mann dieses neue Verhalten wirklich verinnerlicht hat, werden viele, viele Wiederholungen nötig sein. Haben Sie keine Angst davor, ihn zu langweilen. Mit der Zeit wird Wiederholung zum Sieg führen.

26. Feiern Sie die Veränderungen

Zu guter Letzt sollten Sie Ihren Mann loben, wenn er seine Verhaltensweisen ändert. Nehmen Sie bewußt wahr, wenn er ungeschickt und auf so wundervolle Weise beginnt, Ihnen von seinen Gefühlen zu erzählen. Da die Versuche der Männer oft so primitiv sind, daß sie nicht einmal den Minimalkriterien dessen, was Frauen täglich untereinander ausdrücken, genügen würden, erkennen Frauen häufig nicht einmal, daß sich ein Mann tatsächlich verändert. Statt auch kleine Veränderungen zu unterstützen, übersehen sie einfach die Bemühungen der Männer, woraufhin diese entmutigt werden und aufgeben.

Machen Sie es nicht wie die Frau, die antwortete: „Ja, wirklich zu dumm, daß du das nicht kannst“, als ihr Mann sagte: „Es tut mir leid, daß ich meine Gefühle nicht so gut ausdrücken kann.“ Statt ihrem Mann dafür zu danken, daß er ein Gefühl ausgedrückt hatte und dabei so wunderbar transparent wurde, oder ihn zu fragen, wie sie ihm helfen könnte, sich besser auszudrücken, bestätigte sie ihm nur, daß er auf emotionalem Gebiet ein Versager war.

Ein Mann muß es mit Worten hören, daß er etwas richtig macht. Diese Bestätigung wird ihn ermutigen, mehr zu riskieren, seine Gefühle stärker als bisher zu erforschen und sie mit Worten mitzuteilen. Danken Sie ihm dafür, wie er sich in Ihrer Gegenwart verändert, und er wird sich noch stärker verändern.

Wenn ich einen einzigen Rat geben sollte, wie man eine Beziehung verbessert, dann würde ich sagen: „Lassen Sie nicht einen einzigen Tag vergehen, ohne sich gegenseitig für etwas zu danken." Dankbarkeit auszudrücken ist zweifach segensreich, denn in dem Augenblick des Dankens wird uns nicht nur bewußt, was uns von dem anderen Menschen geschenkt wurde, sondern auch, was für ein wunderbares Geschenk das Leben selbst ist.

Wenn wir dankbar sind, erkennen wir, daß es Menschen gibt, die uns lieben und uns beschenken möchten. Diese Erkenntnis mildert sofort unser Gefühl des Alleinseins, und wir fühlen uns in das Gewebe des Lebens eingebunden. Deshalb: Bedanken Sie sich für all die Bemühungen, die großen und kleinen Veränderungen, die Überraschungen und Risiken, die Transformationen und Höhepunkte, die Ihnen geschenkt werden oder die Sie einem anderen schenken!

15
Gefühle und Transformation: Fragen an die Männer

Das Leben ist für beide Geschlechter mühsam und schwierig – ein ständiger Kampf. Es erfordert riesigen Mut und gewaltige Kraft.

Virginia Woolf, *Ein eigenes Zimmer*

Ich habe eine Liste von Fragen zusammengestellt, die Frauen Männern stellen sollten, damit diese ihre Gefühle kennenlernen und sie ihnen mitteilen. Viele Männer werden Mühe haben, diese Fragen zu beantworten, denn genau in diesen Bereichen kommunizieren sie normalerweise nicht und bleiben daher sich selbst und den Frauen ein Rätsel.

Wenn er Ihre Fragen beantwortet, werden Sie Dinge erfahren, die Sie bisher nicht gewußt haben; Sie werden gemeinsam Dinge fühlen, die Sie noch nie miteinander gefühlt haben. Durch diese Momente der Offenheit und Verletzlichkeit kann sich Ihr ganzes Leben verändern. Denn wenn Sie aufhören, Vermutungen zur Grundlage Ihres Verhaltens zu machen, und lernen, die richtigen Worte zu sagen, werden Sie den Menschen, mit dem Sie in einer Beziehung stehen, in seiner Tiefe und Vielschichtigkeit zu entdecken beginnen. Erst dann werden Sie wirklich erkennen, wieviel Sie mit ihm gemein haben. Im Laufe dieses Prozesses werden Sie auch entdecken, daß Sie um so tiefer in den Strom des Menschseins eintauchen, je mehr und je detaillierter Sie darüber reden, was Ihnen Freude oder Schmerz bereitet.

Je mehr wir uns einander offenbaren, desto tiefer wird die Intimität zwischen uns.

Die folgenden Fragen sind hauptsächlich für Männer gedacht, weil Frauen diese Dinge im allgemeinen schon wissen und sie auch mitteilen können. Aber auch wenn Sie sich selbst gut kennen, werden Sie möglicherweise einige erstaunliche Dinge über sich erfahren, wenn Sie diese Fragen beantworten. Ganz sicher werden Sie sich auf eine neue Weise kennenlernen, wenn Sie sie in Anwesenheit des Mannes, den Sie lieben, beantworten. Aber eigentlich sind diese Fragen für Männer gedacht, denn Männer müssen endlich über diese Dinge reden, und Frauen müssen sie endlich von den Männern hören.

Wenn Sie aufmerksam zuhören und wirklich für seine Antworten offen sind, werden Sie nicht nur dem Mann, den Sie bereits zu kennen glauben, näherkommen, sondern auch ein tieferes Verständnis für die Ähnlichkeiten zwischen Männern und Frauen gewinnen. Sie werden erkennen, daß sich Männer und Frauen in ihren Herzen, in dem, was sie brauchen und fühlen, um was sie trauern und wonach sie sich sehnen, sehr ähnlich sind. Diese Fragen sollten Ihnen die Tür zu seinem Herzen öffnen. In dem Augenblick, in dem Sie hören – *wirklich* hören –, was Ihnen Ihr Mann zu sagen hat, werden Sie ihn in einem vollkommen anderen Licht sehen. Er wird aufhören, in die Kategorie „er ist eben ein Mann" zu fallen, und zu einem Menschen werden, mit dessen Sorgen und Freuden Sie sich mühelos identifizieren können.

Ein paar Regeln

Stellen Sie diese Fragen behutsam. Vergessen Sie Dosenöffner und Brechstangen, denn dies soll kein Verhör sein. Außerdem gibt es keine richtigen Antworten. Der Versuch, sein Herz gewaltsam zu öffnen, endlich die Wahrheit ans Licht zu zerren oder die Antwort aller Antworten zu finden, wird garantiert fehlschlagen. Statt sich mehr zu öffnen, wird er sich wahrscheinlich in noch tieferes Schweigen hüllen. Seien Sie sich darüber im klaren, daß die Informationen und Gefühle, die er Ihnen mitteilen wird, aus sehr persönlichen Bereichen seines Innenlebens stammen, und achten Sie darauf, den emotionalen Zustand zu respektieren, in dem sich Ihr Mann befindet, während Sie ihm diese Fragen stellen.

Stellen Sie ihm nicht mehr als ein oder zwei Fragen auf einmal, gehen Sie nicht davon aus, daß er mehr beantworten könnte. Sie erwarten ja auch nicht, daß Sie jedes Mal, wenn Sie angeln gehen, einen großen Fisch fangen. Für die meisten Männer führen diese Fragen in immer noch unbekannte Gefilde; sie werden dort ein wenig herumstöbern müssen, um Antworten zu finden, und dieses Herumstöbern ist ihnen unangenehm – also bitte, lassen Sie ihnen Zeit. Stellen Sie eine Frage, und lassen Sie dann einige Tage verstreichen, bevor Sie die nächste stellen.

Erinnern Sie sich selbst daran, daß Sie die Initiatorin sind und daß Ihnen damit eine gewisse moralische Verantwortung obliegt. Da Sie das Bewußtsein eines anderen Menschen beeinflussen, an tiefsitzenden Mustern rütteln, die eine wichtige Schutzfunktion erfüllt haben, sollten Sie behutsam vorgehen. Würde ein Mann sich diese Fragen selbst stellen, könnte er seine eigenen Grenzen bestimmen, innerhalb derer er sich wohl fühlt. Da aber Sie die Fragen stellen und dabei in seine Privatsphäre eindringen, sollten Sie mit großer Vorsicht und Sorgfalt vorgehen.

Sie können nicht erwarten, daß Ihr Mann diese Fragen unbedingt in einer Weise beantwortet, die Ihnen gefällt oder mit der Sie vertraut sind. Die Herausforderung für Sie besteht darin, offen zu bleiben und zu hören, was er zu sagen hat. Die Intimität könnte noch verstärkt werden, indem Sie ihm die Fragen geben und vorschlagen, daß er sie für sich selbst schriftlich beantwortet und erst dann mit Ihnen darüber spricht, wenn ihm danach ist. Manche Männer fühlen sich sicherer, wenn sie ihre Gefühle im Gespräch erforschen können, andere möchten erst einmal alleine „üben".

Bevor Sie beginnen, bitten Sie Ihren Mann, den folgenden Abschnitt zu lesen.

Ein paar Worte an die Männer

Sie sind von einer Frau, die Sie liebt, eingeladen worden, sich in ihrer Gegenwart emotional zu öffnen. Lassen Sie sich zu nichts drängen, aber verschließen Sie sich auch nicht, damit Sie diese Chance nicht verpassen. Es erfordert tiefes Vertrauen, auf diese Reise zu gehen und einer Frau zu gestatten, Sie dabei zu begleiten. Vielleicht fällt Ihnen der erste Schritt leicht, vielleicht müssen Sie Jahre (oder Generationen) der Konditionierung überwinden – aber wenn Sie den Mut aufbringen, diesen ersten Schritt zu tun, wird sich vor Ihnen ein mächtiges Tor auftun, und wenn Sie dieses Tor durchschritten haben, werden Sie ein siegreicher Krieger sein, der die Heldentat vollbracht hat, die Wände, die Männer und Frauen trennen, zum Einsturz gebracht zu haben. Diese Aufgabe ist eines Mannes würdig.

Die Erinnerungen, Fakten und Gefühle, denen Sie begegnen werden, wenn Sie diese Fragen beantworten, werden Sie der Frau, die Sie fragt, und sich selbst näherbringen. Einige Fragen mögen Ihnen dumm, unwichtig oder langweilig vorkommen, aber sie bieten Ihnen dennoch die Möglichkeit, sich selbst auf eine neue Weise zu entdecken. Diese Fragen werden Ihnen ein Fenster zu Ihrer Seele öffnen.

Während Sie sie beantworten, achten Sie darauf, wie Sie sich fühlen. Was sagt Ihr Körper? Sind Sie entspannt oder angespannt? Fühlen Sie sich der Frau, der Sie sich offenbaren, durch die Beantwortung der Fragen näher, oder empfinden Sie sich als stärker von ihr getrennt? Überprüfen Sie nach der Beantwortung einiger Fragen, ob sich das Ausmaß der Intimität zwischen Ihnen beiden verändert hat.

Die Fragen sind einfach. Beantworten Sie sie daher auch auf einfache Weise. In der Schlichtheit Ihrer Antworten liegen einige der grundlegenden Wahrheiten Ihres Lebens verborgen. Es geht nicht darum, eine eindrucksvolle Geschichte (lassen Sie Ihr Ego im Büro) oder die ganze Wahrheit zu erzählen, sondern darum, spontan die Antwort zuzulassen, die Ihnen kommt, bevor Sie anfangen, darüber nachzudenken. Wenn Sie allein sind, können Sie die Antworten aufschreiben. Ich schlage vor, sie in ein besonderes Tagebuch zu schreiben, damit Sie Ihren Entdeckungsprozeß jederzeit nachvollziehen können.

Was Ihnen durch die Beantwortung dieser Fragen klar wird, mag zuerst nicht besonders aufregend sein, aber wenn Sie die Reise, die Sie mit diesen ersten einfachen Schritten beginnen, fortführen, werden Sie erkennen, daß sie kein netter, kleiner Urlaub von Ihrem wirklichen Leben als Mann ist, sondern die Grundlage für eine völlig neue Form des Seins. Was Sie sagen oder schreiben, ist ein emotionaler Meilenstein auf dem Weg zur Erschließung eines völlig neuen Teils Ihres Selbst.

Machen Sie es sich bequem, und gehen Sie ohne Hast vor. Es gibt weder eine Zeitbeschränkung noch Zensuren. Niemand wird Ihnen über die Schulter schauen. Niemand konkurriert mit ihnen und versucht ein besserer Sie zu sein, als Sie es sind. Genießen Sie dieses spannende Abenteuer. Gestatten Sie es sich auch, sich unbehaglich oder unwohl zu fühlen. Setzen Sie sich in Ihren Lieblingssessel, auf Ihr gemütlichstes Sofa oder bei Kerzenlicht an den Küchentisch.

Die Fragen

Lesen Sie nun dem Mann, den Sie lieben, die folgenden Fragen vor:

1. Wer war in deiner Familie das Lieblingskind? Nenne jemanden, auch wenn du eigentlich das Gefühl hast, daß es keines gab.
   Was für Gefühle hegst du ihm/ihr gegenüber? Falls du es selbst warst, beschreibe, wie du dich deswegen fühlst.
   Für Einzelkinder: Hattest du das Gefühl, willkommen zu sein, oder kamst du dir wie ein Eindringling vor?
2. Welchen Elternteil hast du als Kind lieber gehabt? Entscheide dich für jemanden, auch wenn du immer

davon überzeugt warst, daß du beide Eltern gleich gern hattest.
Warum hast du diesen Elternteil lieber gehabt?

3. Welches Erlebnis aus deiner Kindheit war für dich am schmerzhaftesten?
   Warum tut die Erinnerung daran so weh?
4. Was bedauerst du am meisten?
5. Wann hast du deinen Vater zum letztenmal gesehen, und wie hast du dich dabei gefühlt?
   Wann hast du deine Mutter zum letztenmal gesehen, und wie hast du dich dabei gefühlt?
6. Was macht dir im Augenblick in deinem Leben am meisten zu schaffen?
7. Welche Gefühle hegst du deinem Körper gegenüber?
   Magst du, wie er aussieht?
   Macht er dir Freude, oder bereitet er dir Sorgen?
8. Was mögen andere Menschen an dir?
   Was mögen sie an dir nicht?
   Wie wirkt sich ihre Zu- oder Abneigung auf dich aus?
9. Welche deiner Eigenschaften schätzt du selbst am meisten?
   Nenne einen Menschen, der diese Eigenschaft anerkennt und würdigt.
   Wie wirkt sich diese Anerkennung auf dich aus?
10. Nenne das Thema, das in deinem Leben absolut tabu ist, das Thema, über das du auf keinen Fall sprechen kannst. Wenn es dir nicht möglich ist, dieses Thema zu nennen, gib es dir selbst gegenüber einfach zu und sage deinem Partner bei dieser Übung, daß du diese Wahrheit noch für dich behalten mußt.

11. Welche deiner Leistungen schätzt du am meisten? Warum?

12. Wovor hast du am meisten Angst?

13. Beschreibe deinen geheimsten Wunsch.

14. Welche Worte möchtest du am allerliebsten über dich selbst hören?
Von wem möchtest du diese Worte hören?

15. Was macht dir an deinen Kindern am meisten Freude, und was bereitet dir in bezug auf sie die größten Sorgen?
Falls du keine Kinder hast: Was fühlst du, wenn du daran denkst, daß du keine Kinder hast?

16. Wer ist die wichtigste Frau in deinem Leben?
Warum ist sie so wichtig für dich?
Wer ist der wichtigste Mann in deinem Leben?
Warum ist er so wichtig für dich?

17. Wer liebt dich?
Wen liebst du?

18. Wodurch – außer Sex – fühlst du dich geliebt?

19. Beschreibe den Ort und die Umstände deines Todes und die Menschen, die du bei dir haben möchtest.

20. Auf welche Weise soll die Frau, die du liebst, deine Empfindsamkeit ehren?

21. Was wäre das perfekte Geschenk für dich? Was würde dir mehr als alles andere bedeuten?

22. Du bist gefangen und weißt, daß du nicht lebend entkommen kannst. Dir wird gestattet, einem Menschen eine Botschaft von maximal fünfundzwanzig

Worten zukommen zu lassen. Diese Botschaft ist dein Vermächtnis. Was und an wen würdest du schreiben?

Der erste Schritt

Das Beantworten dieser Fragen ähnelt dem Herumstolpern auf einem dunklen Pfad mit einer Kerze in der Hand. Sie können nun die ungefähre Richtung erkennen, die dieser Pfad nimmt, und Sie wissen, daß Sie bisher nur einen kleinen Schritt gewagt haben. Die Beantwortung dieser Fragen, die Ihnen helfen sollen, sich die Welt der Gefühle zu erschließen, ist wie gesagt nur der allererste Schritt auf diesem Weg, auf dem wir alle lernen müssen zu fühlen, miteinander zu reden und zu sein.

Die alten Muster von Angriff und Rückzug, Unterdrückung und Empörung, zögerndem Erforschen und sofortiger Zurückweisung sind so tief in uns verwurzelt, daß uns der erste außergewöhnliche Augenblick von Intimität fast pervers vorkommt. Es erfordert Zeit und Ausdauer, bis eine soziale Atmosphäre geschaffen ist, in der sich auch die Männer durch emotionale Bewußtheit auszeichnen und emotionale Intimität das Geburtsrecht eines jeden Menschen ist, der sich für die Liebe entscheidet.

Aber Sie haben einen Anfang gemacht. Was Sie hier begonnen haben – das Risiko, das Sie eingegangen sind, indem Sie anfingen, dieses Buch zu lesen und diese Fragen zu stellen und zu beantworten –, ist die erste Welle der Transformation. Wie auf die allererste Welle im allerersten Ozean Welle auf Welle folgte, so werden auch dieser ersten Transformation die Wellen unzähliger Wandlungen folgen.

16
Lieben statt dienen: Das Zeitalter des Menschen

Menschen werden nicht nur an dem Tag geboren, an dem ihre Mütter sie gebären ... Das Leben erwartet von ihnen, daß sie sich immer und immer wieder selbst gebären.

Gabriel García Márquez, *Die Liebe in den Zeiten der Cholera*

In diesem geschichtlichen Augenblick stehen sich Liebe und Haß, Gut und Böse, die Fähigkeit zu bewahren und die Fähigkeit zu zerstören unversöhnlicher gegenüber als je zuvor. Die Lunte brennt. Wir können den immer wieder beschworenen Graben zwischen den Geschlechtern nicht länger auf die leichte Schulter nehmen, denn die Vertrauenskrise, in der wir uns befinden, ist Ausdruck unserer Entfremdung von unserem innersten Selbst und damit von allem, was heilig ist.

Da wir voneinander getrennt sind, haben wir auch die Verbindung zur Existenz an sich verloren, denn wenn wir unsere Beziehungen nicht in ihrer Ganzheit erkennen und leben können, kann es uns leicht passieren, daß wir unser Gefühl für Ganzheit überhaupt verlieren. Als Folge unseres Abgeschnittenseins vom Leben laufen wir Gefahr, die Natur und damit auch uns selbst zu zerstören. Keine unserer großen Leistungen wird noch eine Rolle spielen, wenn wir die Einheit zwischen Männern und Frauen nicht wiederherstellen können. Das Gefühl der Zusammengehörigkeit, des Aufgehobenseins und der Wunsch nach Vereinigung entspringen der Dimension des Weiblichen; dort, wo das männliche Bewußtsein die Oberhand hat und nicht durch sein weibliches Gegenstück ausgeglichen wird, werden Gefühle unterdrückt, hier werden Menschen aggressiv und einsam.

Ich bin davon überzeugt, daß die Zukunft dem Weiblichen gehört; ihre Vorboten sind Frauen, die so weiblich sind und so bereit, sich hinzugeben, daß sie ihre männliche Seite integrieren und die Aufgabe übernehmen, die Männer ins emotionale Bewußtsein zu initiieren.

Dies ist eine heilige Aufgabe, bei der wir nicht biologisches Leben, sondern ein neues Bewußtsein gebären werden. Wenn wir das Weibliche in den Männern nähren, fügen wir das letzte Teil in das gewaltige und wunderbare menschliche Puzzle ein.

In einer Gesellschaft, die jahrhundertelang das Weibliche durch die Überbetonung des Männlichen herabsetzte, waren die Frauen die geheimen Hüterinnen des weiblichen Bewußtseins. Aber nun ist die Zeit gekommen, dieses mächtige Geheimnis mit den Männern zu teilen. Wenn wir den Mut aufbringen, die Kraft des Weiblichen ohne Scham, falschen Stolz und ohne jeden Rechtfertigungszwang auszuleben, werden wir endlich mit uns selbst Frieden schließen und den Männern unser größtes Geschenk überreichen können. Die wahre Aufgabe der Frauen, nämlich das weibliche Bewußtsein zu hüten und zu leben, wird sich endlich offenbaren – und wir alle werden davon profitieren.

Die Initiation der Männer wird sich auf allen Ebenen auswirken. Männer werden emotional lebendiger werden, und Frauen werden ihre Gesellschaft endlich genießen können. Intime Beziehungen werden aufhören, eine sozioökonomische Notwendigkeit zu sein, und statt dessen zur Hochzeit zweier Seelen werden. In intimen Beziehungen wird es in Zukunft um emotionale Heilung und um spirituelle Initiation gehen. Wir werden einander lieben und wahrhaft kennenlernen können und uns nicht mehr darüber auseinandersetzen müssen, wer den Bausparvertrag abbezahlt oder den Abfall rausbringt. Beziehungen werden von einer Atmosphäre erfüllt sein, in der sich nicht nur das individuelle, sondern auch das kulturelle Bewußtsein entwickeln kann.

Um unser Bewußtsein aber auf diese Weise erweitern zu können, müssen wir über die männlichen Grundmuster von Aggressivität und Wettbewerb hinausgehen, die unser soziales Gefüge seit Jahrhunderten bestimmen und die die Grundlage für die Tragödie unserer Zivilisation bilden. Dann werden wir uns alle dem Bewußtsein unseres Einsseins öffnen können.

Es geht hier um eine Bewußtseinserweiterung im wahrsten Sinne des Wortes, denn das, was der einzelne Mann tun muß, muß die Welt insgesamt tun. In dem Maß, in dem Männer nicht wirklich leben, in dem sie emotional nicht ganz sind und nicht sagen und leben können, was sie fühlen, in diesem schrecklichen Maß leben wir alle nur zum Teil. Denn wir sitzen alle im selben Boot.

Die Ablehnung, die jeden einzelnen Mann von seinen weiblichen Anteilen trennt, spiegelt die Ablehnung des weiblichen Bewußtseins in der Welt insgesamt wider. In dem Maß, in dem unsere Gesellschaft nach den Regeln des männlichen Bewußtseins organisiert ist, befinden wir uns als Menschen und als Menschheit insgesamt in emotionaler, sozialer und spiritueller Gefahr. Wenn aber die Frauen den Männern helfen, Zugang zur Welt ihrer Gefühle zu finden, werden diese sich auf Intimität und Harmonie einlassen können. Dann werden die liebevollen Beziehungen zwischen zwei Menschen zum Vorbild dafür, wie sich zwei scheinbar unversöhnliche Gegensätze vereinigen können.

Die Integration des weiblichen Bewußtseins wird uns über die Frage, wer stärker oder größer ist und wessen Ideologie triumphiert, über die Philosophie des „Wie du mir, so ich dir" hinausführen und es uns ermöglichen, Ideologien überhaupt aufzugeben, so daß wir endlich einen Dialog mit anderen Menschen beginnen können, bei dem es nicht darum geht, welchem Geschlecht er angehört, sondern um das Wesen des anderen und die Erforschung seiner Seele. Statt unsere Kraft weiterhin zu vergeuden, indem wir ständig klarstellen müssen, welchen Standpunkt wir vertreten, werden wir uns der Wahrheit öffnen, daß es, wenn wir einander wahrhaft erkennen, nur noch einen Standpunkt gibt, nämlich den Standpunkt des Einsseins und der Zusammengehörigkeit.

Und das ist nicht nur so dahergeredet, denn ich beschreibe hier nicht einen frommen Wunsch, sondern unsere höchste Bestimmung. Wir stehen vor der Entscheidung, weiterhin voneinander getrennt, unzufrieden und egoistisch zu sein oder uns der Einheit hinzugeben, nach der sich unsere göttliche und menschliche Natur sehnt.

Die Integration der fühlenden, weiblichen Dimension in das Wesen des Mannes bedeutet nicht nur, daß Männer und Frauen mehr Spaß haben, sich weniger streiten, mehr miteinander reden und sich öfter küssen werden. Sie wird auch zu einer unglaublichen Transformation unseres kulturellen Wertesystems führen – dem, was uns wichtig ist, für das wir leben und bereit sind zu sterben. Wir werden unsere Werte neu bestimmen und sie durch jede wahre Begegnung auf eine höhere Ebene heben; wir werden den Schwerpunkt unseres Lebens vom Erwerb von Dingen auf die Transformation des Menschen verlagern; wir werden aufhören, unsere individuellen und sozialen Bedürfnisse zu erfüllen, indem wir Dinge an uns raffen, blind konsumieren und die Natur verunstalten. Statt uns weiterhin an materiellen Dingen zu orientieren und noch mehr Güter, Dienstleistungen, Vergnügungen und Zerstreuungen zu konsumieren, werden wir durch den heilenden Einfluß lebendiger Beziehungen entdecken, was uns wirklich miteinander verbindet und uns auf eine Weise erfüllt, wie es die Verlockungen der materiellen Welt niemals können werden.

Die höchste Form dieses neuen Bewußtseins wird darin bestehen, daß wir uns nicht nur um das Überleben des einzelnen sorgen, sondern auch um den Fortbestand des lebenden, leidenden Wesens, das unser Planet ist. Wenn wir uns emotional öffnen, nähren wir unsere Seele; wenn wir miteinander reden, heilen wir unsere inneren Wunden; wenn wir einander lieben, schaffen wir die Voraussetzung für Frieden, für einen Neubeginn auf der Erde.

Es ist für uns alle an der Zeit, endlich erwachsen zu werden und zu erkennen, daß wir nicht hier sind, um uns wie Mitläufer oder verwöhnte Kinder zu benehmen, sondern um die Architekten einer Zukunft zu werden, die schon seit langem zur Gegenwart werden möchte. Wir müssen nicht nur als Männer und Frauen reif werden, sondern vor allem als Menschen, als Bürger der Erde. Die dafür notwendige Heilung beginnt mit der Überbrückung der Kluft zwischen den Geschlechtern, denn wenn wir nicht als Mann und Frau zueinander in Beziehung treten können, werden wir nie in der Lage sein, auf einer höheren Ebene eins zu werden. Solange

Männer und Frauen uneins sind und nach den männlichen Regeln von Herrschaft, Wettbewerb und emotionaler Unterdrückung leben, werden wir uns in den dadurch erschaffenen Konflikten so sehr verzetteln, daß sich das menschliche Bewußtsein nicht weiterentwickeln kann.

Deshalb geht die Aufgabe, vor der die Frauen jetzt stehen, weit darüber hinaus, einfach sicherzustellen, daß sie das, was sie brauchen, von den Männern bekommen. Denn wenn diese Aufgabe einmal erfüllt ist, werden wir dem nächsten Schritt der menschlichen Evolution ein Stück nähergekommen sein. Das kommende Zeitalter wird durch den emotional reifen Menschen gekennzeichnet sein. Nicht nur unser Bewußtsein, sondern die sinnliche Erfahrung des Lebens selbst wird uns weg von allen Trennungen zur Einheit, unserer höchsten Bestimmung, führen. Wenn wir jetzt den ersten Schritt auf dem Weg zu dieser höchsten Bewußtheit machen, werden sich uns auch Wege eröffnen, durch die Männer und Frauen einander wahrhaft lieben können.

Die Initiation der Männer in das weibliche Bewußtsein stellt die nächste Stufe unserer psychosozialen Evolution dar. Aber nur wir Frauen können diese Aufgabe erfüllen, denn in uns findet die weibliche Schöpferkraft ihren höchsten Ausdruck. Wenn wir uns dieser Aufgabe aus vollem Herzen widmen, wird das auch in uns das Beste hervorbringen. Denn bei dieser Initiation werden wir nicht nur die Geburtshelferinnen der Transformation der Männer sein, sondern auch unsere eigene Weiblichkeit vollständig integrieren können. Indem wir für die Einheit von Mann und Frau arbeiten, tragen wir unseren Teil zur höchsten Bestimmung des Menschen bei.

Die Zeit dafür ist gekommen. Wir haben viel zu tun.